国家出版基金项目
NATIONAL PUBLICATION FOUNDATION

王富仁学术文集

王富仁◎著
李怡 宫立◎编

第二卷

中国现当代作家印象与作品赏析

山西出版传媒集团·北岳文艺出版社
·太原

图书在版编目（CIP）数据

王富仁学术文集.2，中国现当代作家印象与作品赏析／王富仁著；李怡，宫立编．—太原：北岳文艺出版社，2021.5

ISBN 978-7-5378-6354-4

Ⅰ.①王… Ⅱ.①王… ②李… ③宫… Ⅲ.①王富仁—文集②中国文学—现代文学—文学研究—文集③中国文学—当代文学—文学研究—文集 Ⅳ.①C52 ②I206.6-53

中国版本图书馆CIP数据核字（2021）第004287号

王富仁学术文集.2·中国现当代作家印象与作品赏析

王富仁 著

李怡　宫立 编

//

策划
续小强
王朝军

项目负责人
王朝军
高海霞

责任编辑
高海霞

书籍设计
张永文

印装监制
郭　勇

出版发行：山西出版传媒集团·北岳文艺出版社

地址：山西省太原市并州南路57号　邮编：030012

电话：0351-5628696（发行部）　0351-5628688（总编室）

传真：0351-5628680

经销商：新华书店

印刷装订：山西人民印刷有限责任公司

开本：787mm × 1092mm　1/16

总字数：3557千字

总印张：238.75

版次：2021年5月第1版

印次：2021年5月山西第1次印刷

书号：ISBN 978-7-5378-6354-4

总定价486.00元（全12册）

目　录

中国现代文化的母亲

——蔡元培印象

儿子长大成人，各立其业。于是社会上的人都与儿子们打交道，记着他们的名字，遂淡忘了他们的母亲。

我们记着陈独秀、胡适、李大钊、鲁迅、周作人乃至刘半农、钱玄同，但蔡元培却不被现代文学界的人们所注重，中青年学者似乎不太注意他。

这似乎也符合事物发展的规律：母亲把儿子送上社会，把社会交给儿子，遂完成了自己的历史使命，隐入历史的深暗处。

但我们仍然要说：蔡元培——中国现代文化的母亲。

蔡元培是联系中国旧文化与中国新文化的脐带，是联系辛亥革命与五四新文化运动的桥梁。他是中国旧文化的女儿而嫁给了中国新文化；他在辛亥革命中长大成人，创家立业，而生育了“五四”一代新文化的奠基者——陈独秀、胡适、李大钊、鲁迅、周作人、刘半农、钱玄同、沈尹默。

蔡元培是清末举人、进士，点翰林庶吉士、授翰林院编修，是中国旧文化生的最小的一个女儿，但他后来却嫁给了西方文化，提倡西学，留学德国。他在辛亥革命中创家立业，获得了自己的社会地位和学术地位。他不像他的儿子们是在五四新文化运动中成家立业的。

蔡元培的伟大成就在于他不是一个不能生育的女人。有些人在社会上一旦有了一点小地位，便唯恐青年人起来占了他的位置，于是便站在社会的入口处，排斥一切新的，打击一切异己。他们成了没有生育能力的女人。在中国，这类女人太多太多，从而也便显示了蔡元培的伟大。

正因为出任了北京大学校长，陈独秀和他的《新青年》才被接收到北京大学，陈独秀出任了文科学长；鲁迅在他的主使下进了教育部并随部迁往北京；周作人来到北京大学与蔡元培也有直接关系，后来又来了一个留学美国的胡适。李大钊、钱玄同、刘半农、沈尹默都在北京大学任职。试想，如果蔡元培是反对新文化的守旧派，他们怎能掀起偌大的浪，推起偌大的波。蔡元培就像一只老母鸡，伸开自己的双翼，在自己的身下孵化了这些新文化的鸡雏。

他的兼容并包主义是他的母亲的哲学。一个母亲不会只允许一个儿子生存，他要给每一个儿子一个生存和发展的机会。有人认为他是中间派，代表中产阶级的思想，这是因为人们忘记了他是一个母亲，不是一个儿子。母亲如若不是一个“中间派”，首先牺牲的便是最小而又最调皮的孩子。

世界上有各种各样的人，因而也就有各种各样的哲学。有父亲，就有父亲的哲学，父亲的哲学是不能生育的哲学，父亲的哲学永远以自己为标准，排斥一切与自己不同的东西。母亲的哲学是能生育的哲学，它不以自己为标准，而从儿子的生存和发展的需要出发。父亲的哲学规范这个世界，母亲的哲学生育这个世界。儿子的哲学则既不规范这个世界，也不生育这个世界，而是寻找自己生存和发展的道路，使自己能自立于这个世界。

儿子大了，有的成了父亲，有的成了母亲，有的要自己规范这个世界，有的要生育新的一代。

母亲的悲剧在于：自己的儿子越伟大，便越是会遮住自己的身影，让人只看到儿子而不再看到自己；而自己的儿子越是渺小，自己在社会上越是处于显赫的地位。但这时她又会为自己儿子的渺小而伤心。

蔡元培的悲剧属于前者；他的儿子们太伟大了。他被遮在了历史的背后。

1992年11月29日于北京师范大学中文系

原载《太原日报》1993年1月6日

历史不是精细的人创造的

——陈独秀印象

世界上分两类人：粗疏的人和精细的人。粗疏的人往往挂一漏万，没个精细的考虑，对自己能做什么与不能做什么预先没个准谱，往往是说干就干，成败得失到末后才想到算个总账，干成了也不知怎么干成的，干败了也不知总结总结教训，到下次还是呆愣愣地傻干。精细的人则不同了，他们对什么都盘算得很精细，大至机身机头，小至螺丝钉、螺丝帽，无微不至，设计不好是不去动手的。中国人大都崇拜这类精细的人，认为这类的人聪明而有智慧，一切大事业得由这类人去干。但岂不知历史并不是精细的人创造的，倒是那些粗疏的人，说干就干，虽然常常失败，但也往往成就千古不朽的大事业。精细的人到考虑成熟了，早就被粗疏的人干成了。只剩下一些小的细节让精细的人去添补、去修正、去装饰。

陈独秀就是这样一个粗疏的人。

当陈独秀1915年创办《青年杂志》撰写他的发刊词《敬告青年》的时候，大概他并不知道他在干一件惊天动地、扭转乾坤的大事业，也不知道他将一手扭转中国文化的发展方向，当他在发刊词中提出“自主的而非奴隶的”“进步的而非保守的”“进取的而非退隐的”“世界的而非锁国的”“实利的而非虚文的”“科学的而非想象的”的六大原则的时候，恐怕他自己也不知道它们到底意味着什么，不知道在这些原则里到底将产生出些什么样的历史现象来。他始终不是一个学问家，也不是一个文学家，但中国现代的“学问”和“文学”却都在他无意提出的口号中生出来。待到陈独秀把文化革命和文学革命搞成了，我们这些新文化、新文学的后代子孙回头一望，又实在觉得对陈独秀没有更多要说的话，他的文章粗疏而不绵密，零碎而不完整，没有系统的理论著述，也没有足以传世的文学作品。而在那时提出来的一些笼统原则，到现在几乎都成了老生常谈，没有什么好说的了。他似乎只会干那些定条条提口号的事。除了《敬告青年》中的六点希望之外，还有《今日之教育方针》中的四个主义（现实主义、惟民主义、职业主义、兽性主义），《东西民族根本思想之差异》中的三大差异（西洋民族以战争为本位、东洋民族以安息为本位，西洋民族以个人为本位、东洋民族以家族为本位，西洋民族以法治为本位以实利为本位、东洋民族以感情为本位以虚文为本位），《一九一六年》中的三个要求（自居征服地位勿自居被征服地位、尊重个人独立自主之人格勿为他人之附属品、从事国民运动勿囿于党派运动），《吾人最后之觉悟》中的三大觉悟（学术的觉悟、政治的觉悟、伦理的觉悟以及伦理的觉悟为最后觉悟之最后觉悟），《我之爱国主义》中的六德（勤、俭、廉、洁、诚、信），《文学革命论》中的“三大主义”（推倒雕琢的阿谀的贵族文学建设平易的抒情的国民文学、推倒陈腐的铺张的古典文学建设新鲜的立诚的写实文学，推倒迂晦的艰涩的山林文学建设明了的通俗的社会文学）等等，不一而足。学问家觉得他没学问，文学家觉得他没才华；慕新者觉得他还太旧，笃古者埋怨他亵渎了古圣先贤。但不论怎样埋怨他，我们又都不能不在他造成的新文化中讨生路。

历史是由粗疏的人创造的，但人类却永不会以粗疏教人，因为粗疏人的成功是以九十九次的失败换来的，精细的人虽无大的成功，但却无失败的危险。这是人类存在过程中永难克服的矛盾。

历史是由粗疏的人创造的，但历史的评判却是由精细的人做出的。这也是人类存在过程中永难克服的一个矛盾。

1992年11月29日于北京师范大学中文系

原载《太原日报》1993年1月11日

中国现代文化的剪彩人

——胡适印象

要说起在中国现代文化史上的地位，谁也没有胡适更高。中国现代文化是以白话文运动为标志的，全部现代文化都离不开白话文这个语言的载体，没有白话文的提倡，还谈什么现代小说、戏剧、诗歌和散文，还谈什么现代社会科学著作，还谈什么现代的报纸杂志、广播电视。文化离不开语言文字，人类的文化是从人类有了语言才开始的，中国现代文化是从文言文变白话文开始的。

理论上是这样说，但在感受上总觉得别扭。要从实际考虑，在新文化运动中胡适几乎什么也没有做。《新青年》是陈独秀办起来的，北京大学文学院的这帮子人是蔡元培当校长时聚集或物色来的，较之后来的周作人、鲁迅，胡适在新文学的建设中并没有做更多的贡献。他只是一个娃娃，当时还在美国留学，像开玩笑一样写了一篇《文学改良刍议》，新文化的开创之功便落在了他的头上。在中国人的观念中，功劳应记在那些费力大收效也大的人身上，而胡适却似乎并未费力，也未冒险，便垂手捞了一个新文化开创者的桂冠。

这使我想到了剪彩人。一个建筑物的筹备和建筑都已由别人搞好了，万事俱备，剪彩人拿一把剪刀，把彩绸一剪，建筑物才正式宣告建成，于是这个建筑物的落成也就以剪彩人的这么一剪为标志了。

但胡适这个剪彩人到底不同于这样一个剪彩人。实际的剪彩人是预先知道往哪里剪的，但胡适这类历史的剪彩人却不同。世上有千千万万的人都想一剪刀剪出个新的历史阶段来，但大都剪得不是地方，而胡适一剪刀便剪到了应当剪的地方，不论是偶然也好，必然也好，你得承认他的这个历史的功绩。

这里还存在着一个历史观的问题。我们中国人在艰苦中过惯了，总觉得应当把功劳记在那些费力最大的人的身上，轻而易举得来的东西不值得我们重视。但历史蛮不是这么一回事儿，它是以对历史影响的大小为准则的，费力大小不在它考虑的范围之内。要说费力，中国的老百姓一生辛辛苦苦，都比牛顿、爱迪生这类西方科学家费的力气大，但历史记着牛顿、爱迪生，而不会把每一个中国老百姓的名字都载入世界历史。

这样说来，不是太让人伤心了吗？我们辛辛苦苦一辈子，为的是什么呢？为的是我们现在的生存和发展，为的是我们现在的幸福与追求，为的不是青史留名。

人死了，还要什么“名”呢？

如此想来，我们给胡适一个相当的评价也就不是他沾了什么便宜了。事情是他做出来的，就记在他的名下，为的是我们认识历史，不是为了一个死去的胡适。

当然，胡适也做过很多费力的事情。他的《白话文学史》，他的《中国哲学史大纲》，他的中国小说考证，他的《尝试集》，他的《终身大事》等等，等等。文学史家似乎更重视他的这些贡献，岂不知这些全部加起来也抵不上他的《文学改良刍议》一文的重要。假若胡适只有这些东西而没有《文学改良刍议》，他在现代文化史上的地位不会高得过俞平伯和朱自清这类学问家兼文学家。

胡适后来也起了很多不好的作用呀！但一个历史人物是不能折合的，他后来的不好的作用要以他的不好作用来记录，不能从他提倡新文化运动的功绩中减出去。这正像一个学生做算术题，第一道题对了便得满分，第二道题错了便得零分，不能说第二道题做错了就说他第一道题做得也不对。中国人好算总账，算总账的办法不是历史研究的方法。

1992年11月29日于北京师范大学中文系

原载《太原日报》1993年1月28日

中国现代文化的骨骼

——鲁迅印象

关于鲁迅，可说的话很多，但我觉得有一句话最重要，即：他是中国现代文化的骨骼。

一种文化也像一个人的肌体一样，需要肌肉，也需要骨骼。没有骨骼，肉越多，越撑不起它的全部架构，是一堆死的东西。中国现代许多作家都给中国现代文化添了肉，但撑起它的骨架的却几乎只有鲁迅一人。

胡适的文章是温和委婉的，从来不急不躁，重于说理，条理清晰；陈独秀的文章是激切决绝的，丁是丁，卯是卯，从不含混苟且；钱玄同的文章是热情洋溢的，汪洋恣肆，一泻如注……但不论他们的文章的个人风格如何，都还给人一种底气不足之感，若与鲁迅的文章比较一下，这种感觉便愈加明显。这只从文章的技巧上是讲不通的。我的解释是：胡适、陈独秀等人对中国新文化重视的还主要是它的“肉”，鲁迅则更重视它的“骨”。鲁迅好说一句话：骨子里还是依旧的。

什么是新文化的“肉”？就是那些有形的东西，那些说得清道得明的东西。中国现代知识分子从科举制度中走出来，开始学习西洋的学问。这些学问都是新鲜的，对中国现代社会的发展也蛮有用处，两相对照，他们就看出中国古代的那套制度、那些学问、那些伦理道德的信条的弊病来。于是他们便开始提倡西学，什么科学民主了，什么进化论人性论了，什么婚姻自由妇女解放了，什么这种主义那种主义了。但所有这些，还只是西洋文化发展的结果，是些“肉”。而这些东西都是由人创造出来的，没有有特定精神的人，这些东西是无法创造出来的。鲁迅重视的则是这种精神的东西，这种赖以撑得起整个现代文化肌体的“骨骼”。他要摸索中国人的灵魂，改造中国的国民性，始终把这种精神性的东西放在首位。

这种精神是什么？我相信读过鲁迅作品的人都能感到，要说可就太难了。说出来的东西都能变成肉，变成人人可以自我标榜的东西。但这里有个标志，即只有肉而无骨则难以将一种文化充分展开。我们看到，只有到了鲁迅作品里，不论对旧文化的批判，还是对新文化的论述才得到了充分的展开。而在陈独秀、胡适的作品里，他们还都是一些可以背诵和记忆的理论和信条。鲁迅的小说、鲁迅的杂文、鲁迅的散文诗集《野草》都包含着比陈独秀、胡适文章中所倡导的东西更丰富、更具体的内涵，它们是一些活生生的东西，而不仅仅是一些教条，一些口号，一些做学问的方法。

一切的东西，到了鲁迅的眼睛里都呈现出了独特的风貌，与原来中国人的感受和看法不同或不完全相同了。这就是新文化的精神的体现。如若一切的感受和看法还与原来的相同，新文化又“新”在哪里呢？

时至今日，新文化的“肉”大都齐备，不论是科学和民主，不论是婚姻自主和个性解放，都成了人们的老生常谈。但这些“肉”怎样呢？事实证明，口号和旗帜是极易更换的，但精神实质的变化却困难得多。鲁迅的重要性便愈加显示出来了。

20世纪20年代，《京报副刊》曾征求“青年必读书”，鲁迅当时在附注栏里填的是“要少——或者竟不——看中国书，多看外国书。”假若现在有个杂志也征求“青年必读书”，在正栏里，我仍填与鲁迅相同的话，而在附注里我则写：建议先读鲁迅杂文。

肉少些，不过消瘦一点，增加点营养，胖起来是很容易的。骨骼是软的，人便会瘫痪，要使它硬起来，是很难很难的。

1992年11月30日于北京师范大学中文系

原载《太原日报》1993年2月4日

一个反对做奴隶的人如何自己也变成了奴隶

——周作人印象

想到周作人，便想到在青蛙和蛇之间发生的故事。一个青蛙如果没有发现身旁有一条蛇蹲伏着，它很容易蹦蹦跳跳地躲开一场杀身之祸，而一旦看到一条可怕的蛇正在伸着舌头直视着它，它便再也摆脱不掉蛇的可怕的形象了。它努力跳开去，但却由于意识中心在蛇的方向，故而反倒跳到蛇口中去了。

趋利避害是人类认识世界和社会的总目的，但这种认识还需要有另一种东西做基础：胆量和意志。如果缺乏胆量和意志，便会发生青蛙在蛇面前的悲剧，不自觉地向着自己所反对的东西靠拢并有可能完全被它所吞噬，倒是对利害毫无意识的人反倒能较少地受其所害。

在五四新文化运动中，周作人和鲁迅同属于思想深刻老辣且沉稳圆熟的思想家。陈独秀有一种思想领袖应有的果决和勇毅，胡适有一种学院派大家的雅量和从容，钱玄同、刘半农则有一种文化闯将的勇敢和鲁莽，但他们在对中国社会和中国人的认识上，都不及鲁迅和周作人来得深刻和明晰。胡适、钱玄同、刘半农的意识中心更偏于白话文的提倡上，在白话文运动中他们贡献最大；陈独秀、李大钊、鲁迅、周作人的意识中心更偏于思想革命。在反封建思想革命运动中贡献最大。这四人都反对传统的奴隶道德，提倡个性解放，但陈独秀、李大钊更注重个人的主观选择，似乎只要中国青年不再想当奴隶便不会再成为奴隶，因而他们提倡过于解剖，宣传过于认识。鲁迅、周作人则更注重整个文化系统的解剖，认为整个文化系统不改变，青年们不想做奴隶最终还是得做奴隶，因为它容不得不做奴隶的人存在于该系统之中。若说鲁迅和周作人在五四新文化运动当时的作用，似乎也是难分轩轾的。鲁迅是显示文学革命实绩的最重要的人物，作为一个现代小说的奠基者，鲁迅似乎占有一个更独特的地位，但周作人则是“新青年”群体中最重要的一个文艺理论家，他的文艺思想和美学思想对中国现代文艺理论和美学思想同样有着奠基的意义。在散文上，鲁迅开创了现代杂文的一派，周作人则代表了现代小品散文的一派，世称周氏弟兄，有并驾齐驱之概。但鲁迅和周作人在后来的发展却趋于两途，原因很多，但要我说，最重要的原因则在于，鲁迅在两眼直视着中国传统的奴隶道德及其无所不在的强大影响时，他有着更大的胆量和意志，故而他不易被他所反对的东西吸引过去，周作人则不同，他看得太清而又缺乏一定的胆量和意志，渐渐，他便撑不住劲了。一松劲，便被奴隶道德的血盆大口吞了下去。

在我们平常人看来，鲁迅这人有点傲气，有点怪僻，不易和人和气相处。但恰恰因为这一点，他得罪了很多人也赢得了很多人的尊敬。他对中国社会中奴隶道德的影响看得太清，所以不论是正面的敌人还是同一战壕里的战友；不论是出于恶意还是出于所谓好心，都有可能触到他的“逆鳞”，只要你像使唤奴隶那样使唤他，他是不干的。就是你是皇帝老子，他也不买你的账。他认为必干的事你不央求他他也会去干，他不要干的事刀压在脖子上他也不会去干。他不想得罪什么人，但也不怕得罪什么人，即使老朋友，你也得尊重他最起码的做人的权利。周作人则少的就是这么一点做人的胆量和意志。他不想做奴隶，但又有点怕得罪人，故而总是迁迁就就。在五四新文化高潮中，他也激烈过一阵子（与他自己比），自称为“叛徒”，但后来便当起了“隐士”来了。他倒并非情愿当“隐士”，说到底还是怕当别人的奴隶，怕在奴隶道德流行的中国社会上失去了自己的独立人格。但这一“怕”，可也就怕出了毛病。不敢到人群中来坚持自己的个性，这个个性其孱弱也就可知了。避开矛盾，避开别人的锋芒，好像比鲁迅还独立，但鲁迅的独立是争出来的，拼出来的，他的独立却是怕出来的，迁就出来的。

要说周作人也够倒霉的，若天下太平，安安稳稳地维持到他死，他原本是比鲁迅更会招中国人的喜欢的。当权者觉得他还老实，老百姓又觉得他能说公道话；学者觉得他有学问，文学家觉得他有才情；左派觉得他还不太右，右派也觉得他不算太左。而像鲁迅这类人，无权无势时觉得还是他肯仗义执言，略有一点小地位就会感到他太碍事。但天公不作美，日本人打进来了，他的家又偏偏在北京，他又偏偏有一个日本老婆，他又偏偏是个日本通、一个惹人显眼的大文豪，日本人需要这类的人为他们做招牌，网络中国文人，笼络中国人心。按其本意，周作人也是不愿为日本人效命的，但他迁就惯了。在中国人中能迁迁就就，在外国人面前也难一下子硬朗起来。生活所迫，寄人篱下，在中国人中也是当奴隶，在日本人这里也是当奴隶，干就干吧！1939年元旦，又有两个刺客撞到他家里，朝他开了一枪，打伤了几个人，没有办法，只好俯首就范。此后在日本人的治下便成了一个高级奴隶，出任了伪南京国民政府委员、伪华北政务委员会常务委员兼教育总署督办、东亚文化协会会长等职。这一脚踩下去，越踩越深，别说他不想拔，想拔也拔不出来了。

中国人有时心肠很硬，评人太苛，有时又心肠太软，评人太宽。在20世纪五六十年代，周作人一有文章发表，大抵便有批判文章出现，似乎他谈谈鲁迅作品中的人物，回忆回忆往事，也是别有用心似的。其实他为自己的附敌已经坐了三年监，正像一个小偷偷了东西，服了刑，便可以做一个普通公民了，这时只要不再去偷，便要给他享受普通公民的权利的机会。论学问，论文章，我们都不如他，让他多发挥点作用没有什么不好的。他的作品当时也不敢出了，似乎从五四时期到20世纪30年代周作人的作品都是劝人做汉奸似的。我们反对的是周作人做过侵略者的奴隶的行为，而不是他发表的反对做奴隶的言论。二者得有个界限。但在最近，似乎我们的心肠又软了下来，对周作人的惋惜之情越来越多。将心比心，觉得周作人也是没法儿的事。国都亡了，他一个文弱文人又有什么办法，人总得活下去，再说他任伪职后也没干过杀人放火的事情。进一步想，让他任伪职，总比让胡传魁一类人去干要好，至少他还能姑息点中国的文化与文物，保存一些文化设施。说来似乎也蛮有道理，但我们一定要记住一点：只要世界上还有民族的区别和对立，一个民族是不能没有起码的民族意识的。在和平共处的年代，一个民族的成员可以到别国谋职，甚至可以自由地选择国籍，这是他的个人的自由权利，并且并不危害民族其他成员的利益。但它却不能容许在别的民族以武装侵略的方式来消灭这个民族的独立主权时他的成员去直接投靠侵略者，从事具有明确的政治意义的工作，这实际危害了全民族的利益，增加了本民族成员反侵略斗争的艰苦性。从做人的道德而言，在这时，他并非是在自由的条件下的个人选择，而是以侵略者的强权侵略为前提的，是一种奴隶性的服从。总之，不论周作人从个人角度讲如何值得同情，这个道德的界限一个民族的成员是不能模糊的，除非到了世界大同的那一天，但那时也更不能承认对强权的奴隶性服从。不坚持这个最基本的界限。在民族危亡的关头，是任何人都会找到投降变节的理由的，又能保命，又能全名，何乐而不为呢？

但在我们批判了周作人之后也应记住：要让中国人在异族侵略者面前不做奴隶，首先我们不要自己把自己人视为奴隶。否则，他在本民族生活中就顺从惯了，迁就惯了，待到异族入侵者来了，也难以保证他不在他们面前也迁就，也顺从。到那时，任你怎样谴责，怎样讨伐，也不起作用了，因为权力已掌握在了异族入侵者手里。在古希腊奴隶制时代，人们是不认为奴隶有保卫本民族的义务的，因为他同时也不享有本民族成员应有的权利。贵族和平民享有这个民族成员的权利，因而也有保卫它的义务。中国从春秋以来便不再有明确的奴隶和平民的划分，但同时也弄不清权利和义务之间的这种内在关系。爱国主义产生的现实基础何在？就在于他在本民族中享有在其他民族中享受不到的更多的权利。他要保卫自己的这些权利，就必须保卫自己的民族不受外民族的侵略。没有这种现实基础，真正的爱国主义是很难树立起来的。

有了周作人的教训，我认为还应注意这一点，任什么思想和认识都还是需要一点胆量和意志做保证的，否则，我们人类也会当青蛙，跳到蛇口里去。

1993年元月29日于北京师范大学中文系

原载《太原日报》1993年2月25日

研究中国马克思主义的文化观首先要从李大钊开始

——李大钊印象

1928年，创造社和太阳社大力提倡革命文学，实际是提倡用马克思主义理论解释与理解文艺问题。但那年头，是人人争先进、争权威的年头。革命文学提倡了没有多久，两家便因发明权的问题打起了笔墨官司，都说革命文学是自己先提出来的。后来人讲马克思主义文艺，也大抵从那时算起。实际上，用马克思主义理论讲文化文艺的问题，既不自创造社始，也不自太阳社始，而是从李大钊就开始了。

我在这里重提李大钊，并不想替他争个优先权。其实，马克思并没有把他的“主义”的专利卖给中国的任何人，先来后到又有什么关系？我之所以让人重新注重一下李大钊，实在因为他代表了马克思主义在中国传播的一个不可缺少的重要阶段。不讲李大钊，有好多问题都弄不大明白了。

李大钊是在中国第一个提倡马克思主义的人。但他那个时候，正在五四新文化运动的高潮之中，李大钊自己便是《新青年》的编者之一，是反对旧道德、提倡新道德，反对旧文学、提倡新文学的闯将之一。他把马克思主义拿来，首先解决的便是中国社会文化革命的问题。马克思主义者会如何看待中国社会道德的变革，如何看待中国文化的现代化，如何看待东西方文化的区别，如何看待文学艺术的革新？在李大钊的文章里反而说得比后来的人明白些。后来的中国的马克思主义者，讲的多是中国的政治革命了，随之又夺取了全国的政权，把政治革命中形成的一套理论遂作为马克思主义理论的全部被肯定下来，对道德问题，对文化问题，对文学艺术问题都按政治的需要来讲。但是，需要是一回事，它自身将如何演变和发展又是一回事；需要是暂时的，它自身如何演变和发展则是在更长远的历史发展上起作用的。从20世纪20年代末的创造社、太阳社便讲革命“需要”什么样的文艺？政治“需要”什么样的道德？无产阶级“需要”什么样的文化？鲁迅讲不要老是想拔着自己的头发离开地球，得首先看脚底下，看我们能干什么，但他们听不进去，反认为鲁迅这个老头子怪唠叨的。这个“需要”讲到20世纪三四十年代，后来夺得了政权，原本应该静下心来想想我们的文化会怎么发展了，但还是主要讲需要，似乎以前没有实现了的“需要”，现在有了政权，都应该得以实现了。从表面看来，真中用！“需要”批俞平伯，便有大量文章来批俞平伯；“需要”批胡风，就有一堆堆的人来批胡风；“需要”搞人民公社，人民公社果然搞起来了。“需要”什么就有什么，但谁知越“需要”越“左”，一路“左”下来，“左”出了个“文化大革命”。实不知，马克思主义不是讲人类需要什么的，是讲历史会怎样发展的，是讲是什么影响着历史发展的大趋势的。它叫人先得认识历史，然后才能影响历史。不论还有多少与马克思主义不同的历史观，但马克思主义的历史观有益于人类对自己的历史的认识则是毫无疑义的。当我们回到李大钊那里，情况就有了不同，他首先告诉人们的，是从马克思主义理论出发，如何解释中国近现代文化的发展和变化。他当时有一篇文章，叫《物质变动与道德变动》，讲中国的农业经济产生了怎样的道德观念，西方的商业经济产生了怎样的道德观念，中国近现代文化为什么发生了如此巨大的变化，五四新文化运动的各种文化主张的实质意义是什么？至少从我的观点看来，时隔四分之三世纪，仍能让人看出他的历史预见性。要说马克思主义的文化观，李大钊的这篇文章才真算得上是马克思主义的。

后来的马克思主义者，认为马克思主义是讲阶级斗争的，一定会反对言论上的自由，认为一讲自由就是资产阶级自由。实际上，李大钊在

20世纪20年代就写有《危险思想与言论自由》一篇文章，他那时已是一个马克思主义者，但他指出，思想本身绝没有丝毫危险的性质，只有愚暗和虚伪是顶危险的。因为只要人们有了知识，有了自己思想的能力，就会自行修正错误、发现真理，倒是把某种思想隐蔽起来，容易引起人的误信。他还指出，禁止思想根本是不可能的，因为思想不是让它有就有、让它没有就没有的东西，一切外在的强制力量，都对内在的思想不起作用。不论何种思想，都只有通过彼此交流、互相讨论、自由争鸣才能发展完善、修正原来的错误，深化原来的正确认识。我认为，历史事实已经证明，李大钊这种认识是非常深刻的。胡风坐了多年监牢，他的思想变了没有呢？没有！因为这根本不是解决思想问题的办法。学术问题、文化问题、文艺问题、思想问题都只有在自由讨论中才能得到真正的解决。马克思主义者也要参加这种平等的讨论，才能使马克思主义发展壮大起来。

我们以李大钊的下列一段话作为全文的结尾：

> 思想是绝对的自由，是不能禁止的自由，禁止思想自由的，断断没有一点的效果。你要禁止他，他的力量便跟着你的禁止越发强大。你怎样禁止他、制抑他、绝灭他、摧残他，他便怎样生存、发展、传播、滋荣，因为思想的性质力量，本来如此。①

1993年元月20日于北京师范大学中文系

原载《太原日报》1993年3月4日

①李大钊《李大钊选集》，人民出版社，1959，第218页。

五四新文化运动的扩音器

——钱玄同印象

五四新文化运动开始之后，首先出面反对的是著名翻译家、桐城派古文大家林纾老先生。他在1919年写了一篇文言小说《荆生》，说是有三个狂悖少年，一为皖人田其美，一为新从洲归国、能哲学的狄莫，一为浙人金心异。三人在京师陶然亭胡说八道，攻击中国的伦纪纲常，叫“伟丈夫”荆生听见，狠狠地揍了一顿，教训了一番。这里的田其美指的就是陈独秀，狄莫批的是胡适，而金心异则是钱玄同。可见钱玄同在当时影响之大，在林纾老先生眼里，他是被视为新文化运动的第三号人物的。

陈独秀是五四新文化运动的首倡者和组织者，胡适是第一个提倡白话文的人。他们之受世人的重视是理所当然的。那么，钱玄同为什么也受到世人的如此青睐呢？

大凡一个社会运动，正像一次文艺演出，是少数人向有着相当距离的观众的表演，它的声音绝不能像平常谈话一样大小。只有将其声音在原来基础上扩大，才能够引起广大公众的注意，实现自己的社会目的。钱玄同在五四新文化运动中起的作用，便是这样一个扩音器的作用。他把五四新文化运动的声音提高了整整八度，从而扩大了它的影响。

胡适提倡白话文，要以白话代文言，人们并不以为然，认为是过激之论，是对中国数千年优秀文化和它的优美的语言形式的否定。但钱玄同跳了出来，说仅仅以白话代文言还不行，自来的中国汉字，都是宣扬孔学的三纲五伦的奴隶道德和道教妖言的，根本不能发挥新时代之学理事物。所以，要使中国不亡，必须尽废汉字，改用西洋文字。钱玄同此说一出，倒使胡适的以白话代文言成了折中之论。直至现在，钱玄同的说法虽未被采用，但现代白话文却在中国社会上站稳了脚跟。鲁迅后来说，中国多数人不主动求变，要是有人说要开个窗户，大家是不干的，但待到有人跳出来要扒房子，为了不扒掉房子，才允许开个窗户。在五四时期，钱玄同就是要扒房子的。

中国人是爱面子的，所以面子问题在中国的历次革新中起到很大的作用。革新者要是对固有的传统给以历史的评价，既指出它的缺点，又指出它在历史上起的作用，亦即还使它在社会上有一定体面，人们是不会放弃它的。待到有人出来把旧的传统臭骂一通，说得一无是处、一文不值，使它在社会上丢尽了面子，人们这才不愿把自己同它搅和在一起，因为那样自己也就失了体面。五四新文化运动也明显地具有这种特点。守旧者为了反对任何变革，把中国传统文化吹捧得晕天黑地。什么地大物博、人口众多了，什么中国精神文明冠于全球了，而对于中国的贫穷、落后、受帝国主义欺负的原因全然不提，一味以自我吹捧掩盖自己的失败。这使得五四新文化的倡导者不得不着重从中国贫穷落后的现实原因的角度解剖中国传统文化。一般说来，这种整体的把握方式并不意味着对一家一派的历史作用的否定（例如我们说中国古代是封建社会，并非说屈原、杜甫、李白、关汉卿、曹雪芹的作品是毫无价值的）。但钱玄同则不但一般地讲中国传统封建文化的劣迹，还把矛头对准当时最受中国文人崇拜的《文选》和桐城派古文，说它们是“桐城谬种”“选学妖孽”，是些文妖们搞出来的。同陈独秀说的“十八妖魔”（明之前后七子及八家文派之归方刘姚）同为抨击正统古文最激烈的言论。在现在看来，未免失之偏激，但在当时的文化革新运动中，对动摇社会对它们的盲目崇拜心理，是起了不小的推动作用的。

钱玄同的文风，是一种历史的需要，但也是一种性格的表现。这类性格，只有在和一种符合历史的潮流相结合，在革新倾向尚未被社会公众认识的时候，才显得特别可爱。一旦这种倾向已经被社会群众所接受，这种扩音器就有弊无利了。就其对社会公众的要求来说，人们对这类性格人的话，只能从其倾向性中来理解，有很多话是不能落实的，因为他们自己说这些话时也未必那么认真。在五四时期，是讲进化论的，认为老年人一般趋于保守，只有青年才易于接受新事物，青年胜于老年。这话到了钱玄同嘴里，可就变了味道。他说：人过四十，就得枪毙。后来，钱玄同在政治上又趋于保守。北京大学要开唯物辩证法课，他不是冷静陈述自己反对开辩证法课的理由，而仍用他用惯的语言形式声言："头可断，辩证法不可开课。"于是鲁迅写诗讽刺他说：

作法不自毙，悠然过四十。
何妨赌肥头，抵当辩证法。

《教授杂咏（其一）》

1993年元月21日于北京师范大学中文系

原载《太原日报》1993年3月11日

俗人和雅人

——刘半农印象

有两个现代作家，一个是刘半农，一个是郁达夫。一想到他们，我便会感到一些莫名的悲哀。

在创造社作家中，郭沫若和郁达夫是对中国现代文学贡献最大的两个人，按说，二人的差别并不太大。但只要叩问一下你的内心深处就会知道，他二人的差别大极了。你会觉得你尽管也知道郭沫若的许多缺点，但你还是尊重他，觉得他了不起。而郁达夫呢，你就尊重不起来了。细想一想，也没有什么理由。不但在文学贡献上郁达夫并不小，就是在人品上，郁达夫为中国的抗日战争牺牲了自己的生命，也算得上是一个民族英雄。但你还是对他尊重不起来，总觉得很难把他的名字同“民族英雄”四个字联系起来似的。

刘半农也是这样。在《新青年》的同仁中，你最不易敬重起来的是刘半农。要是他后来当了汉奸，才不会有人替他惋惜哩！而周作人就不同。他当了汉奸，人人知道，但还是有人千方百计想为他开脱。开脱不掉，你心里的周作人仍然是分量很重的。要比起周作人来，刘半农可是以身殉职的，在现在是能上知识分子光荣榜的。他到当时的绥远热河一带考察方音民俗，染病回京，就一命呜呼了，死时才四十三岁。

当然，你对郁达夫、刘半农还是有些尊敬，但你尊敬的往往不是本来的那个郁达夫和刘半农。你尊敬的是写山水游记的那个郁达夫，写

《迟桂花》的那个郁达夫，如若你知道他的旧体诗词写得棒极了，你就会更加尊敬他，但却不是写《沉沦》的那个郁达夫；你对刘半农，作为一个音韵学家还是尊敬的，但未必尊敬的是五四新文化运动的一员猛将的刘半农。其实对别的很多作家也有如此的表现。就说鲁迅，你尊敬的真是那个写了一生杂文的鲁迅吗？如若你不知道他读了很多古书和洋书，只知道他写了这么一些杂文，你还尊敬他吗？

但是，直接与我们有关系的又是哪个郁达夫、哪个刘半农呢？实际上，即使郁达夫不写旧体诗词、不写山水游记，我们中华民族也不会感到缺少点什么。我们有的是古典诗词，比郁达夫写得更好的多得是。即使他的山水游记，他不写，后人会有人写的，并且有些文字功夫，写到他那个程度并不困难。但他的《沉沦》就不同了。他不做，别人难说会抢着去做。他为《沉沦》付出的代价是巨大的，当时的讽刺、笑骂自不必说，就是对他的一生都有难以估量的影响。《沉沦》像个影子一样尾随着他的一生，使他再也难以成为在当时社会上德高望重的道德家和呼风唤雨的政治家。刘半农又何尝不如此呢？一个音韵学家的刘半农，自有他的学术价值，但这价值同我们的关系却绝不如五四新文化运动来得大。

这里的问题出在何处呢？就出在一个雅和俗的界限上。在我们中国知识分子的脑子里，这个雅俗的界限是更重于实际的贡献的。在西方，一个科学院院士和一个公司职员发明了同一种东西，所获得的肯定是一样的，他们看到的是发明的结果而不是发明者的身份。很可能那个公司职员更会受到尊敬，因为他克服了更多的困难。在中国则不同，同样一句话由不同的人说出来是不同的。你说不出他有什么贡献，但知道他很有“学问”，你就会尊敬他；你知道他有贡献，但却知道他没有太大“学问”，你仍然不会尊敬他。这个“学问”才是区分你尊敬他与否的最最重要的标准。前几年在曲阜开了一个以“鲁迅与孔子”为题的学术讨论会。一位教授振振有词地说：鲁迅对孔子的评价是不对的，因为他读的书还太少。我与别人开玩笑说：鲁迅读的书再少，总比孔子多些吧！鲁迅因读的书太少所以他的观点不正确，孔子读的书更少其观点就更不正确了。读书最多的这位教授应该观点最正确但他又肯定读书最少观点最不正确的孔子、否定读书较多、观点较正确的鲁迅，其故何在呢？但说笑话归于说笑话，我承认这位教授确是说出了我们每个人埋在心底深处的那个雅俗之分的。正是这种普遍存在的雅俗之分的价值标准，使中国知识分子大抵不愿干与实际社会有直接利害关系的事情，不愿研究与现实社会发展密切相关的课题，因为这是一些费力不讨好的事情，倒是那些不必冒很多风险、连自己也说不清与社会人生有何关系的“学问”，更得整个社会的普遍尊崇。

刘半农的一生，便在这俗雅之间徘徊着。

在《新青年》群体中，刘半农是最“俗”的一个。他的出身也最为低贱，不是世宦世家，也不是书香门第，父亲是一个地方的教师（大概有类于现在的小学教师吧）。他中学没毕业便当了小学教员，后来投奔革命军，在军队中担任文书。再后来便与二弟刘天华跑到上海谋生。初到上海，贫寒得像两个流浪汉，有时弟兄二人只有一身棉袍，冬天只能轮流出门。他靠卖文为生，成了一个鸳鸯蝴蝶派的小作家，后因投稿于《新青年》，与陈独秀有了联系，进了北京大学，参加了五四新文化运动。他的这种独特的人生经历，不必像“文化大革命”中宣扬“越穷越光荣”那样以贫贱骄人，可也不必以贫贱自卑。在读书留洋中形成的思想是思想，从社会中挣扎求生存形成的思想也是思想，只要借助于人类的文化成果充分挖掘自己的潜力并有助于社会人生，不同的人生道路自有不同的价值。在复杂的人生挣扎中一个人很难不沾染一点庸俗的、不尽如人意的习性和脾气，像刘半农作为一个鸳蝴派作家所遗留的一些思想情趣一样，但这类在实际人生中走过来的人也更少知识分子的书卷气。鲁迅说他活泼、勇敢、直率，也正是《新青年》群体中其他人所较少具有的。彼此配合作战，有唱黑脸的，有唱红脸的，这台戏才唱得有声有色，正不必分唱黑脸的高贵还是唱红脸的高贵，因为唱的是同一台戏，什么角色都不可少的。

但是，五四新文化运动的倡导者也是生活在中国社会上的，刘半农也是不能不受中国雅俗观念的影响的。不但《新青年》同仁中一些人有点瞧不起这个从中学肄业跑来的俗人，就是刘半农自己大概在一大群名流学者的中间也有些自惭形秽吧！他得把自己搞得雅起来，于是到伦敦、巴黎苦读了几年书，弄了个法国国家文学博士的头衔回来。这下，认为他“俗”的人可就大大减少了。

按理说，由俗趋雅是人类的常情，知识多更是一件好事。但在中国这雅俗分明的社会里，可也不尽然。“雅”得有点“雅”的样子。在西方，越是“雅”人，越是知识多的人，越得更多地为人类的生存和发展找出路。可在中国，越是与现实人生贴近的问题越显得“俗”，当自感其雅的时候，就自觉不自觉地不屑于管这些事儿了。反而与社会越离越远了。

在中国，“雅”与“俗”实际是和师与徒的关系密切相关的。孔子就是至圣先师，是管教训人的；俗人则是无文化教养的人，是被教训的对象，但他们也能提出问题，甚至说错了也不算丢面子。一个人是不是自感其雅，有一个最基本的方式，即看他说话和写文章主要是为了表达自己的意见、与人交流呢，还是主要为了教导别人。前者把说话写文章的对象视为与自己平等的人，后者则把对象视为自己教育的对象，视为自己的学生。前者因是代表自己说话，所以不怕说错，自己怎么想便怎么说。后者则要拣有确定结论的话说，不能叫人说他说错了的。后来刘半农写诗讽刺大学考生试卷中的错别字，鲁迅大不以为然，就因为鲁迅感到刘半农有些以雅人自居了。

其实，雅俗是都没有什么的，谁能保证自己就一定从官宦家庭、书香门第里钻出来，并一生都在雅致的文化环境中生活。不这样，身上有点俗就是不可避免的。但不论雅俗，只要于自己从事的社会事业无关，大可不必过问的。令人悲哀的倒是像刘半农这样从俗世中走出来，并因其俗而干了一番了不起的社会大事业的人，仍然有些自惭形秽，非要稚起来不行。而雅又雅得有些勉强，仍被真正的雅人所小觑。

1993年元月23日于北京师范大学中文系

原载《太原日报》1993年3月25日

他一生都是一个青年

——郭沫若印象

有的人一生都是一个老年人，有的人一生都是一个中年人，有的人一生都是一个青年。

这与他童年所接受的文化观念有关，也与他后来的经历有没有根本改变他的固有的文化观念有关。

有的人从小就爱说大人话，老成持重得像个小老头儿，并且终其一生都暮气沉沉，连笑都没有痛痛快快地笑过一次。这是因为他在开始接受教育时，就是依照老年的标准被塑造的，这种人最轻视幼稚的人，看不起好动感情的青年，总是为中年人的冒险行为捏着一大把汗，而他们自己，虽然对每个人都能说出一大堆教训的话，可从来没有痛痛快快地做过一件事，直截了当地说过一席话。好像他们生来就是为教训别人而存在的。

而郭沫若，却一生都是一个青年。

在这里，“青年”不是一个褒义词，也不是一个贬义词，而是一种精神品貌的代称。青年有青年的优点，也有它的缺点，并且二者往往是一回事儿。

青年人有自我崇拜的倾向，但也容易崇拜别人。因自我崇拜而富有理想，充满雄心壮志。大胆进取，乐观向上，因崇拜别人则情愿放弃自我、服从别人的意志。像郭沫若这样富有理想、充满自信的中国青年，即使在“五四”之后也是极为少见的。他的《天狗》是最能体现他的自我意识的诗。这只天狗吞日吞月，整个宇宙都能吞下，可见郭沫若是何等的自信。世界上没有自我不能办到的事情。正是这种精神，使青年人不畏艰险，勇于进取。郭沫若的一生，几乎在他能插足的领域都曾经闯荡过，并且在所有这些领域里都有建树。他是一个诗人，在新诗的发展上具有举足轻重的地位；他是一个文艺理论家，在各个历史时期都有文艺论文发表，且观点屡有变迁；他是一个小说家、散文家，虽说成就不是很大，但也有自己的独立特色和社会影响；在历史剧的创作方面，他是现当代文学史上数量最多、影响最大的一人；在日本，他啃了十年干涩的甲骨文，在考古学上有其独立的贡献；他是著名的历史学家，在中国历史研究中独树一帜；他的《十批判书》在中国古代思想史的研究上广有影响，是把马克思主义阶级论用于中国思想史研究的一部专著；他是著名的翻译家，所译作品涉及世界许多国家的文学或学术，外译中，古译今，数量丰盛；在中外古今的文学研究上他也不曾示弱，从先秦到明清，从西方到东方，几乎没有他不曾染指的地方；他是一个书法家，在中国，几乎处处都可看到他的浓笔重墨、挥洒自如的墨迹。最后，你还不能忘了，他是一个革命家、政治家，参加过北伐和八一南昌起义，1949年以后更是官衔众多，难以尽举……要想知道一个人的生命力可以充沛到什么程度，在中国作家中看看郭沫若就行了。但郭沫若也很容易崇拜别人，英雄崇拜、天才崇拜几乎是他一生的不自觉的倾向。在前期，他崇拜的是古人、洋人，并且绝大多数都已经进了坟墓，对他的实际束缚看不大出来了。但到晚年，毛泽东、周恩来这些活着的革命家、政治家成了他崇拜的对象，情况就有些不同了。他的崇拜，并不是没有理由的。他也干过革命，想做一个革命家；干过政治，想当一个政治家，但终其一生在这方面的活动很多，成效难言。毛泽东、周恩来这些领袖人物则不同了。三弄两弄，便把如此强大的国民党政权弄垮了，郭沫若知道这可不像他写篇小说、作首白话诗那么容易。敬和畏又是一对孪生兄弟，在他们面前，郭沫若是甘拜下风的。这一崇拜，便把自己的思想独立性崇拜进去了。在1949年以后的政治风浪中，他是随波浮沉，自己的舵不想自己掌了。有些人对此有些惋惜，但岂不知一个人在何处得益，也必然在何处失手，他的英雄崇拜发动了他的生命力，也会湮灭他的生命力，在任何情况下都得其益而不去受其害的思想或精神品质是找不到的。

青年人是情感性的。由于感情丰富，所以想象力强，思想敏感，富有创造力，但也正因为青年人的情感胜于理智，所以有些不靠理智办不成的事儿青年人容易弄砸。对于青年人，这个世界有些“妈妈的”，难以理喻。有时不知怎的，像天雨粟、树落钱般一切好事儿都纷纷往自己头上落，乃至自己认真起来，反而什么都抓不住了。其原因概在他们的情感和热情往往模糊了很多细枝末节。有时候细枝末节对于事情起不了什么作用，有时候却恰恰是这些细枝末节会起关键性的作用。人生是偶一踏在机关上，大门轰然洞开，但要自己有意识地去找，青年人的热情所模糊了的东西便会影响你整体地分析了。在对人方面，青年人往往明于知己，暗于知人，以为世界上的人都像自己一样感受和看待这个世界。但事实却并非如此。每个人在这个世界上都像瞎子摸象一样，摸到的是一个部分，获得的是部分的合理性，连你自己都是如此。青年人在做自我表现时，由于真诚，由于敏感，由于顾虑少负担轻，由于获得的多是现时代最新的信息资料，即使是他的错觉也有极宝贵的价值，且常发别人所未发，但当为人决疑或判断别人时，往往以己度人，难于周全，会弄出许多驴唇不对马嘴的事情。青年人的情感是即时性的，一时一变，跟着感觉走，所以你不能太把他的话当真。今天他这样说，但到了明天，他的情绪变化了，对事物的感受又变了，说的话就不同了。你的行动是跟不上他的情绪变化的。最好的办法是你把握住他情感变化的线索，预先知道他在什么情况下会发生何种变化，才不至于搞得你晕头转向。

郭沫若就是典型的这么一个情感性的人。他的《女神》的成功，不是他预先设计出来的，完全是因为他听凭激情的撞荡。这一撞，可就把他撞进了艺术的殿堂，并且把他抬到了成功的顶巅。后来他认真起来了，反而把自己的诗情“认真”丢了。“郭老郭老，诗多好的少”，这是他自己说的，应该说是符合他的创作实际的。在早期，他讲自我表现，好像处处言从意顺，即使你很难同意的一些观点，也难以否认它的历史价值。但到1928年，他忽然管起别人的事儿来了，连鲁迅这样沉着老辣的思想家的事，他也要管一管，评论一番，结果是拿着刚学来的马克思主义名词乱扣瞎按，让人哭笑不得。人们或许认为，郭沫若一生学术著作宏富，成就卓著，且在命运多舛的中国现当代史上，独能青云直上、一路顺风、位高名重、多福多寿，说他情盛理亏似乎有些欠当。我不这样看。郭沫若的学术天才也不是他理性思维绵密的结果。他的知识渊博，想象力又极为丰富，他的成功更得力于他的东方人的所谓悟性，一旦一种新的联系建立起来，新的观念便产生了。而他是很善于也敢于建立种种新的联想的。但他靠的不是严密的逻辑推理，因而一旦悟性失灵，他又是极易犯连常人也不会犯的错误的。他的《李白与杜甫》出版之后，我买了一本来看，读后简直令我瞠目结舌，不知郭老所以搞出这么一些不可思议的名堂来。我倒不是反对他的扬李抑杜，而是他赖以贬低杜甫的理由竟是如此的牵强附会。实际上，就是他的《奴隶制时代》《十批判书》这些著名的学术著作，也不以论述的绵密见称。至于在为人处世上，郭沫若也更得益于直率热情。实际他是没有很深城府的人，不会搞阴谋诡计，不会主动陷害同仁。尽管他也参加过历次的“革命大批判”，但实际由他主使打倒的人，恐怕没有一个。他的官做得很大，但我觉得他除干事儿之外，手里并没有多大的实际权力，他大概也不想要什么实际权力。他的名声很大，只干事，不要权，人人都不必提防他，所以他的处境比别人都好些，而这大概也是青年人在世上的沾光之处。成年人、老年人彼此争权夺利，只要青年人不惹太大的事，他们反倒都会保护他。所以对他的顺利，我们也不必有太多的嫉视和不平。

对于郭沫若，最怕的是当圣人对待。一把他抬到圣人的位置上，他可被挑剔的地方，就太多了，而只要认识到他终其一生都只是一个青年，你反会感到他的可爱之处是很多的。

1993年2月27日于北京师范大学

原载《太原日报》1993年4月8日

他在精神上是个孩子

——郁达夫印象

郁达夫是这样一个人：没有一个人会发自内心地尊敬他，但也没有一个人会发自内心地憎恨他。

不论你怎样评价他这个人和他的作品，你都会觉得他有些可爱。

你有些疼他，特别是看到别人欺负他的时候。

他经常哭哭啼啼，要在别人，你会感到厌恶，但在郁达夫这里，你并不感到厌烦。你想伸出手来，替他擦擦眼泪，说一声："好孩子，别哭了！这不算什么的!"

因为他在精神上就是一个孩子。

每一个人，都首先在母亲的怀抱里被抱大。有了需要，母亲会满足他；有了痛苦，母亲会安慰他。他在母亲身边感到是温暖的，一种精神上的温暖。尽管母亲也会吵他，教训他，但到底这里面包含着爱，包含着情感。

人长大了，被放到了社会上。他仍然像期待母亲一样期待着这个社会。但社会却不像是母亲，倒更像一个继父。它不会主动去满足你的需要，不会体贴你的感情，不会原谅你的缺点。你要什么，得去和别人抢，和别人夺，抢不过、夺不过，算你倒霉，算你无能。你要是做错了事儿，不论有意还是无意，不论出于坏心还是出于好心，你就得接受惩罚。这才不像母亲骂你和打你哩。母亲骂了你，打了你，她自己也会掉泪，回过头来还得安慰你。社会惩罚了你，把脸板得更紧，一副冷酷无情的样子。甚至还有的人幸灾乐祸，在旁看哈哈笑。在社会上，你感到孤独，冷落，无依无靠。你在社会上总希望再找到像母亲一样的环境，但常常是越是希望找到，越是一次次地感到失望，在这时，你虽然身体长大了，知识增多了，但你在精神上依然是个孩子，因为你眷恋母亲，眷恋像母亲一样的人和物。

什么时候，你不再希望社会能像母亲一样关怀你，爱护你；什么时候，你开始认识到社会实际是一个竞技场；什么时候，你也像别人一样知道依靠自己的力量去争，去斗，去夺，去抢，去获得自己想获得的东西，不要求别人的同情、怜悯、安慰、恩赐，失败了认自己倒霉，爬起来，擦擦脸上的血，拍拍身上的土，再去做新的竞技，你就算长大了，成了成年人。在这时，也只有在这时，别人才把你当成一个不能忽略的人，与你拉关系，讲友谊，联为一体，互助互用，谋取共同的生存。但与此同时，你的敌人也多了起来，排斥你，打击你，因为他们也想占有你现在所占有的地盘。

郁达夫早年丧父，由寡母拉扯长大，在弟兄中他最小。他身子瘦瘦的，浑身没有几两肉，力气大的孩子，三拳便能打他个底朝天，只是读书绝顶聪明。十七岁，便被长兄郁华带到日本，把他一个人扔在异国他乡去读书。从此，不闻爷娘唤儿声，得自己照顾自己了。

他才十七岁呵，他的心灵怎能离得开母亲。

中国人讲爱情，多往性上拉，当然爱离不开性，但爱更是对精神栖息所的寻求。对少年男性来说，他要在世界上找到一个能像母亲一样体贴他、关怀他、了解他、安慰他的人，才使自己在精神上不感到孤独。才离少年境的郁达夫，越是在异国他乡难耐失去母亲温暖后的孤独，也越是感到爱情的必须。

> 知识我也不要，名誉我也不要，我只要一个安慰我体谅我的“心”，一副白热的心肠！从这一副心肠里生出来的同情！从同情而来的爱情！
>
> 我所要求的就是爱情！（《沉沦》）

但两性之爱不像母子之爱，母子之爱不是争来的，而是天然的，你越弱，越小，母亲越爱你。哭是引起母亲注意的最佳方式。但两性之爱才不同哩！你得像个男子汉，得追，得和别的男孩子抢；你得像个人物，或才能出众，让女性感到你前途无量；或有钱，让女性感到在经济上有保障；或有地位，让女性感到荣耀；或一表人才，潇洒倜傥，一下子便能抓住女性的心。总之，你得有点与众不同之处，否则，世界上男孩子有的是，人家为什么偏偏挑上你！但郁达夫可不行。在人家日本，青年男女，正常交往，谈情说爱，习以为常，而在男女授受不亲的中国教养出来的郁达夫，老实巴交的，又怯懦又腼腆，见了女孩子干着急说不出话，好像小偷见了失主一样的惶遽不安，这怎么能和那些日本男孩子竞争呢？再说，自己要钱没钱，要地位没地位，一介穷书生，浑身寒酸气，又是一个被日本人看不起的“支那人”。这可真是连个爱情的缝隙也找不到的绝望之境呵！在这时，不孤独也得孤独，不寂寞也得寂寞，不自卑也得自卑，不颓伤也得颓伤。母亲在哪里，人生的温暖在哪里呢？

他哭了，像受了委屈的孩子在母亲面前一样的哭了。

哭出了一篇《沉沦》。

他这一哭，中国的青年都哭了！谁不是从母亲身边走到社会上来的呢！谁不感到在中国的社会上找不到自己的母亲、找不到精神的温暖呢！谁不感到作为一个弱国子民的中国青年被人家看不起呢！别说人家日本当时看不起咱，咱自己就看得起自己吗？来个美国小伙子，风抢！你是中国的青年，连中国的女孩子也看不上眼，美国小伙子拣剩的才能归你哩！

郁达夫把自己哭成了个文学家，在社会上有了自己的安身立命之处，但他的精神也便停止在小孩子的阶段了。因为他不必再去学争权夺利那一套，不必再去耍手腕、弄权术、尔虞我诈。痛苦了，寂寞了，他就像小孩子一样哭几声，一方面也发散了苦闷，一方面也哭出一些稿费来，使自己有饭吃，有酒喝。这使他反而感到自己的痛苦还太少了一点儿，还得另外多加一些。我们觉得他后来的作品有点炫耀痛苦，就是这么一个原因。

但他确确实实终其一生也没有找到自己的母亲。女人，他追到过，但他的小孩子的性格粘不住女人的心，跟他过一段便被他缠腻烦了。他死追了一阵子王映霞，后来也结了婚，但再后来就发觉自己戴了绿帽子，大叫大闹，连私生活中这些别人不愿公开的事儿都发表出来，又写诗，又作文，弄得满城风雨。

在人事关系上，人家也把他当小孩子。文人，也算个不小的文人，但正经八百的事儿，他也沾不上边儿。跟成仿吾，他弄掰过；跟郭沫若，他翻过脸；入了左联，又被人家登报开除了；和创造社小伙计们，他更弄不在一家去。只有鲁迅，心里喜欢他，但鲁迅是个严肃的人，也帮不上他的大忙。

在社会上找不到母亲，便向往大自然了。大自然就像我们的母亲，柔和、多情，不会故意欺负我们，对它也不必弄心计，要手腕，可以在它面前随意哭、放心笑；撒娇打滚儿都可以。郁达夫曾想归隐田园，写了很多的山水游记，《迟桂花》更是一篇描写田园风光和自然人性的佳作。但他到底又是现代人，不能忘情于社会。所以大自然也没法儿给他真正的安慰。

中国人看不起小孩子，但小孩子有时比我们这些"大孩子"倒更像一个真正的人。他不会弄虚作假，不会笑里藏刀，不会说的是一套做的又是另外一套。他的心灵像一泓清水，即使上面漂着些污物杂草，水底有一些碎石断瓦，也能让人看得清清楚楚，明明白白。出卖道德良心的事儿，往往是我们这些"大人们"做得多，小孩子倒常常诚心诚意地待人，清清白白地做事。郁达夫，就是这样一个人。抗日战争爆发了，他比别人忙活得更厉害。祖国没有给过他什么好处，但让他背叛祖国他还是不肯。日本军队往前推，他就一步一步往后退，一直退到苏门答腊的巴爷公务，实在退无可退了，才隐姓化名住了下来。抗战八年，他在十分危险的情况下与日军周旋，救济同胞，保护群众。抗日战争结束了，有一天他被日本人叫出去，从此便再也没有回来——他被日本侵略军暗杀了。

从此，我们便再也没有听到过郁达夫的哭声。

他带着赤子之心来到了这个世界上，又带着赤子之心回到上帝那里去了。

1993年2月28日于北京师范大学中文系

原载《太原日报》1993年4月15日

他的优点也是他的缺点

——成仿吾印象

成仿吾是我的老校长，我在山东大学读书时，正是他掌校的时期。

原本我并不格外崇拜他，我是从初中就开始系统阅读鲁迅著作的，从鲁迅作品里我获得了关于他的最初印象，觉得他是一个太武断的人。

但在“文化大革命”期间，我成了他的“保皇派”，并因而与他有了很多直接的接触。他极少说话，也不为自己辩解，对“揭露他的大字报”似乎不屑一顾。

在斗争他的时候，“红卫兵小将”让他承认自己是“反革命修正主义分子”，他从没有屈服过。人们把他的头按下去，他就抬起来；再按下去，再抬起来。因此，他多受了好多折磨。

从此，我对这样一句流行语产生了极深刻的印象：他从不低下他的高傲的头。

倒是在他挨斗之后，我开始对他产生了敬意。

大概我受了太多的鲁迅作品的影响吧，我总觉得中国人太不认真。不论什么事，都凄凑合合，敷敷衍衍，嘴上说得天花乱坠，好像决心很大，不达目的誓不罢休似的，有时甚至痛哭流涕、捶胸顿足、呼口号、写血书，但你千万别把这事儿当真。你要真的认为如此，受了感动，跟他一道去干，一到事情出现败象，他早就一股烟儿溜走了。剩下你自己为他承担罪责。到头儿来，他还会责备你不识时务，不灵活，无远见，是个呆子，并且他不论咋变，都有堂堂皇皇的理由。他要搞文学，就说精神最高贵，把钱贬得一文不值，过了三天，他又去做买卖去了，在这时你再去问他，他就会说经济是基础，搞文学没用处；今天他是群众，他就讲民主，认为凡当官的都没有一个好东西，待到他自己当了官，他又会大讲集中的重要性，认为中国老百姓还太愚昧，给他们民主他们也用不了；在他提倡西方文化时，便认为连胡适、鲁迅这班人也太传统，胡适不跟他老婆离婚、鲁迅一生都穿长袍是令人难以忍受的，待到他提倡传统文化，又会说事情都叫胡适、鲁迅一般人搞坏了，反传统是要不得的事儿……由于中国人不论干什么都觉得有理儿，所以任什么事情都难以办成。不论什么事情，都不可能不遇到一点儿困难，并且事情越是在欲成未成之际越是困难，在这时是忍一忍冲过去还是知难而退，是具有关键意义的。认真的人在这时要坚持下去，不认真的人就会转而去找轻松的事儿干。要想切切实实地办成一两件事儿，没有点认真的精神，老是在历史上打转儿是不行的。

成仿吾是个认真的人，做事从不含含糊糊。他这一生，干了三件事儿，干什么便实心实意地干什么，越是在困难的时候他越坚定。这三件事儿，泾渭分明，层次很清楚：一是文学，二是革命，三是教育。1928年以前，他主要是搞文学的，是创造社的理论台柱，在张扬创造社的理论主张和在创造社的存在与发展中，他是立了汗马功劳的。但在后来，大约他与中国的文学潮流很难苟同了，便转而去搞实践的革命。他在1927年的国共分裂之后、共产党处境最困难的1928年加入中国共产党，后来便去中央苏区，是参加过二万五千里长征的两个著名作家之一（另一个是冯雪峰）。在这个时期，他便闭口不谈文学，并且直至去世。在陕北革命根据地，他是陕北公学的校长，一心一意办教育。1949年以后，开始他还是中共中央委员，但后来就不是了，只剩下了政协的职务。他的办教育，才真是一心一意办教育，并不是在教育里当官和借办教育升官。开始是中国人民大学校长，后来是东北师大校长，最后是山东大学校长，像钉子一样钉在了大学校长的职务上。

尽管成仿吾是我的老校长，但我也不能不说，在他的认真里，还是有一点儿不那么得劲儿的味道的。譬如说，他和鲁迅都是绝顶认真的人，但二人的认真却有很大的差别。

鲁迅的认真是对于追求目标的认真，成仿吾的认真则更是行为规范的认真。鲁迅从留日时期，便觉得中国国民性应当改造，他的一生都坚持着这个目标，始终未变，但在行为规范上，他则依现实状况而定，没有个定数。他既不提倡某个固定的主义，也不把自己束缚于某一个学说。有时他是现实主义者（如《呐喊》《彷徨》），有时又是一个象征主义者（如《野草》），天高任鸟飞，海阔任鱼跃，他的行为是非常自由的，但不论怎么自由，他又都指向同一个追求目标。成仿吾则不同，他的认真是把整个儿搞得很死，不但目标固定，行为规范也很固定，不论世事如何变化，他说的还是那些话，做的还是那件事儿，越弄越紧，使自己连个转动身子的自由也没有。其次，鲁迅承认自己的追求目标的合理性，也承认其他追求目标的合理性，只要与自己的追求目标无碍，他就承认别人的追求的自由，但若与自己的目标有碍，他就在维护自己目标的原则下予以反击。而成仿吾则往往以自己的目标衡量一切，在早期，凡与创造社理论主张不合者，他就认为不是好作品，后来又用革命文学的标准衡量一切，似乎凡是革命文学都是好作品，凡是不属于革命文学的都不是好作品。鲁迅则不同，他的理解面更宽，王国维和罗振玉都是前清遗老或遗少，但鲁迅说王国维出的是真气，罗振玉出的是假气，而对王国维表现了应有的理解和尊敬，并不因他反对前清遗老而将王国维说得一无是处。第三，鲁迅绝不以理想的东西代替现实的选择，成仿吾则往往把理想的当成现实的标准要求自己和别人。鲁迅要改造国民性，但他又绝不以他所理想的人性要求在这一目标并未实现的现实条件下的人，而是要求向这方面努力，而成仿吾一旦提倡马克思主义，便以马克思主义要求自己和每一个人。总之，在鲁迅的认真里是包含着自己和别人的很大的自由空间的，而在成仿吾的认真里，则给自己和别人留下的自由活动的空间极小。因而，成仿吾的认真还更是中国传统耿介之士的认真，这种认真是做人的认真，认为人要先做到是什么样子的，才能去做事。鲁迅的认真则是做事的认真，为了做好这件事儿，我必须怎么做，而只要与这事儿的成败无关或关系甚小，一切都可以是自由的。而对于认真做着别的事儿的人，例如自然科学家，则以他自己从事的事业衡量，只要他不对自己的追求横加干涉，我是不会要求他也像我一样的衡人待物的。我们觉得成仿吾总有些“左”，就是因为他的认真给人给己留下的自由度太小了。

但成仿吾的“左”是真“左”，而不是假“左”。对这类人我们应有相当的尊敬。

1993年3月1日刊北京师范大学中文系

原载《太原日报》1993年5月13日

“著书都为稻粱谋”
——张资平印象

“避席畏闻文字狱，著书都为稻粱谋”是清代诗人龚自珍的名句，它很沉痛地说出了中国知识分子的痛苦和矛盾。原本来，一个知识分子是一个统一体，其中三个要素是缺一不可的。首先是作家的精神追求和文学追求，这是一个文学作家的本质特征。一个作家假若没有自己独立的精神追求和文学追求，严格说来，他就不能称其为作家。社会上的事儿多得很，干点儿什么不好呢，何必一定要当一个作家呢？但是，作家也是一个人，也要作为一个人得到整个社会的认可，说得“俗”一点儿，就是他得要“名”。要是社会把作家当妓女、小偷、毒品走私犯对待，即使他有创作的才能，也不会去从事文学创作。再说，即使他有了创作，社会也畏之如蛇蝎，正经人是不去看的，作家的精神追求和文学追求又有什么用呢？第三个要素就更“俗”了，那就是“钱”，是物质生活条件的保障。作家也要吃饭、穿衣、养家糊口，没有钱是不行的。上述三个要素缺一不可，但三者又常常有矛盾。矛盾就常常出现在作家的独立精神追求和文学追求上。作家的独立精神追求和文学追求把作家限制住了。明明是可以捞“名”的事儿，但与他的追求不相符，他不愿去干，明明是能捞“钱”的事儿，也与他的追求不相符，他也不愿去干。而既与自己的精神追求、文学追求相符，又可捞“名”、捞“利”的事儿不能说没有，但到底是一生中少有的事儿。历朝历代，政治统治者希望文人歌功颂德，当他们的御用文人，稍有不逊，便有杀身之祸，在这时知识分子感到自己要坚持自己的精神追求和文学追求十分困难，写文章还是不必太执着于精神追求和文学追求，也不必太顾惜自己的道德名义，只为了混饭吃倒好些，所以龚自珍发出了“避席畏闻文字狱，著书都为稻粱谋”的感叹。这对于一个有着实在的精神追求和文学追求的人来说，实际是一桩十分痛苦的事儿。

但社会总是有很多空当儿可钻的，自然当作家是一份有名有利的差事儿，即使没有什么精神追求和文学追求，也是值得一干的事儿。并且不但可干，而且往往比那些有确定不移的精神追求和文学追求的人儿更沾些便宜。因为他没有追求，便不受自己的限制，总能随时事的变化而变化。政治统治者需要我歌功颂德，并且有利可图，可以！咱就歌功，咱就颂德！社会群众最喜欢看某种作品，卖得来钱，可以！咱就写这类作品！反正我是没个顶准儿的，能怎么来便怎么来！与时俱化，与社会现状贴得紧紧的，东风来了他是东风派，西风来了他是西风派，任什么时事他也有饭吃，有衣穿，过得滋滋味味的。“人生一辈子，还不是吃点，喝点，要什么追求，要什么精神，为那种虚幻的东西把自己的小命都搭进去，那才是傻瓜呢?”——这是他们的心里话。

实际上，张资平就是这么一个人。在创造社作家中，郭沫若曾经被通缉，流亡日本；成仿吾参加过万里长征，历尽艰险；郁达夫常常是穷困潦倒，最后被日本宪兵队暗杀，而张资平却要顺利得多。新文学行势之时，他也曾名噪一时，时称“创造社四君子”之一（郭沫若、成仿吾、郁达夫、张资平被称为“创造社四君子”），待到新文学落潮，新文学作品不但受政治的压迫，而且卖不出钱来，张资平则靠三角恋爱小说风行于世，开书店，卖小说，坚固地立于现实社会，没有受政治迫害之虞，也无受经济压迫之苦。日本人打进来了，他也觉得无可无不可，干脆为日本人服务去了。中国人的理想是大吉大利，人家张资平才算前世积了阴德，处任何时世都能无几微之宥。或者人说，抗日战争结束之后，他不也倒了霉？但须知张资平也会这么想：我总比在日本人当权时便把小命儿搭进去要好得多呀！

对张资平这类人，似乎中国文学评论界也没有更好的办法。讲五四新文学，你不能不讲他吧！他到底是创造社初建时期有过贡献的作家呀！待到严肃文学价值低落，通俗文学兴盛，张资平又似乎比任何其他作家都有了价值：写三角恋爱有什么不好？群众愿意看嘛！难道非要把文学作品写得没人看才好？特别是在广大知识分子感受到经济的压迫的时候，张资平便更容易被人理解了：作家也是人，得靠卖作品吃饭，人家当时不也是为生活所迫吗？甚至他的就任伪职，也是有理由为之开脱的：有什么办法呢？人都是要活的，国家都亡了，张资平不为日本人干事活不下去，难道亡国的责任还在于他一个人就不就伪职？……

确确实实，要想找出一种十全十美的理论否定张资平这类的人，是极难极难的。正因为他善变，一生中干过各类的事儿，有过各类的“行状”，真是东边不亮西边亮，你总能找到他符合我们现在的某个价值标准的地方。倒是那些有着始终如一的追求的人，极易被否定。你是现实主义者，浪漫主义行势之时人们就对你不感兴趣了；你是“左”的，右的思潮兴盛的时候就要被人瞧不起了。独有像张资平这类的人，你不论朝哪里走，他都有与你相同的地方，叫你狗咬刺猬，无处下口。

但独独有一关，张资平是不易过的，即是文学感受和精神感受关。真正有精神追求和文学追求的人，他是很难转动自己的身子的，因为一旦转动，他就很难受，还不如忍受点别的痛苦而保持自己的精神追求和文学追求。你说歌功颂德可以升官，但他歌功颂德给自己造成的精神痛苦比升官给他带来的幸福还大；你说迎合社会口味可以赚钱，但他迎合社会口味给他带来的折磨比少挣点钱还重。但正因为如此，一旦与他的精神追求和文学追求相符，他的精神便格外舒朗，情绪格外浓烈，他的作品也便格外有生气，有味道。但张资平这类人就不同了，因为他就没有什么不能不实现的精神追求和文学追求，所以他不论写什么也写不出文学作品必有的那种精神和韵味来。张资平在早期确实是新文学作家中的一员，从题材和观点，你看不出他与别的新文学作家有什么不同。但你切不可认为他真诚地追求什么恋爱自由、个性解放或社会的进步，实在是时代已变，当时的潮流如此，别人都这样写，他也便这样写，不这样写当不成作家。人们会说我有些冤枉他，但我认为，只要你用心灵去感受一下他的作品，便知道我绝非有意与他过不去。郁达夫的作品有很多弱点，但那点痛苦确实是他的痛苦；郭沫若的好诗不多，但那点热情也确是他的热情，而张资平的作品，却看不出他对他表现的思想有什么真诚的热情，看不出他对自己笔下的人物的命运有什么真诚的关怀。他从来没有把自己真正煮进到作品里去过。后来，他写三角恋爱小说去了，恋爱是人生的重要主题，当然应该写；三角恋爱，也是恋爱中常遇到的事情，也未尝不可写；性心理，也不必认为是下贱的事儿。但关键在于，他并不真正关心恋爱青年的精神发展和心灵感受，并不关心人类的两性关系，而对于人的性心理，他也只是靠自己的猜测，并不想真正理解性在人的精神生活中的作用和意义。所以你在他的这类作品中仍然感受不到他到底有什么实现不了的精神追求和文学追求，你只知道他在写小说，并且努力把小说写得让要借小说消遣的人看。我认为，文学评论家不能光讲“道理”，什么恋爱主题是重要的，什么通俗作品应受重视，这些道理能把真正的文学作品与伪劣作品等同起来。文学评论的第一道手续是“心灵感受”，感受之后才有“道理”可讲。

中国现代史上有两个知名的“汉奸文人”：周作人和张资平。但他二人又有根本的区别：周作人是有真诚的思想追求和文学追求的人，但他缺乏支持自己追求的精神和品格，所以常常向现实妥协，就任伪职是由于他的软骨病；张资平则不同，他从来没有过真诚的精神追求和文学追求，他的就任伪职并不是“妥协”，而是“顺其自然”，给中国人干和给日本人干都是混饭吃，没有什么两样，所以他其实没有什么“妥协”——无所谓妥协。周作人是不愿当奴才而在屠刀威胁下不得不当奴才，张资平则一向是个奴才坯子。我们不能原谅周作人的变节行为，但我们得重视他的作品，因为他的作品表现着为别的作家所无法代替的独立精神追求和文学追求，而对张资平，我们不但不应原谅他的变节行为，也不必惋惜他的文学作品，因为这些作品尽管是些作品，但却并没有独立的、为别的作家所无法代替的思想价值和文学价值。

1993年3月6日于北京师范大学中文系

原载《太原日报》1993年5月20日

企图捉住中国历史发展脉搏的人

——茅盾印象

鲁（迅）、郭（沫若）、茅（盾）向被称为中国现代文学的三巨头。茅盾和郭沫若的不同是显而易见的，但鲁迅和茅盾的不同，似乎不太为人们所注意。人们把鲁迅和茅盾同归于现实主义阵营，二人的私人关系似乎又一直不错，没有发生过正面的理论论战，二人的区别遂不再被人注意。实际上，鲁迅和茅盾的差别也是十分明显的。虽说二人都可以归纳在中国现代现实主义文学的派别里，但各有所偏重，致力的方向是大异其趣的。鲁迅早年更注重西方浪漫主义文学，写过《摩罗诗力说》，虽说后来颇偏重现实主义，但对作家主观情绪向来是十分重视的。他写了《呐喊》，写了《彷徨》，但同时也写了《野草》。《野草》的主观性是很强的，茅盾一生就没有写过像《野草》这类情绪浓郁、想象奇特、诡谲迷离的作品。要说接受现实主义影响，还是茅盾来得单纯和纯正，鲁迅，爱果戈理，爱契诃夫，爱陀思妥耶夫斯基，爱迦尔洵，安特莱夫，阿尔志跋绥夫，在哲学上则深受尼采《查拉图斯特拉如是说》的影响，实际他们都不是十分纯正的现实主义作家，有些则根本不是现实主义作家，鲁迅重视的是立人，是改造国民性，是强化中国人的生命力，即使他常用写实的手法反映中国国民精神的委顿，但所追求的依然是强毅的精神生命力，与浪漫主义的内在精神仍是藕断丝连、息息相关的。由这精神的内在要求，鲁迅更重对周围世界的情绪感受，浪漫主义、现实主义之不足，则用现代主义代之。我觉得，即使我们把鲁迅称为中国第一个现代主义作家，也算不得过分，他的《狂人日记》、他的《长明灯》、他的《示众》、他的《补天》和《铸剑》，不都是现代主义气味极浓的作品吗？他的散文诗集《野草》就不用提了。茅盾则不同，茅盾当时接受的更是左拉、泰纳、巴尔扎克、列夫·托尔斯泰这些人的影响。他的现实主义更接近自然主义。实际上，在当时的世界上，现实主义与自然主义还是没有非常明确的分野的。他的现实主义一靠近左拉和泰纳，与浪漫主义和现代主义离得就更遥远了。左拉的自然主义实际上就是文学中的科学主义，浪漫主义和现代主义恰恰是明确反对文学的科学主义倾向的。较之鲁迅，茅盾作品的客观性色彩是更加明显的。在茅盾的全部作品中，第一人称的叙事作品就是极少见的，而鲁迅则常好用第一人称。这绝不是偶然的。

1927年之前，茅盾极少创作文学作品，他几乎是埋头搞评论的唯一的一人。胡适是搞理论的，但他同时也写诗、写剧本。周作人是《新青年》中的理论家，但他同时也是诗人和散文作家；成仿吾是创造社的理论台柱，但他也同时写小说、写诗，写剧本。只有茅盾，似乎很沉得住气。事实证明，他不是不想搞创作，而是他的审美理想在当时实现不了。他接受的西方现实主义、自然主义作品的影响，使他更偏爱尺幅宽阔的画卷，对那些一雕梁、一画栋似的短篇小说，不能说看不起，但至少他觉得不够味。要写，就得写出浩浩荡荡的历史潮流来。写出整个社会的全貌来。一个人、一件事，似乎引不起他的兴趣。这也正是法国现实主义、自然主义作家的特征。大约也正因为如此，当他有了参加第一次国内革命战争的实际经验之后，才握起了自己写小说的笔。一动手就是一个三部曲，一部长篇小说《虹》。《虹》写的不只是几个人物和人物的命运，而是当时的中国历史，是青年知识分子的思想变迁史。《虹》也是这样，他用梅女士的思想变迁说的实际上是中国社会革命思想的发展，开始是个人主义，后来是集体主义。再看看他的其余的小说，他的《子夜》，他的《第一阶段的故事》等等，哪一部写的不是中国现代社会的发展史呢？哪一部不是尽量把能容纳的社会画面全都容纳进来，表现着外部空间的广阔性的巨幅画卷呢？鲁迅似乎一直热衷于写小玩意儿，他没有从短篇转向中篇、长篇，而是由小说逐渐转向了散文诗和杂文，越写越向短的东西发展。茅盾则几乎不会写短篇，他的短篇小说写的也那么长。像《春蚕》《秋收》《残冬》《林家铺子》，都像是短的长篇小说，并且似乎都可以无限制地写下去。鲁迅的小说则不同，他的小说写到末了连主人公都死了，想续也续不下去了。写的尺幅大，人物多，矛盾复杂、头绪纷繁，就带来了一个组织结构问题。所以茅盾在长篇小说的结构方法上，在中国现代小说史上是有贡献的。特别是他的《子夜》。

社会这个玩意儿，历史这个玩意儿，说是好说，但要真的把握它，可并不是一件十分容易的事儿。在西方，有多少人为它苦思冥想，但越是苦思冥想，越是感到对它困惑莫解，理不出个明确的头绪来。严格说来，中国古代只有一个一个的家庭，社会这个东西很难说那么完整、紧密。到了社会，就只是一些政客文人了，他们有更多一些的联系，但也难以像西方的城市社会那么纵横交织、错综复杂，交织得那么细密紧凑。至于历史，从春秋战国到清朝末年，几乎只有朝代的更迭，皇帝的易姓，像西方那种制度几经变换的历史，实际上是没有的。中国进入了现代，社会的观念产生了，历史的观念产生了，但要说真正把握和认识它，却并不像看起来那么容易。茅盾小说的缺点也就产生在这里。他描写的面广了，但它们之间的联系真是自然产生的吗？上海的大工业与农村自给自足的小农经济的相互连带关系真像茅盾小说中写的那样是牵一发而动全身的吗？中国的经济与世界的经济真的像茅盾想象中的那样是此处有风、彼处就下雨的关系吗？茅盾把它们连接起来了，但连接起来并不一定是一个有机的整体。我们看到，茅盾的小说在外部结构上似乎很完整，但它们的完整并不像巴尔扎克《人间喜剧》的完整一样。巴尔扎克的作品读下来，觉得很自然熨帖，没拼接的痕迹，但茅盾的小说则多是拼接成的。从这里跳到那里，中间的线头往往令人感到是作者有意安排的。要说历史，茅盾对中国历史变迁的描写也总觉得有些浮泛，并不那么顺理成章。在他的笔下，中国历史似乎时时都在发展着，前进着，正义的力量在扩大，反动的势力在削弱。历史要是老是这样前进，中国人倒是不必发愁了。实际上，茅盾把中国当成与世界各国相同的一个国家了。他没有意识到中国文化的固有特性，没有意识到这种文化自我修复的顽强性。倒是鲁迅，对中国历史发展的沉重性有更明确的意识，因而他的作品反而有比茅盾小说更强的历史预见性。我们常常觉得已把鲁迅抛在了我们身后，但走着走着，即发现鲁迅已在前边等着我们。茅盾努力把捉中国历史发展的脉搏，似乎也感到了它的一些跳动，但却并没有鲁迅小说那种深沉的历史感，我们现在觉得茅盾的小说不太够味儿，一方面因为他的小说缺少内在的热情，一方面也因为他并没有真正实现他自己努力追求着的审美理想。

但是，我们不应嘲笑茅盾的追求，他的追求还应是我们的追求。

1993年4月20日于北京师范大学中文系

原载《太原日报》1993年6月3日

我们的好老师

——叶圣陶印象

假若我现在是一个中学生，并且立志一生从事文学创作，让我在现代作家中任意挑选一位作家，做我的从中学到大学、再到独立从事文学创作整个前半生的文学老师，我将选谁呢？我乐意选两个人：叶圣陶和朱自清。

首先说明，我不选鲁迅。鲁迅的文章，不是学来的。没有鲁迅的那种气质、那种性格，你千万不要学鲁迅，——越学越糟！而假若你真正具有了鲁迅的那种气质、那种性格，你不从鲁迅那里学也会慢慢写出像鲁迅的那种文章来。学鲁迅，不用拜他做老师，看他的文章就行。他的文章比你实际看到的鲁迅更是一个真实的鲁迅，你看到的那个鲁迅未必是一个真的鲁迅。我也不选郭沫若。郭沫若自己的变化太快，这类人不适于当教师，学生跟着郭沫若学习，会感到无所适从，刚刚理解了他的意思，他自己又变了。茅盾比鲁迅、郭沫若都好些，但他不细致，我觉得茅盾的作品从整体上看是很伟大的，但没有一篇可以拿来做范文读，他的最著名的《白杨礼赞》也不是精粹的散文，要让他指导学生他会忽略掉好多对于学生来说不应忽略掉的东西。胡适只能教大学生，并且最好是教属于学术研究而非文学写作一类的课程。总之，作为文学创作的导师，没有比叶圣陶、朱自清两位先生更合适的人选了。

我所说的叶圣陶、朱自清先生适于做我们的文学老师，并不仅仅是从写作技巧的指导上而说的。而是从整个的思想和人格上说的。叶圣陶、朱自清先生都不是纯学院派的学者、教授。中国的纯学院派的学者、教授往往偏于保守。他所注重的是他那个领域的学问，而这些学问又似乎是与时代的变迁、社会思想的变化没有任何关系的东西。你得老老实实地蹲在屋里给我做学问，多读几堆线装书，越是与当前的热门话题不发生关系，你的学问也就做得越大，越有出息。但青年们很难做到这一点，他们不能不受社会时尚的影响，因而感到这些已经啃书本啃出了名堂的教授学者们太保守，几十年一贯制，缺少新气儿、新味儿。叶圣陶、朱自清不这样，他们的思想始终有一种前倾力，他们愿意理解青年，理解新的思想潮流，尽管他们自己与青年学生们的思想有所不同，但他们能主动理解他们、包容他们。这样的老师对青年有好处，就是能够为青年提供独立创造、独立追求的机会，不会扼杀新的生机。但作为一个教师，这也就够了。有的学生希望老师总是站在他们的前头，领着他们干他们自己也觉得有些危险、有些出格儿的事情。其实这种要求是不合理的。任何独立的追求，得自己选择、自己负责。一个教师即使思想再激进，也不能要求自己的学生跟着自己干。这样的教师不是一个好教师，好的教师应当希望学生能比自己得到更顺利发展的机会。危险的事情，冒险的事业，自己可以选择，但不能代学生选择，鲁迅说"背着因袭的重担，肩住黑暗的闸门，放他们到宽阔光明的地方去"，就是希望青年有更顺利的发展。成年人的事儿，不能发动青年替自己去解决。把一堆嫩生生的青年推到前沿阵地去冒险、去牺牲，对于一个教师，是不道德的事情。对于青年自身，也应有这样的思想准备：自己的独立追求，要自己选择自己负责。否则，又怎能叫独立追求？所以自己的独立选择，也不必要求老师一定支持，一定带领自己去干。教师有教师的处境，他是不能事事处处做青年的领袖的。总之，作为一个教师，叶圣陶、朱自清两位先生的思想、道德、人格都是很标准的。

事实上，叶圣陶先生也是在教师生涯中陶冶了自己的性情、人格。他努力做好一个教师，因而他的文学作品也就自觉不自觉地具有了教师的风范。我们完全可以说，他是立于一个教师的地位上环顾周围的世界的。他对教师和以教师为主要特征的知识分子的生活、思想了解得最深切。他们的处境的尴尬，他们生活的酸辛，他们的思想矛盾，他们的精神弱点，恐怕没有一个现代作家像他写得那么多、那么细。与他的职业相联系，他对少年学生的生活关心最多，并且他最关心的是那些贫穷的学生。在五四时期，鲁迅、郁达夫、许地山、冰心都追求“爱”，都是人道主义者，但要理解叶圣陶的人道主义，最好从一个真诚的教师的角度来理解。在一个教师的眼里，所有的学生都是自己的学生，都应是平等的。他用的是一个学生的标准看待学生，这与当时社会的标准是不同的，在社会上，穷人家的孩子被人看不起，甚至受人欺侮，他们比富人家的子弟更有求学上进的欲望，但却没有受教育的经济条件；他们在实际生产技能上超过娇生惯养中长大的富家子弟，但在掌握书本知识上有更多的不利条件……这一切都使一个教师更关心这类的学生，像一个母亲更关心病弱的孩子一样。他对整个社会的关心也是这样，贫富不均更是他同情劳苦群众的思想基础。这与鲁迅的人道主义不同，与许地山的人道主义也不相同。叶圣陶还是中国现代文学史上的第一个儿童文学家，一个好的教师没有不关心、爱护儿童的。他愿为儿童写些文学作品，尽管条件不同，这种愿望能否实现是难以断言的。

在文学风格上，叶圣陶的作品也可从教师风范这个角度来评价。他的作品严谨、平实、细致、语言精练，几乎他的所有短篇小说都可作为中学课文进行教读。像写毛笔字不能开始便用张旭、王羲之的字做字帖一样，鲁迅、郁达夫、郭沫若，沈从文的最好的作品是不太适宜于做中学生的范文的。我觉得现在的中学课本多选一些叶圣陶、朱自清的作品是有好处的，到大学里，可以多读鲁迅的作品。

但是，作为文学与作为教师又有不同的标准。假若真从文学的角度要求叶圣陶，叶圣陶的作品还是有些缺乏内在的热力的。在技术上，郁达夫的小说不如叶圣陶，但在文学史上，郁达夫的地位却比叶圣陶高，因为郁达夫小说自成一家，自开一种风气，有些出格儿，而出格儿的东西才会成为具有独创性的东西——尽管并不是一切出格儿的东西都是有独创性价值的。

1993年4月21日于北京师范大学中文系

原载《太原日报》1993年6月10日

宗教与人生

——许地山印象

中国不是一个宗教的国家，汉民族没有统一的宗教信仰。但由于外来文化的影响，宗教在中国也不是毫无影响。东汉初年，佛教便传入了中国，虽然它屡受排挤，但绵延蝉联，并未绝迹。自明代，又有西方基督教的传入，至晚清，在中国也有明显的发展。天主教堂虽远不及佛寺道观之普遍，但也零零落落，分布在全国各地。从南北两方而言，北方是汉文化的发源地，外来宗教的势力要比南方小得多。在北方的文人学士中，儒家的伦理道德学说占绝对的统治地位，道家学说又占领了多数不得志知识分子的世界观。在普通老百姓当中，道教则有更大的势力。它满足的是人们的现世的物质欲望和追求，形而上的终极考虑是极少的。北方老百姓也常拜佛求菩萨，但多数仍像拜道教神仙一样，无非为了求个好命运，添个胖小子，或驱魔祛邪，可保佑自己全家人发财致富、长命百岁，岂不知释迦牟尼才不管你的这一套俗世欲望哩！当然，在中国的南方，与北方也没有实质的差别，但佛教和基督教的影响却比北方大得多。许地山便家住南方的福建，他把宗教的传统带进了中国新文学，从而也使他成了特立独行的一个小说家、散文家和学问家。

中国新文学与宗教的关系并不自许地山始。实际上，鲁迅便颇受西方基督教和中国古代佛教思想的影响。在他早期的《科学史教篇》中，他便曾谈到西方基督教在西方历史上的作用，并认为，西方近现代社会思想的发展也与其宗教传统有很大关系。他常说中国没有宗教，中国人没有信仰，分明他认为西方人之有信仰与其宗教有关，并不是绝对坏的事情。像《呐喊》中的《药》，《野草》中的《复仇（其二)》，都与耶稣殉难的故事有关。对于佛教，鲁迅是下过一番研究的功夫的。他的老师章太炎就是重佛教的，辛亥革命后鲁迅最苦闷的时候读了大量佛经。但鲁迅仍与许地山不同。鲁迅童年和少年时期只从民间风俗中间接受些宗教思想的影响，所受教育主要是非宗教性的。及至他参加五四新文化运动，则是从宗教思想中走出来，面向现实，面向历史，宗教思想使他较之其他人有更多根本的人生思考，但他到底不是由现实追求入宗教。许地山则不同了。许地山的母亲就是信佛的，她怎么信法，对我们并不重要，但一个人从幼年便有了佛的观念，则是与没有这种观念不同的。他家里又保存了许多佛经、禅经，少年的许地山便读了《金刚经》《坛经》这类宗教经典，五四时期的作家，不是留日的，便是留英、留美的，再就是在本国接受了西学教育，独有许地山，青年时便到南亚蹓了一圈。1913年，他到缅甸仰光的一个华侨学校教书，到1915年才回家。这一趟，也不能说对他没有影响。在日本和英美，不是没有宗教，但在那时的大学校园里，宗教已没有多大的影响。在西方，科学是与宗教神学统治对立中发展起来的，学校是科学知识的传播中心，自然宗教就不再是时髦的货色。在缅甸则不同。缅甸还是一个宗教性的国家，宗教在全民的生活中占有重要的地位，这至少使许地山感到信仰宗教并不是什么奇怪的事情，不像中国人那样觉得不信教才是正常的、信教则是一种不正常的行为。所以他在回国后的第二年，便加入了一个名叫闽南伦敦会的基督教会，成了“在教之人”。仅此一点，在中国新文学作家中，他就够特殊的了。所以在1917年入了燕京大学文学院之后，同学们都称他为“许真人”，大概他那时身上便有了一种宗教气，“真人”味。事情并未至此，接连的一公一私的两件大事，又使他极容易地沉入了对人生意义的冥思，宗教也便成了他进行这种冥思的思维方式。1919年的五四运动，他是积极参加的一个。他被推举为学生代表，并亲自参加了五月四日的示威游行。但这个运动很快便冷却下来，热极生冷、喜极生悲，学生运动的热潮过后往往在青年学生中立即出现一种空虚感、渺茫感和悲凉感，许地山则更是如此。而恰在这时，他刚刚结婚两年半的妻子林月森给他留下了一个小女孩猝然去世，并且是在他接她从福建家乡到北京来的半途中死于上海的。一个好端端的妻子，两人正情浓意切，离家时还好好的，到了上海说死就死了，并且是他眼睁睁看着她死去的。凡是宗教，都是与死亡的感受有关的，从生的感受思考人生与从死的感受思考人生成了人类截然不同的两种人生哲学思考的方式，前者产生的是各种现世生活要求的哲学观念，后者产生的是对人生终极意义的宗教思考。青年人，特别是中国五四时期大部分青年作家，有的悲观厌世，有的歌颂死亡，但真正像许地山这样亲身感受死亡的存在的人是极少极少的，郭沫若、郁达夫那类的感伤情绪，那种动不动便说要自杀的言论，恰恰说明他们并没有真正感受过死亡的存在，说明还没有一个至亲之人的死亡使他们切切实实地从死亡存在的角度思考人生的意义。许地山感受到人死亡的存在，他以往宗教思想的影响又给他提供了进行这种思考的思想渠道。他可就与宗教思想结下了难解难分的缘分。他妻子死后的第二年的1921年，他发表了他的第一篇也是使他成名的小说《命命鸟》。如果说鲁迅发表《狂人日记》标明他在做出于现实思考的努力，许地山发表的《命命鸟》则是在做出于宗教思考的努力。二者是略有不同的。

但是，许地山到底生于20世纪的中国，生于科学民主为旗帜的五四时期。在“上帝死了”之后，许地山不再也不想再让上帝复活于人间。许地山的宗教思考，并不把人生的意义放在人死后的上帝身边，也不放在彼岸的涅槃境界，这使他的人生观与基督教和佛教有着根本的不同。但是，他的宗教思考也并不是没有任何作用的。这使他与中国传统的儒家、道家和道教的人生观都有了不同，也与在五四作家中占主导地位的泛情主义有了不同。儒家把人生的价值完全放在治国平天下的确定的政治目标上，放在忠君孝亲的为他的价值上，许地山不同，他要寻求的是生存对自我的意义。道家把自我生存的意义放在自我心灵的宁静上，并且是以疏离自我与社会的关系为前提保持这种宁静的，许地山则不同，他要寻求的是生活在社会中的人的精神宁静；道教追求的是形而下的物质目标的实现，是长生不老、点铁成金、刀枪不入、飞檐走壁等等特异方式，许地山也不同，他寻求的更是社会中人的精神境界。五四时期的多数知识分子，或追求的是一种历史的目标，或追求的是一种现实的目标，许地山追求的则是一种精神的目标。最后，许地山与鲁迅也有所不同。鲁迅追求的也是一种精神的目标，但鲁迅所追求的精神目标是从中华民族特定的历史需要生发出来的，许地山所追求的精神目标则是从个人与社会的一般关系的思考中生发出来的，带有一种更高的抽象意义。许地山的人生哲学可以从他的《缀网劳蛛》中的一个比喻中得到总体说明。他把人生比喻为蜘蛛结网，结网本身就是它的意义，狂风暴雨来了，丝断网破，破了再结，结了再破。这就是人生。成功与失败是没有关系的，重要的是结的活动本身。

凡是一种人生哲学，都无法说它绝对的对错，关键在于它为什么会产生，即经产生，它有什么作用。五四时期是泛情主义泛滥的时代，觉醒了的青年追求个人的发展，追求自我的幸福，但与此同时，很多青年又把幸福、爱情这类东西理想化了。似乎人生中是不应有任何痛苦、任何不幸、任何不能实现的个人意志似的，小有不顺利、小有不惬意，便感伤、便痛苦，感伤主义反而成了一种时髦，一种时代的流行病。许地山则认为，人生的痛苦是不可避免的，同时也是相对的，一切的痛苦在当时是痛苦，在回忆中又成了幸福的。人生不应是避苦求乐的过程，而应在人生自我的奋斗本身感到它的意义。说白了，人生的意义就在人生本身，而不在它之外。这样，人才能不论在何种情况下，都不绝望于人生。在这一点上，许地山与鲁迅并没有不同，鲁迅也把自己视为一个“过客”，未来是什么样子的，这并不重要，但要往前走。但鲁迅认为人生不仅仅是适应，更重要的是创造，因而他不否认斗争，许地山则主要讲适应，创造活动以及由创造所带来的生存竞争他是小心避免着的。

许地山还是中国现代史上第一个著名的宗教学家，在研究世界宗教，特别是东方宗教方面有杰出的贡献。

1993年4月22日于北京师范大学中文系

原载《太原日报》1993年6月24日

她是我们的大姐姐、小母亲

——冰心印象

一个作家为什么会有自己独立的个性？因为任何一个人都是以一定的方式建立与自己周围的世界的联系的，只要他始终以自己的方式说话、写文章，对任何事物都坚持以自己的真实感受和真实认识发表意见、抒发感情，他的个性也就自然而然地表现出来了。但可惜的是，人并不总是以自己的独立感受和认识写文章的，他得把自己隐藏在一道帷幕后面，并且连这个帷幕也得常常变换，他的个性也就表现不出来了。

“我有快乐美满的家庭”（冰心：《寄小读者》），她在这个家庭里获得的是爱，是父亲、母亲对一个可爱的小女儿的爱。爱，把她与这个世界联系了起来，这颗幼小的心灵在爱之中才感到温馨与安宁，因而她也只知道以爱心对待别的人，对待自己周围的世界，对待自己周围的所有的人，像自己的父母对待自己一样。在这时，形成了她自己对待周围的世界，对待周围的人的特定的态度——以一个大姐姐、小母亲的态度对待他们。甚至在她幼年和少年时期的语言里，她就没有学会以恶狠狠的态度对待别人，因为别人就从来没有以这种态度对待过她，她不知道有这种语言，没有学会使用这种语言。乃至长大成人，到北京求学，社会的一切都开始在她面前出现，万姿千态的社会像电影一样映入她的心灵的眼睛。但这时，她的以往的习惯起到了选择的作用。她不习惯于人与人之间的憎恨、厌恶、凶狠和狡诈，不习惯于人与人之间的漠不关心、冷淡、嫉妒和猜疑。她的女性的温馨的爱心本能地拒斥着这一切，而对人与人之间的亲爱、温馨、甜蜜的感情则有特别的敏感、格外强的亲和力。在这时，周围世界也开始把冷漠乃至冷酷向她倾倒过来，但在这种东西还不可能给她的生命造成根本的威胁的时候，愤怒和憎恨的感情仍然无法改变她以爱心对待周围世界的态度，甚至她连表达自己愤恨心情的语言也说不出口，正像一个从来没有骂过人的人即便知道如何骂人也骂不出口来一样。这样，她的创作风格就确定了，她面对整个世界，面对人类社会，像一个大姐姐一样，像一个小母亲一样，怀着她的母性的爱，说出她温婉的话，有时她也发怒，但她的怒也像一个姐姐的怒一样，使人不感到畏惧和伤害；她也教训人，但她的教训也不像一个教师爷教训别人那样的冷硬，而像大姐姐教小弟弟画画时的语言一样让人感到亲切温存；她也描写社会的不公平、描写社会的黑暗面，但她对这一切仍然恨不起来、怒不起来，而是像叫弟弟洗洗脸，不要把自己弄得脏兮兮的那时的口气。她也有时感到失望，感到疲惫，感到世界的冷酷，但童年少年时母亲的爱滋养着她的心，使她足以在母爱的回忆里净化自己的悲哀和怨恨：

母亲呵！天上的风雨来了，
鸟儿躲到他的巢里；
心中的风雨来了，
我只躲到你的怀里。
（《繁星（159）》）

茅盾说冰心这是舍现实的而取理想的，是一种对现实的逃避，岂不知对于冰心，母爱绝不只是一种理想，而是一种再真实不过的东西，倒是人与人之间的恨，对于她是陌生的、似乎完全是人类的一种变态、一种畸形，她感觉不到这种感情的必要，甚至也体验不到它的可能。童年和少年时的母爱体验、她的母性的本能，使她没有跨出对人类的爱心的栅栏，她只能像一个姐姐，一个年轻的母亲对待自己的不尽满意的小弟弟、小儿子一样对待周围这个世界。这不是有意的逃避，而是她的自然本能。

嫩绿的芽儿，
和青年说：
“发展你自己！”
淡白的花儿，
和青年说：
“贡献你自己！”
深红的果儿
和青年说：
“牺牲你自己！”
（《繁星（10)》）

别了！
春水，
感谢你一春潺潺的细流，
带去我许多意绪。
向你挥手了，
缓缓地流到人间去罢。
我要坐在泉源边，
静听回响。
（《春水（182)》）

听，这是谁对我们说话呢？不是我们的一个大姐姐，一个小母亲的口吻吗？

1993年4月

原载《太原日报》1993年7月8日

他是一个富有同情心的人

——朱自清印象

中国人，大概世界上的人都如此，好以富有同情心表白自己。动不动便说自己的心肠软，同情弱者，见不得人受苦受冤枉。实际上，真正富有同情心并不那么容易。孟子说“恻隐之心人皆有之”，虽然并不全错，但他没有说“嫉妒自私之心人皆有之”这同样具有真理性的话，其可信度就不那么高了。我认为，首先中国人的同情心就不那么多，只要看一看“文化大革命”期间人与人之间的那种恶狠狠的样子，只要想一想中国历史上有那么多冤案、惨案，就知道遇到真正富有同情心的人是很难很难的了。

朱自清为什么会富有同情心？这个问题太复杂，不是我们现在所要说的问题。我们要说的是要在他的作品中看出他的同情心来，朱自清开始写新诗，但总起来说成就不是很大，比起郭沫若、徐志摩、闻一多、冯至、戴望舒这些诗人来，他的诗只能排在二流，但在散文作品的创作上，依我的看法，他们都赶不上朱自清。朱自清的散文很得力于他的富有同情心。五四时期的作家，主观性强的多，真正能体察别人的痛苦的少，像郭沫若、郁达夫这些浪漫味很浓的作家，多是明于知己，暗于知人，把别的人写得很粗疏、很笼统，但朱自清的散文不同，他写别人写得很精很细，很能写出别人埋在心底，甚至连他本人也没有觉察到的那点悲哀来。表面看来，这只是一种写作本领，实际上，它更是一种人格，一种人的素质。有的人，平时关心的只是自己，或者关心的只是人的表面的生活，他们不会去留意别人的那些细微的东西，你只要不向他瞪眼睛，他就不知道他多么严重地损害了你的自尊心；只要你不流泪哭叫，他就不知道你心里多么痛苦。只有像朱自清这样真诚地关心着别人的内心感受的人，才会处处留意于你的情绪，留意于你笑的时候的样子、走路时的姿态、留意于你的每一个细微的动作的意义，你的眼神的每一个细微的变化。在这时候，这些细的小的东西比那些大的表面的东西更重要，因为只有靠这些东西，他才能了解一个人的内心，才能防止自己不要在无意间损害了人的心灵，才能在别人不便开口要求你的帮助的时候主动地给他以帮助。这样长期的生活积累，才能使你对各类人的各种细微的表现了如指掌，写起来得心应手，细致而不烦琐，微妙而无卖弄的意味，自然妥帖，朴素真率。所以，这里反映的是朱自清的一颗富有同情感的心，装是装不出来的。

他的早期的小说《笑的历史》，实际上也是散文类的东西，你看他把一个少妇的情绪写得多么细致自然，只有一点反封建思想的理性认识是写不出来的。他的代表作《背影》，他的《悼亡妇》等一系列写人的散文，写的都不是大灾大难，都不是没有真诚的同情心的人所能写出来的。他的写自然景物的散文，也不同于浪漫派的作品。浪漫派写自然景物写的也是自己。他自己苦闷的时候，大自然也是凄风苦雨，天昏地暗；他自己高兴的时候，大自然也美起来了，花呀草的都跟着他笑。朱自清笔下的自然景物则不是他自己，而像是一个别人。他爱它，是因为它真美，美是它自己，不是他赋予它的。他笔下的自然景物也是那么细致自然，一点也不干巴枯燥，像是处处都包着一兜水。这种效果，也不仅仅是观察的结果，你就是让我拿着显微镜在清华园观察三年，我也写不出他的《荷塘月色》来。朱自清真心地爱自然，才能写出它的细处微处的美，正像只有母亲才能觉察到她的儿子的那些细微的美点一样。朱自清的文学评论也使我们感到他是一个富有同情心的人，文人相轻是中国文人的通病。自己的作品、与自己的风格相近的作品，怎么看怎么好，而别人的作品，特别是不同派的作品，怎么看都不顺眼。中国人又是讲要扬人之美的，他有时不得不说些别人的好话，甚至还得吹捧吹捧，但他总是说得很勉强，吹捧也吹捧不到点子上。因为他平时就并不珍惜别人的长处。朱自清的文学评论不这样，他并不故意扬人之美，但却总能把别人的美点说得很充分、很精确，一点都不勉强。他评20世纪20年代的诗，不论是闻一多、徐志摩的诗，还是郭沫若、李金发的诗，都说得很中肯，让人觉得真是这么一回事。后来他评朗诵诗，特别强调应当怎样感受朗诵诗的好处。他就是这么一个人。他总是先从同情你的角度，努力设法理解你，然后才根据你要追求的目标评判你的优劣得失，这种评论是为了人们以后创作出更好的作品，而不是为了显示自己的高明。

朱自清是个富有同情心的人，但他却绝不是一个没有做人原则的好人，对任何人都打躬作揖，也不是一个浑身没有半两骨头的脓包，只会唉声叹气，到处诉苦求饶。他努力理解你，是为了尽量不冤枉您，体谅你的苦衷，增加人与人之间的感情交流；是为了不致对你要求过高，挫伤了你向善的努力的积极性，但却绝不是姑息养奸、纵容恶行。因此，对于社会那些不可理喻的丑恶罪行，他则绝不屈服。1926年，已是清华大学教授的他，亲自参加了三月十八日的游行，事后他又以自己的亲见亲闻写了《执政府大屠杀记》，愤怒揭露了段祺瑞执政府残酷屠杀徒手请愿学生的罪行。中国人讲理解，好像任何事情都能通过理解取得宽容似的，这实际不再是理解，而是为自己的毫无道德心和正义感而辩解，是缺乏起码的对人的同情心的表现。像段祺瑞执政府屠杀徒手请愿学生这类暴行，是违背起码的社会法规的，国家武装的职能只能对付武装的反抗和外民族的武装侵略，而绝不能用国家武装对付社会群众的和平请愿，要理解，也只能从理解请愿学生入手，而不能讲什么段祺瑞执政府也有苦衷，正像不能说抢劫杀人犯也有自己的苦衷一样。陈源当时以理解段祺瑞执政府的面目出现而非难请愿学生，朱自清和他的态度是截然不同的。1948年，朱自清在家庭经济相当窘迫，自己的身体衰弱多病的情况下，为抗议美国政府扶植日本侵略势力而拒绝领取低价配购的“美援面粉”，表现了一个中国正直知识分子的良知和骨气。此后不久，他便因病去世了。真正富有同情心的中国人不多，但喜欢被同情的中国人却很多很多，所以能像朱自清这样同情别人的人很少，喜欢朱自清其人其文的人则比比皆是。因此，我觉得有必要说明，朱自清散文所表现出的同情心，其主要特征还是以弱者的身份对弱者的同情，所具有的是彼此体谅，相濡以沫的意义。鲁迅的作品也表现了对人类苦难的深厚同情。但他则是以强者的身份对弱者的同情。他同情弱者，但同时也希望弱者变为强者，能以自己的力量维护自己的合法权益。所以他的作品在“哀其不幸”的同时，更有“怒其不争”的情绪，并不原谅弱者之所以为弱者的那些弱点。秉性软弱而又爱面子的中国人，在自觉与不自觉间就会将朱自清这类宽厚、温良的知识分子与鲁迅对立起来，通过将前者理想化的方式而贬低鲁迅。但是，这绝不是朱自清的人格所自然派生的，而是满足于自身的软弱而又爱面子的人所心造的幻影。我们似乎只能这样说？假若中国知识分子觉得学习鲁迅还太难，不妨先学学朱自清！

1993年

原载《太原日报》1993年7月15日

新女性生活的探险家

——庐隐印象

当上帝把中国人从传统社会引渡到现代社会的时候，是男人的生活变化得大呢，还是女人的生活变化得大呢？我想，多数的人都会说：女人！如果一个魔术师用一种法术，把北京市的男人全弄回到中国的古代去，我想，被依法问斩的至多不会超过十分之一，而若把北京市的女人弄回去，被打入水牢的至少也得十分之九（假若那里的男人不被她们的妩媚所惑而坚持自己的道德原则的话）。实际上，“五四”以后的人性解放，女性解放的成就远远比男性解放的成就大。现在的人好喊“阴盛阳衰”，女性与传统社会的大不一样了，而男性还是那副德性，怎能不“阴盛阳衰”？

但正因为女性的生活方式变化得极大，她们在这一过程中付出的牺牲也更大。大约也正因为她们付出的牺牲更大，她们的解放的成就也更大。

在中国传统的社会里，女人只是家庭中的成员，社会上则没有她们的地位，社会只是男人的，是个单性的社会。中国进入近现代社会以后，中国知识分子的视野宽广了，看到了西方的社会。西方的社会是由两性组成的，并且觉得比中国社会进步。于是他们提倡男女平等，试图把女人吸引到社会上来，把中国社会也变得像西方一样是由两性共同组成的。不然，中国多丢面子，多么落后，并且也觉得很对不起女性似的。于是，他们办了几个学校，对女人们说：来吧！男女平等了！以后中国的事儿咱们两性都得管，你们也得负起社会的责任来！你们也可以到社会上来出头露面！但是，中国女性的解放并不是女性自己提出来的，也不是原来女性就已经在社会中有了相当重要的地位，而是中国的男人们觉得应当如此。至于中国的女性只身一人来到社会上怎样生活？会遇到哪些问题？以及受了教育的女人能起到哪些男性根本起不到的作用？她们将怎样在原来由爷儿们占据的社会上找到自己的安身立命之处？这对女人来说是至关重要的问题，男人们是不会想得那么清楚的。再说，中国刚刚学西方，他们自己也被搞得懵懵懂懂的，连自己的命运都把握不了，怎么会给女人们想得那么周到！

在“五四”男女平等的旗帜下进入社会的有两类女性：一类可以由冰心做代表。这类女性有一个温暖的家庭，较充裕的经济条件。既然社会观念变了，女子也有受教育的权利了，并且受了教育比不受教育要受社会的重视与尊敬，父母也乐得女儿受教育，哪个父母愿意自己的爱女仅仅当一辈子丈夫的附庸，窝窝囊囊地过一辈子？这类的女性到了社会上也会遇到各种形式的困难，但到底背后有一个稳定的后方，进可攻，退可守，心里踏实些，行动也从容些。她们有更多的心思关心社会的普遍问题，从事自己的专业。第二类则可以由庐隐做代表。这类女性没有一个温暖而开明的家庭，或因不愿接受父母的约束，或因逃避不称心的婚姻，或因向往一种独立自由的新生活，她们来到社会上。但这一行动的本身，便意味着对自己家庭的背叛，不论在实际上和在心理上，她们都已没有退路。背水一战，是到社会上来做人生探险的中国女性。在她们走上社会的时候，还没有一个明确的意识，不知道她们将遇到些什么，将有什么样的命运，将有如何的生活发现。“地球是圆的，一直向前航行一定能够再返回欧洲！”这是哥伦布的逻辑。她们的逻辑也与哥伦布的逻辑差不多：“做现代的新女性一定比传统的旧女性有更幸福的前途！”但人生不是由单项判断构成的。她们从旧家庭走出来，先到学校中受教育，开始也颇为惬意。多么广大的世界，多么新鲜的知识，简直使她们陶醉，使她们如入仙境。想起那些儿时的女伴，一个个无知无识地做了人家的媳妇，怎能不为自己庆幸，为自己自豪！学校里有众多的女伴，朝夕相处，欢欢乐乐，亲亲热热，想起那“守着窗儿，独自怎生得黑”的孤独单调的闺中生活，怎能不觉得幸福，感到愉悦！自由恋爱，在当时中国的社会上，更是“女学生”的特权，梁山伯、祝英台曾是中国历代女子所心向往之的恋人形象，但现在，梁祝那种恋爱又哪能与她们相提并论。写情书，赴约会，月下谈情，花前盟誓，幽径散步，明湖泛舟，坦坦荡荡，大大方方，怎不使天下女子神往？在过去，男性是天然的领导者，女性是天然的被领导者，她们多么崇拜那些果断勇毅的男性领导者，但现在，她们也参加各种社会运动，也能成为组织者、领导者了，领导游行，组织活动，外交联络，召集会议，她们自己也对自己的这种社会活动能力感到惊异，“我并不比男的差”的男女平等感油然而从内心升起……但是，岂不知在当时的社会上，学校对于她们只是一个诱饵，它几乎是唯一按西方男女平等的原则组织起来的社会机关，几年一过，她们就要毕业了。对于一个男性青年来说，他们的事业刚刚开始，而对于她们来说，似乎一切都结束了。一个险恶的、荆棘丛生的社会在等待着她们，她们没有有权有势的家庭做后盾，没有充裕的金钱做基础，她们必须在一群群爷儿们把持着的社会上独立谋生，并且多数是一些封建遗老、遗少，从不把女性视为正经八百的人的爷儿们。身后是峭壁，面前是大海，前途何在？幸福何在？

不难看出，这就是庐隐的《海滨故人》所要表现的，也是庐隐亲身体验的。它使她蜚声文坛，成了与冰心齐名的著名女作家。

社会，对于当时的女性是一个新的国土，爱情，也是为她们新开的疆域。在中国古代，女性是难以说得上有什么爱情的。“爱你的丈夫！”这就是社会要求于她的。现在，爱情才成了自由的，真正的。它曾经使五四时期的女性心向往之，是她们美丽梦幻的源泉。在她们的想象里，爱情就等于幸福，幸福就等于爱情。但岂不知爱情这个词儿本身就带有浪漫蒂克的味道，尤其是在五四时期的青年女性心目中，爱情就是爱情，是人类的一种感情体验，它与幸福并不是同一概念。说爱情等于幸福与说爱情等于痛苦有相等的真理性。在封建传统很强大的社会上，恐怕说爱情就是痛苦比说爱情就是幸福更确切些。在这里，庐隐也是一个探险家，她必须下到中国女性没有下过的爱河里去，不论当中会遇到什么激流险滩，因为叛逆了家庭而又必须在社会上独立谋生的她，必须得有一个深深爱她的人做她的伴侣，才能慰她在茫茫人海中感到的孤独和寂寞。她和郭梦良相爱了，结婚了，但爱情并没有给她带来幸福。郭梦良是个有妻室的人，庐隐的爱情使她成了中国现代史上的第一个女性“第三者”。郭梦良的全家都对她当面侮辱，公开谩骂，他的前妻甚至对她拳打脚踢；她自己的亲属也都鄙弃她的行为，整个社会都对她加以攻击嘲骂。爱情，给她带来的痛苦比幸福要多得多。郭梦良患急性肠胃病去世了，她痛苦，她孤独，用酒浇愁愁更愁，整日用酒精麻醉自己的神经，不知上帝是有意成全她呢，还是有意惩罚她？后来，又让一个比她小得多的小青年李唯建爱上了她。在中国，七八十岁的老头子娶个二十多岁的大姑娘人们不觉得多么不顺眼，但一个三十来岁的半老徐娘嫁给一个二十来岁的小青年可就难以接受了。庐隐又一次在寂寞干燥的中国社会上添了一点水分，增加了一个闲谈的话题。就是庐隐，也难以心情平静地接受这份爱情，但她越是在理智上拒绝它，她的感情越是紧紧地攫住它。《云鸥情书集》是她和李唯建的情书集，也是他们心灵挣扎的记录。后来他们结了婚，但社会舆论的阴影和习惯心理的梗阻是不可能不影响到他们的婚后生活的。

1934年，庐隐因难产死于上海大华医院。她在人世间只度过了三十五个春秋。

探险家的作用是以自己的尸体指引后来人的道路。

她是第一批走到社会中来的中国女性，她是第一批以爱情为原则独立寻求异性伴侣的中国女性。她是自己家庭的叛逆者。她曾经与原来未婚的丈夫解除婚约，她曾经与一个已婚男子结合，成为“第三者”，她曾经与一个比她小近十岁的小青年结婚。当然，她还是中国新文学最早的著名女作家，一个现代女性所可能遇到的她几乎都遇到了，一个中国现代女性所可能尝到的人生的酸甜苦辣她几乎全尝到了。所以，我视她为新女性生活的探险家，她的作品就是她人生探险过程中的心灵记录。有了这份记录，中国男性可以对新的女性多一分理解，中国女性可以对自己前面的路多一份了解。男性多点理解，女性多点了解，社会上对女性的容纳空间就大这么一点，宽这么一点，现在我们看到的这个已经很庞大的女性社会网络，是与这些早期的探险家有极大关系的。当然，这并非说中国女性的解放已最终完成，而是说中国女性解放的成就是巨大的。

一个探险家当其探险过程并未结束之前，更像是一个自我历程的实录者，还不足以成为完整意义上的作家。作家要对自我的经历有一个更完整的认识和一个更统一的感受，对它有一个观照的距离，但庐隐在其过程中就死去了。她不再可能像普鲁斯特一样写出自己的《追忆逝水年华》，她的作品还都是自己的一些即时性的感受。没有距离，就无法提炼，她的作品热情、直率但缺乏应有的提炼，缺乏思想的厚度，缺乏隽永的韵味，其原因概在于此。

但我们不能责怪她，正像不能责怪一个死于战斗过程中的战士没有做出描写这场战斗的伟大的诗篇一样。

1993年6月25日于北京师范大学中文系

原载《太原日报》1993年7月22日

文学界的老黄牛
——郑振铎印象

从20世纪70年代开始，人们就不太爱提“老黄牛”了，但我是20世纪五六十年代成长起来的，对“老黄牛”仍怀有相当的尊敬，所以我说郑振铎是“文学界的老黄牛”，绝非心存贬义。

“老黄牛”是我国文化中一种相对稳定的意象，它是由两种不同的含义复合而成的：一、勤于耕耘，不辞辛苦地办了很多事儿；二、相对于他干的事儿来，他没有多显豁的名声。郑振铎就是这样一个人。

一提到文学研究会，人们首先想到的是两个人，一是茅盾，二是周作人。茅盾后来成了一个相当杰出的作家，文学研究会时期他明确地提倡现实主义和自然主义。周作人是文学研究会宣言的草拟者，是它的“黑后台”。从这两个人想下去，就想到叶圣陶、冰心、许地山、庐隐等一些著名小说家了，郑振铎是被排在后面的。但郑振铎在文学研究会的成立中却是一个最关键性的人物，叶圣陶在谈到文学研究会的时候说：“其中郑振铎是最初的发起人，各方面联络接洽，他费力最多，成立会上，他当选为书记干事，以后一直由他经管会务。”（《略叙文学研究会》）。文学研究会的主要刊物《小说月报》，开始由茅盾主编，从1923年1月第14卷第1期起，便由郑振铎主编，直至1927年5月郑振铎出国。1928年10月郑振铎回到上海，又继任主编，直至停刊。可以说，郑振铎是文学研究会的一根顶梁柱，是它的主要组织者。

在新文学理论的建设过程中，除了胡适、陈独秀这些新文学的倡导者之外，周作人、郭沫若、成仿吾、茅盾几人理应有较显著的地位。周作人的《思想革命》《人的文学》《平民文学》是为《新青年》时代的新文学奠定理论基础的几篇文章，郭沫若、成仿吾则是创造社文学思想的表达者。在文学研究会中，茅盾在当时是一根理论台柱，他对自然主义、现实主义理论的提倡不但代表了文学研究会的理论方向，同时也为他后来的创作规定了基调，对后来新文学的发展产生着明显的影响。但在文学研究会中，除了茅盾之外，郑振铎便是一个最重要的理论家了，在改版后的《小说月报》的首期（第12卷第1期）上，郑振铎便介绍了他正在翻译的美国莫尔顿著的《文学的近代研究》，这是一部最早影响到中国文艺理论建设的外国文艺理论书籍，其地位有类于20世纪50年代初苏联季摩菲耶夫的《文学原理》对我国20世纪50年代的文艺理论的影响。它本身在西方文艺思想史上没有很高的地位，但在中国的影响却很大。在《小说月报》第12卷第3期上，郑振铎又对现实主义（写实主义）的本质特征进行了界定。到20世纪30年代良友图书公司编辑新文学第一个十年的《大系》，《文学论争集》仍是委托郑振铎编选的。说明直至那时，人们对他在中国文艺思想史上的地位还是承认的。

在我们的关于翻译家的意识中，我们现在也不易想起郑振铎了，傅雷、曹靖华这些著名翻译家的名字掩盖了郑振铎的名字，但在20世纪20年代，郑振铎的翻译是起了很大作用的，特别是他对泰戈尔《飞鸟集》《新月集》的翻译，直接推动了中国小诗创作的繁荣，其功是不小的。

比较文学，在当前的中国学术研究中已是一个很重要的学科。在现在叙述的中国比较文学史上，吴宓、戴望舒、傅东华的名字位于前列，吴宓首先开设比较文学课程，戴望舒和傅东华分别翻译了法国比较文学理论著作，但郑振铎的《文学大纲》却是中国最早的一部有类于洛里哀《比较文学史》的一部中外比较文学史著作。

在中国的新诗史上，郑振铎没有更重要的地位，但在20世纪20年代，他也算一个重要的诗作者。1922年商务印书馆印过一部诗集《雪朝》，大概它是文学研究会作家最早的诗合集，共收朱自清、叶圣陶、俞平伯等八个人的诗创作，郑振铎即是其一，并任编者。《诗》杂志是文学研究会主办的主要诗歌杂志，在20世纪50年代末俞平伯写《五四忆往》的时候，还特别提到郑振铎的《赠圣陶》一诗："我们不过是穷乏的小孩子。偶然想假装富有，脸便先红了。"可见郑振铎的诗在当时还是给人留下了深刻的印象的。

他不是中国新文学史上最杰出的散文家，但也是一个著名的散文家。他的《山中杂记》《蛰居散记》等散文集都有一定影响。现在由百花文艺出版社出的现代名家散文选集丛书中，就有一集《郑振铎散文选集》。他同时也是个小说家。《家庭的故事》是他的以现实生活为题材的短篇小说集；《取火者的逮捕》是他的以西方神话为题材的短篇小说集；《桂公塘》是他的以中国历史为题材的短篇小说集。

新文化运动之初，新文学的倡导者便重视民间文学和民俗学的整理与研究。北京大学成立了歌谣研究会，周作人是在民间文学和民俗学研究中首先做出了重要贡献的中国作家，郑振铎则是继起者之一。他从事民间文学和民俗学研究较早，其成果散见于他的各类著作和论文集中，而1938年出版的《中国俗文学史》则是有集大成性质的一部著作。他还曾翻译过英国柯克斯的《民俗学浅说》。而他对民间文学的翻译介绍，又是与他对儿童文学的重视有关的，这些作品又都是儿童喜爱的读物，他翻译过《高加索民间故事》《印度寓言》，译述过一系列西方的神话故事和民间故事。众所周知，他对中国古代文学的研究也是卓有成效的。除了为数甚富的论文之外，他的《插图本中国文学史》洋洋大观，是较早的一部系统的中国古代文学史著作。他是个藏书家，知识渊博，收藏宏富，由他整理翻刻的中国古代文学典籍为数众多。与此同时，他还对搜集、整理、编选、翻印中国古代美术作品做了大量工作。20世纪30年代，他和鲁迅共同编选了《北平笺谱》和《十竹斋笺谱》，后来他独自编选的还有《中国版画史图录》《敦煌壁画选》等十余种。

在中国现代的文学编辑中，恐怕他不算第一人，也是少数几位成就最大者之一。除主编过《小说月报》之外，还主编过像《时事新报·学灯》《文学旬刊》《文学》《文学季刊》等多种重要刊物，由他编选以及他与别人合编的《我与文学》《文学百题》《中国新文学大系·文学论争集》都有过广泛的影响。他还曾主编过"文学研究会丛书""世界文库”等等大型文学丛书。

……

仅就劳绩，我认为他比胡适、鲁迅一般人都大。

我们应当尊重他的劳绩，因为在中国文人中多有只想捞名而不想干活的人。他们有的想靠一篇大批判文章便蜚声文坛，有的想靠输入一个新名词便立身扬名，有的想故意胡诌一个奇谈怪论便成为批评家，有的想拉几个朋友、成立个派别、相互吹捧、哄抬物价便横行文坛。对于这样一些人，我们应当更重视郑振铎的勤于耕耘的精神。不费力就讨好的事儿世界上不是没有，但到底不多。绝大多数的事儿还是得准备下点苦功夫的。

但是，我也绝不想为郑振铎喊冤叫屈，似乎非要把他说得比胡适、鲁迅一班人更伟大才算公平合理。因为除了不想盖房子或盖好房子而获得建筑家的称号的人之外，确实还有下列两类盖房子的人。一类是有自己独创性风格的建筑师，他们未必建了很多的房子，但每逢一座都有自己的风格。第二类人是勤勤恳恳建房子的人，他们一生建了很多房子，每一座都坚固耐用甚至还美观大方，但他所建的却缺失自己的独立风格。前一类人的价值，不是以他所建立的房子的总和标志的，而是以他的独立风格标志的。孔子的价值是以儒家学说的价值标志的，康德的价值是以他的哲学学说的价值标志的，鲁迅的价值是以他改造国民性的思想及其文学追求标志的，但后类人没有这个东西，他们的价值只是他们的一个个具体劳绩之和。

郑振铎更有类于后一类建筑师。他干了很多事，但具体到每一件事，其独创性的意义则不很明显。

1993年6月27日于北京师范大学中文系

原载《太原日报》1993年7月29日

现代才子徐志摩

——徐志摩印象

中国是一个讲二元对立的国家，又是一个讲道德的国家，科学的理性传统极为淡薄，搞得语言也大都向两边站，不是褒义词便是贬义词，不带褒贬意味的中性词汇极少极少了。说到“商人”，便意味着唯利是图，说到“官僚”，便意味着倨傲自大。所以他明明是商人或官僚，也不能直指他为商人或官僚了。“才子”这个词也一样，似乎说某人是“才子”便是讽刺谩骂他。我得郑重声明，我之说徐志摩是现代才子，是为了说明他的特征，绝不含褒贬的意味。

在中国的历代文人中，都有两大类人。一类是很严肃认真的人，把自己框在一个固定的模式中，好像他的四周围有一堵堵的高墙。他总想撞倒它们，但又总是撞不倒。他们的语言也难流利自然，好像现成的语言对他们都没大用处，费好大劲才能找到一种语言形式，但及至说了出来，又觉得仍然没有说清自己的意思，整日为自己的语言焦急着。这类的人很容易激动，别人还没觉得怎么样，便像在他的心灵中扔了一根点燃的火柴，“嘭”的一声便点着了他的心灵之火，“呼呼”地燃烧起来。在平时别人很容易搭上话的地方，他反而说不出话来了，木讷呆笨的样子让人看着难受。这类人在日常的生活中找不到自己的乐趣，只有在人们感觉毫无意思的一些严肃呆板的事情中，他反而来了精神，似乎里面充满了无穷的乐趣。在现代作家中鲁迅便是这样一个人。人们总觉得他有些怪，觉得他活得太沉重，一点滋味也没有。但你要说他活得真没有滋味吧，他有时又莫明其妙地精神抖擞，精力比别人还要旺盛。另一类人则与此相反。他们在自己的环境里活得好像如鱼得水，自由自在，在别人觉得过不去的地方，也不知怎么他就轻轻松松地过去了，好像什么也不足以构成他的障碍。他们的语言非常流利自然，你觉得不易说出来的意思，让他一弄，非常轻松自然地便说出来了，及至他说了出来，你才觉得你原本也是可以说出来的，并没有什么十分困难的地方。但到下一次，你仍然还是得让他帮你说。这类人也有痛苦，但你觉得他的痛苦也比你的欢乐要痛快，他有点痛苦，吐吐噜噜地便说了出来，及至说完了，你还替他痛苦着，他早就没有事情了。正像一首儿歌中所说的“哭着哭着又笑了，拿着馍馍又掉了”，所以人们认为他们实际是没有痛苦的。这类人的性格一般很好，很容易与人相处，你与他在一起，不用怕他发脾气。他说的任何话，都能让你觉得很舒服，即使批评你，也批评得你心里熨熨帖帖的，不会让你下不了台。这一类在社会上出奇的顺利。这并非说他循规蹈矩，不敢越雷池一步。不！他们总是不遵守现成的规则，别人不敢去做的他们都敢去做，但做了别人也不会责怪他，反觉得对他挺佩服。人们觉得这类人很聪明乖巧，风流倜傥，被人视为“才子”，而因这“才子”的称号，人们又都默认他的任何越轨的行动。徐志摩就是这样一个现代社会的才子。他与古代的才子不一样了，古代的才子作的是古诗，讲的是儒、释、道、法诸家的学问，坐的是轿子，追的是名门闺秀，他作的是白话新诗，讲的是自由平等的新学问，乘的是汽车、火车、飞机，追的是现代的摩登女郎，但在时髦、灵活、潇洒、倜傥上，则都是相同的。

这两类人是怎样形成的呢?

一般说来，这两类人的分别从儿童教育开始便确定了。前一类人或因家庭的困苦，或因在家庭中所处的位置，或因周围人对他的企盼和教育，使他主要接受了责任意识，并使他总是在这种责任意识中感受自我和自我存在的价值。譬如鲁迅，由于父亲的多病早逝，由于自己是长子，大概也由于寡母的企盼厚望，更因为家庭由小康坠入困顿后的人生感受，从儿时便感到自己的存在就是要承担起整个家庭的重担，对上为母分忧，对下照顾弟妹。他是这个家庭的主人，因而也应该为这个家庭负责。他的生命的价值就在于如何承担起这份人生的责任。这类人及至长大成人，有了本民族与他民族的分别，也往往把自己设想为本民族的主人，同时也感到对本民族的责任，而在人类与非人类的分别中，他又会感到自己是人类的主人，应对整个人类的生存和发展负责。否则，他便到处抓摸不到自己活着的意义。正是由于这种越来越潜在化了的责任意识，他对任何事物的理解和感受都转了一个弯子。他几乎本能般地就会想到为了自我存在的整体（家庭、民族、人类）的利益应当怎样，而不是自己直感到怎样。他就以这种“应当如何”同时要求自己和别人，为自己也为别人设立了一个无形的框式。他自己也受这种框式的束缚，也希望冲破这种框式，但他自己却不能单独地冲破它，因为要单独冲破它，就会失去了与自我存在的整体的和谐关系，把整体搞混乱了。要冲破它，就要大家都冲破它，用新的关系代替旧的关系。这就是为什么在他周围总是像有一堵堵的高墙，你觉得他能走过去但他却被一种无形的东西反弹回来了。在这时，他把自我紧紧地绑在了整体之上。为了自我的解放，他也得首先解放整体，并且解放整体就是他生活的意义和价值。后一类人从童年时便感觉不到自我对周围人的责任，是在别人的宠爱中长大的，这一类的人在本能的感觉中就是为自己而活的，他生存的意义和目的就在于要使自己活得光彩，活得好，别人的事是别人的事，他可以帮助你，但他不觉得自己有什么责任。假若说前一类的语言说的是“我们应当怎样做”，这类人的语言说的则是“我怎样，我想要得到什么?”为了引起别人的注意，显示自我的才能，他修饰自己的语言，但这修饰却不一定因为自己有什么新的不能不说的意思，他修饰自己的语言就像小鸟修饰自己的羽毛一样，是为了给人一个好的印象。因为没有责任意识，所以他也没有整体和长远的不可改变的目的，他的语言和行动都是即时性的，随着他自己的感受和周围的环境而变化，所以灵活、敏捷。由此可见，他的语言在整体上不是与环境对立的手段，而是要不断根据环境的状况而设置自己的语言。徐志摩便是如此。他生于一个富商家庭，从小便不必考虑自己家庭的现状和前途，他不会感到自己应对这个家庭担负什么责任，他是现代的贾宝玉。他也像贾宝玉一样长得漂亮、聪明和灵巧，只是不如贾宝玉对贾府来得那么娇贵。他上了学，他的学习成绩很好，但靠的不是刻苦努力，靠的是他的聪明伶俐，老师和同学都很喜欢他，但却也不把他崇为领袖。这类孩子在女孩子面前不会有自卑感，他会爱女孩子，女孩子也很容易爱上他。他就靠着自己的聪明伶俐而中学而大学而留学英国而成为著名诗人，像高速公路上开车一样一路顺风，没有什么障碍物。在这种情况下，他不会感到自己的生存和发展靠的是什么社会和环境，他只感到的是自己的聪明才智。有了聪明才智，在任何社会环境中都会成为出类拔萃的人物，没有聪明才智，在任何情况下也只能默默无闻，终老草野。愈是这样感受生活，他便愈益增长自己适应环境而又灵活利用环境实现自我愿望与要求的能力。他也会有痛苦和挫折，但他不会把自己的痛苦和挫折在内在意识上与社会挂钩，因为他靠聪明才智得到了很多东西，也相信能用聪明才智避免痛苦、克服困难。而在更多的情况下。他是会比别人更顺利、更风光的。总之，责任意识越淡薄，适应环境并利用环境实现个人愿望的自由度就越大，语言和行动的灵活性越高，在现实环境条件下活得也越自由、越风光。而这，就形成了才子型的人物。

对于徐志摩这类才子型的人物，批评家容易上当。有些批评家郑重其事地研究这类人的思想，在前，把他视同反革命，在后，又在他的思想中发现了好多进步的、反封建的东西。才子型的人物是依其环境而灵活变化的，什么话都是根据当时的语境为求得与它的协调而定的。假若你在“文化大革命”时期的报纸上看到一个人的文章，他非常郑重地表示要“誓死捍卫毛主席”，你就以为他真的会为毛主席拼了那条小命；假若你在现在的报纸上看到一个人提倡弘扬传统文化，便以为他正在家里钻研《十三经》和《二十五史》，给他个出国留学的机会，他也不去，你不是犯傻了吗？对于才子型的人物，这都是在他自己的环境条件下不得不说的话。说不是为了做假，但也不是为了真的去实行。你要依此定他的思想，不是冤枉了他，就是抬高了他，因为他的思想就不能用研究鲁迅思想的方法去研究。

他没有鲁迅一类人的深刻的思想，但并不意味着他的诗写得也不好。诗这个玩意儿，与思想有联系，但又没有必然的联系。它是一种语言的艺术，而才子型的人物的最大优点就是能很灵活地运用语言。他不需要多么奇特的形式，也不需要偏僻的字眼儿，更不需要高深的哲理，他就用你平常用的语言，你很熟悉的材料，你也会有的思想或感情，他就能比你说得好。你看他的那首著名的《沙扬娜拉》，你看他的《再别康桥》，有什么了不起的思想和语言呢？但他写出来了，你就写不出来！这就像炒菜，同样的材料他炒出来就好吃，你炒出来的就不行。你不能不佩服他这一点！

1993年

原载《太原日报》1993年9月23日

山东籍作家王统照

——王统照印象

我是山东人，自然很注意山东籍的作家。但在新文学的缔造期，山东籍的作家是很少的。山东首先出现于新文学界的是傅斯年，是我的更近的老乡，山东聊城人。他与罗家伦共办《新潮》，起了很大作用，但他的文学成就不高，留学归国后便专治学术了。20世纪20年代还有一个山东作家杨振声，他的中篇小说《玉君》颇有影响，但他留学归国后也主要从事教育工作，没有在文学创作上获得进一步的发展。说来说去，真正在20世纪20年代有过重要贡献的山东籍作家，也就只剩下王统照一人了。

山东是孔子、孟子的故乡，儒家的文化势力当然是很强大的。山东人面对文化的南移，很不服气，说江南是“多山多水多才子”，而山东则是“一山（泰山）一水（黄河）一圣人（孔子）”，是很为此而骄傲的。儒家文化之外，道教文化也很发达。在秦始皇、汉武帝的时候，山东的方士们便从皇帝手里骗过不少钱，长生不老药没有找到，但钱是骗到手里了，山东人用方术骗别人，但也骗自己。义和团练了气功，觉得真能刀枪不入，自告奋勇去打洋鬼子，结果把自己的小命都搭进去了。义和团之所以如此“勇敢”，当然也不全由于信方术、气功，还有一层便是侠客义士传统。山东人的儒家传统势力大，儒家重血缘，重生儿子，越多越保险，越多越有福，多来多去，地就少了，待到穷得当当响，连个老婆也娶不上，儒家那套就派不上用场了，于是便闯荡江湖。在这些人中，大碗喝酒，大块吃肉，为朋友两肋插刀，路见不平，拔刀相助，反正自己的小命是自己的，早死一天晚死一天还不是一个鸟样。什么都可丢得，朋友义气则是丢不得的，因为在家靠父母，在外靠朋友，没有几个酒肉朋友在江湖上无法混。鲁迅说侠客义士是墨家末流，也就是说山东也有墨家文化传统的影响，《水浒传》中的英雄好汉山东人占了不少。直至现在，山东兵和四川兵是全国最好的，四川兵矮小，灵活也勇敢。山东兵则个大体壮，平时想想也怕死，但一到战场打起来了，他便什么也不怕了，把小命丢在了脑后。山东人好喝酒也不是学的李太白，而是江湖遗风。半斤酒下肚，什么怨也解了，仇也消了，平时办不成的事儿在酒桌上就都解决了。每到春节过后，家家满是酒瓶子，你到他家里做客，不灌醉你是不让你出家门的。老百姓是这样，文人呢？文人也是先接受儒家忠孝节义的教育，待到当了官，才觉得光要嘴皮子是不行的。这时他们便走上两途。一类是坚持儒家原则的，因为光靠劝说不行，儒家原则又不能不维护，于是在自觉不自觉间便与法家结合起来了。谁不按儒家的要求办，便用法家的办法，杀一些，关一些，管一些，老百姓便老实了。另一些人则是一些坏人，讲道德讲不来钱，当了官，有了权，便要贪赃枉法，但贪赃枉法更得用权力保护自己。于是他们也走向了法家一途，严刑酷法，结党营私，排斥异己，镇压百姓。也就是说，山东的儒家势力大，并不说明它的法家势力不大，两者倒是相互发明的。“文化大革命”中的“批儒评法”，我怀疑就是我们山东人搞出来的。江青、康生，张春桥都是山东人。他们觉得光靠儒不能解决问题，不厉害一点别人是不会俯首帖耳地服从他们的，于是便觉得法家比儒家有用了。我认为，山东的文化传统就是由儒家、道教、侠义、法家四种传统构成的。首先应当注意的，便是它缺少道家的老庄思想传统。这并不是说山东人不知道老子、庄子，没有读过他们的书，也不是说山东没有人喜欢老庄思想，而是说你要真成了老子、庄子那样的人，在山东便过不下去，它非得把你变得不像老庄了才行。在山东，儒家思想太根深蒂固了，它是讲上尊下卑的，老庄思想的信奉者虽不当官，但自视却颇高，儒家是容不得他们那种傲气的。“打打他那股傲气！”这是我们山东人好说的一句话。但老庄思想是经不起这一“打”的。他一“打”，你就卑躬屈节地讨好他，或者你当比他还大的官反过来去“打”他，你就都算不得道家思想的信奉者了，而你要既不求饶也不报复，他们也就认为你是消极反抗、态度不老实，久而久之，法家那一套也就搬出来了，瞅个机会告你个不忠不孝、目无长上，弄到你牢里坐个三年五载，你想超然也超然不起来了。至少人们还没听说谁在中国的监狱里还能作出“采菊东篱下，悠然见南山”那种悠远超然的诗句来。道家知识分子虽不做官，但经济上却也不能太穷，穷到挎个竹篮沿街乞讨，老庄的那种味也就没有了。但你又不当官又有钱，江湖义士和草野小寇便找到你门上来了，后者是抢，前者是求，穷哥们过不下去了，救济救济吧！反正是你得拿出钱来，长此以往，你的隐逸之风就维持不住了，因为你首先便没了钱。山东人少地多干旱多，经济生活难以保障，穷人一多就讲平均主义，凑合着大家都活下去，老庄一派人又不想弄权又要想保住自己的经济地位，在山东是极难极难的。山东道教的势力大，佛教的势力小。从儒到道教只有一步之遥，当官的也不都是为了治国平天下，只是求个好命运罢了！老百姓更不用提，忠孝节义、礼义廉耻要讲，但饭还是要吃的，越是命不好，越想求神灵保佑，一旦有了天灾人祸，个人无力挽救，也就只好求助于崇拜偶像一途。佛教则不然，它否定现世人生，觉得人生痛苦不可避免，得追求最终的灵魂救赎，不但要弃绝人生，连六道轮回也要超脱。从儒家的入世到这一步，一下子可迈不过去。山东人也拜佛，但拜佛也同拜道教神灵，无非为了现世有个好报应，是实利的而非精神的。绿林好汉杀人放火都敢干，就更不信释迦牟尼了。山东缺少的第三个传统是才子传统。儒家的人都很严肃，一本正经，不苟言笑，看不起“巧言令色”之人。江湖大侠以力立世，更不会喜欢耍嘴皮子的轻薄才子。江南才子的一个重要特点是对男女两性关系的随意态度。唐伯虎月下追佳人，三笑姻缘，在江南传为佳话。山东人可容不得这个。家里有一大堆娇妻美妾，还去调戏人家的黄花闺女，在山东这是杀头的罪，有什么可称赞的？这并不说明山东人都是正人君子。中国最有名的一部性小说《金瓶梅》写的就是山东人。但西门庆与唐伯虎却不同，西门庆淫荡可不轻薄，坏也坏得像个人物。《金瓶梅》

的性描写也弄得踏踏实实，实实在在，可不像唐伯虎那样虚虚浮浮，光和读者逗乐子玩。山东人少了道家老庄思想，佛家精神追求和才子佳人传统，可就使山东文化带上了僵直干硬的特征，现实性、实利性很强，精神性、超越性不足。缺少润滑剂和湿润剂，沉甸甸的一点没有轻松感，就是人事来往、感情联系也搞得成了山东人的负担，该表示亲切的没有表示亲切，就会惹得对方不高兴，这样的感情联系还有什么乐趣？山东人的好处是严肃认真，缺点也是严肃认真，干好事认真，干坏事也认真；救人认真，杀人也认真；大事认真，小事也认真。但山东人的认真却不是仔细。山东人粗鲁，算总账不算细账，别看山东人穷，但他从来不计较零头钱。一元多钱的交易，几分钱他就不在乎了；十元钱以上，成角的便看不在眼里了。它不知要是上了亿，它的零头也就不小了。山东人老讲大概，量化观念太差，到了某些事儿上，你就受不了了。譬如镇压反革命，就是杀的百分之九十五都是坏人，可那百分之五也就够人家受得了。在这时，你才感到算总账是不行的，精确性是很重要的。

五四时期山东新文学作家少，与山东文化的这种特点是很有关系的。五四初期的文学，是靠两类人搞起来的：一、在精神上有超越性的人物。这类人物不执着于任何现成的文化标准，能在精神上重新感受和思考人生，并且敢于在精神上立异，与多数人的观念对立。鲁迅是这类人的代表。鲁迅也认真，但他的认真是比一般人更认真地直视人、直视人生，不是死抱住一种观念不放。二、思想活跃、感情丰富，对什么都不那么认真的才子型的人物。他们比较灵活，能随机应变，从不想在一棵树上吊死。今天觉得这种东西好，他就拿这种东西，待到明天那种东西时髦了，他就又扔下这种东西去捡那种东西了。郭沫若是这类人的代表，前一类人在《新青年》时期起的作用最大，新文化的产生全有赖于这批精神上勇于超越传统的人。后一类在新文化奠基之后起的作用最大，他们很快跟上来，壮大了新文化的声势。但山东人里恰恰最缺少这两类人物。由此可见，王统照之能成为新文学初期的新文学家，在山东人里已经很了不起了。

在山东人里王统照最接近新文化与新文学，但在新文学作家中他又最像山东人。他有山东农民的那种忠厚，但少江南才子的那种灵性。他开始追求爱和美，他的第一部诗集便题名《童心》，他的第一部短篇小说集《春雨之夜》也带有一些浪漫味儿，但在这方面他可比不过郭沫若、郁达夫、徐志摩这些才子型的人物。很快，他的山东人的本性就暴露出来了。事实证明，他最关心的并不是五四时期风靡一时的自由恋爱什么的，他更关心老百姓的物质生活状况。1932年他写了长篇小说《山雨》，成了他的具有代表性的作品，也是中国新文学中最早描写农民苦难生活及其挣扎反抗斗争的长篇小说作品。它写的是一群安分守己的农民。所谓安分守己，就是说他们是按儒家伦理道德为人行事的。对父母尽孝，为子女卖力，对官府按时完粮，男女作风上都是没问题的，总之，是我们山东人眼里的一些好人，老实巴交的农民。但中国社会腐败下来，当官的横征暴敛，为匪的烧杀抢掠，官兵乘机勒索，再加上天灾人祸，使他们无以为生。开始他们也曾求助于道教迷信的方式，企图求取神灵的法力，但没有实效，才忍无可忍，离开了自己正常的生活轨道。宋大傻当了兵，由兵而官，实现了个人的"翻身"；徐利铤而走险，落草为寇，终被官兵抓获，死于屠刀之下；奚大有则进了城，逐渐接近了革命。儒家的传统、侠客义士的遗风、道教的迷信，在《山雨》里都被实实在在地写了出来。但是，小说写得还是太干，更像一个长篇的农村生活的报告文学，而缺乏由内部的矛盾冲突构成的戏剧性情节。所以它沉实但也沉闷，时至今日，除了研究现代文学史的专家之外，恐怕读它的人已经不多了。它沉闷的原因到底在哪里呢？我认为，归根到底还是因为王统照在其审美情趣上仍然没有超越山东人所已经习惯了的情趣本身。在作者笔下，生活的逼迫使宋大傻和徐利都走上了不应走的人生道路，奚大有也只是没有丧失原有的道德信仰而已，那么，作者所感受他们的根本标准在哪里呢？还不是在农村未破产前那些忠厚农民的正常状态吗？他们的变都是被迫无奈的，都不是主动追求的结果，亦即他们在精神上都是僵死的，对人生原没有更高的理想和追求。而作者也就以这样的精神状态为基本标准，小说怎能产生精神的活力呢？没有确定的追求，就构不成与周围人的确定不移的矛盾；没有确定不移的矛盾和斗争，就展不开在偶然中蕴藏着必然性的情节；没有这种特定的情节，人物的命运和归宿就是任意的；没有历史的必然性的，因而也是不包含丰富的社会内涵的。我们看到，在《山雨》中的宋大傻、徐利、奚大有之间，谁参加革命的可能性最大呢？不是奚大有而是宋大傻和徐利，作者之所以把奚大有送上革命的道路，无非因为奚大有更忠厚老实，更得作者的同情而已。事实上，奚大有在精神上更是一个传统型的农民，更不可能参加政治革命。当然，我们并不能苛责王统照，但这确实是中国现代农村题材小说的一个通病，提出来是有必要的。

1993年8月13日于北京师范大学中文系

原载《太原日报》1993年10月7日

俞平伯与《红楼梦》研究

——俞平伯印象

在现代文学史上，俞平伯是一个著名的散文家、诗人，他的小说在新文学的初创期也曾发生过影响。但我知道他却并不因为他的散文、诗歌和小说，而是因为他的《红楼梦》研究以及由此所受到的批判。1954年，是我高小毕业升入初中的一年。在高小毕业之前，一向不看报的我不知怎么竟在报纸上看到了关于《红楼梦》研究的一篇报道，升入初中后，也就知道了一些对俞平伯"资产阶级思想"批判的事情。及至胡风"反革命集团"出来，由我校高中的语文老师牛其光先生（他后来也是我的语文任课老师）做了一次学术报告，我去听了。他从俞平伯的红学著作讲起，讲到李希凡、蓝翎的文章，讲到冯雪峰在《文艺报》转发这两个小人物的文章时的按语，讲到毛泽东的信，讲到对俞平伯的批判，对胡适思想的批判，一直讲到胡风的意见书以及对胡风的批判。他讲得倒很客观，把这段文艺斗争的来龙去脉叙述得很明白、很清楚。俞平伯的名字便像钉子一样钉在了我的脑海里。大概那时年纪还小，并不多怕"资产阶级唯心主义"，所以对俞平伯先生也没有什么坏印象。

自然知道了《红楼梦》，我父亲的藏书中又是有一部以《金玉缘》为题名的《红楼梦》的，于是便取来读了它，从此，《红楼梦》和《鲁迅全集》便成了我有计划反复阅读的两部书。时时的计划是，《红楼梦》在初中、高中、大学各读一遍，《鲁迅全集》读完一遍后每学期重读一卷。这个计划我是实现了的。因为喜欢《红楼梦》，自然也关心《红楼梦》的研究文章。李希凡、蓝翎的和其他人的都看。记得当时对蒋和森先生在《文学评论》上发的几篇人物论很喜欢读。他写得很有感情，年轻人喜欢热情洋溢的文章。俞平伯先生的著作不易找，自己又无意成为学者、专家，所以虽然知道他的观点是“资产阶级唯心主义”的，但“资产阶级唯心主义”的著作里都说了些什么样的话，自己却并不知道也不想知道。这正像听说某某人家的姑娘长得很丑，因为自己从来没有想到要向她求爱，丑不丑与我并无关系，所以也不想去看看她长得如何丑法。到了大学。我读的是外文系，文学的趣味也转向了俄罗斯十九世纪文学，俞平伯先生也就一直作为“资产阶级唯心主义”的一个空洞思想符号被留存在脑海里。直至“文革”末期，正式发表了毛泽东关于《红楼梦》研究问题的信，人民文学出版社又以内部参考资料的方式重印了俞平伯先生的《〈红楼梦〉研究》和《〈红楼梦〉辨》，那时我已在一个中学教书，遂把它们借来读了。读的感受怎样呢？假若还用上面的比喻就是：一直听说某个姑娘长得很丑，及至见了，发现绝不像自己原来想象得那样，反觉得她颇有些姿色、有些爱上她了。我是颇读过几遍《红楼梦》的，也是颇读过一些《红楼梦》的研究文章的。但仍然有很多问题还是到读了这两部著作之后才想到的。我觉得，研究著作能做到这样就很不错了，还能要求它什么呢？

“文化大革命”之后，俞平伯先生的“资产阶级唯心主义”的帽子是被摘掉了，《红楼梦》的研究也有了新气象。20世纪50年代初那场批判运动也就被人淡忘。但我总觉得，包括中国知识分子在内的中国人解决问题的方式都太利落、太便捷了。政治家的解决方式是宣布某种路线的错误，一经宣布，由这种路线造成的问题也都不再成其为问题；老百姓的解决方式是从人际关系着眼，把矛盾看成是俞平伯和李希凡、蓝翎的矛盾，俞平伯先生受了冤枉，李希凡、蓝翎批人家批错了。但这些方法便捷是便捷，有很多问题却极难得到说明。为了看清《红楼梦》研究引起的这场历史风波，我们最好分析一下当时文化界的形势。在四九年以前，文化界有三大势力：一、国民党政权的御用文化势力。这些人没有固定的理论信仰，而是依当时政治权力的临时性需要而从事文化活动。这批人不是一种思想势力，而是一种政治势力，主要靠政治恫吓发挥自己的作用。二、自由主义知识分子。这是一些从事着各种职业性文化活动的知识分子，他们的操作方式和理论信仰各不相同，但其操作方式和理论信仰都是依其自我从事的职业性劳动，在继承和发展前人的学术经验或成果的基础上形成的。因为它们是从事某些具体职业劳动的方式或思想，因而不带有直接的政治性。正像一个木匠的技术及其知识既不是为革命而建立的，也不是为反革命建立的，但它们却具有直接的有效性，是在任何政治条件下都能够运用并会取得特定效果的人类知识。三、左翼的马克思主义文化势力。这是由革命要求而走向马克思主义或因马克思主义走向革命的一部分知识分子组成的。他们从中国社会改造的目的看待一切文化现象，并与中国的实践的政治革命运动结合着进行。他们的基本话语形式是阶级和阶级斗争，并从阶级矛盾及其斗争的角度阐释一切文化现象，其中也包括文学艺术。四九年以后，国民党政府的御用文化势力因国民党政府的垮台而在大陆上不复存在，这就只剩下两种大的文化势力。自由主义知识分子在学院派中占有更大的势力。左翼马克思主义在社会政治及当时的青年学生中占有更大的势力。必须指出，这种分别并非是人为的、有目的意识的差别，而是中国文化发展到20世纪50年代以后自然形成的文化格局。他们因把握和阐释文化现象的方式不同而对同样的文化现象产生不同的观感，仁者见仁，智者见智。李希凡、蓝翎在当时是青年教师，更多接受了马克思主义的阶级论影响的年轻学者，俄国别林斯基、车尔尼雪夫斯基、杜勃罗留波夫的社会历史的分析方法对他们也有明显的影响。在他们阅读《红楼梦》的时候，便自然在《红楼梦》中读出了阶级和阶级斗争的内容来，读出了封建的和反封建的两种势力的斗争来。这与他们的青年的分别心与爱憎感情结合在一起，便形成了他们独立地把握《红楼梦》的方式。他们同情贾宝玉的自由要求而厌恶贾政的家庭专制的倾向，贾宝玉便成了他们心目中的反封建代表人物，而贾政也便成了封建势力的代表。他们同情林黛玉的恋爱悲剧，喜爱她的感情性倾向，而不喜欢薛宝钗的理智态度和自我克制倾向，因而林黛玉与薛宝钗就有了反封建与维护封建传统的区别，他们同情受迫害的晴雯而憎恶凤姐的毒辣手段，二者也就有了阶级的区别……

我们看到，就从这种分别开始，一个新的《红楼梦》研究的系统便被架构了起来，并被后来的研究者不断充实和丰富，成了一种完整的系统。这个系统与俞平伯先生的研究系统是不同的。五四时期，流行着一种文学观念，即文学作品是作家的自叙传，它重视作家个人的人生体验对作品的影响作用，所以研究文学作品应当首先从研究作家的生平开始。他们在作家生平与作品的内在联系和对应关系中来研究作品，因而也更重视曹雪芹生平资料的考证。在对《红楼梦》人物的把握上，俞平伯先生取的更是人生哲学的态度。他不把自己与其中的任何一个人物和一类人物等同起来，而从命运与人的对立中平等地看待各个人物。在这种观点下，薛宝钗和林黛玉都是纯洁无瑕的美丽少女，她们由于现实条件与个人性格的不同而采取了两种不同的处世态度，由于都是特定的形式，故而各有优劣，而两人又都没有可能从根本上摆脱自己的悲剧命运。显而易见，同样一部《红楼梦》，因其观念和操作方式的不同，遂有了截然不同的两种解读方式。李希凡、蓝翎不能同意俞平伯先生的看法，俞平伯先生也不会同意这两个小人物的看法。矛盾和分歧出现了，学术争鸣也就成了势所必至的事情。在这时，我们不能认为李希凡、蓝翎要发表自己的观点有何值得非议的地方。如果我们因为俞平伯先生后来受到伤害而从根本上反对李希凡、蓝翎当时发表自己观点的权利，我们以后还要不要进行学术争鸣呢?

当事情到了毛泽东这里，情况发生了一些变化，但我们仍然不能笼而统之地看待毛泽东的介入。首先，毛泽东是爱读《红楼梦》的，并且由于他的马克思主义的思想观念而更赞同李希凡、蓝翎的观点，把他们的观点视为正确的观点则是不容置疑的。也就是说，毛泽东支持李希凡和蓝翎是他实实在在地同意和赞成李希凡、蓝翎的观点。当时他们是两个青年教师，其文章不易受人重视，他遂出面支持。事情至此，我认为仍然是正常的、合理的。因为我们没有任何理由阻止毛泽东这样一个政治领袖人物发表自己对某部文学作品的看法。《红楼梦》是全民族的，全人类的，任何一个人都有欣赏和研究它的权利。当领袖也应当有自己的言论自由。

事情发生在下列几个环节上：

一、阶级话语是对社会历史进行宏观考察的一种话语方式，它不能对某种理论思维的方式和职业性操作方式进行直接的性质判定，更不能作为学术价值和政治立场的判断标准。在马克思那里，阶级和阶级斗争是对社会历史发展和意识形态发展进行宏观考察的一种方式，他从来不以阶级的话语对一个具体性的创造性劳动进行价值的判定和劳动者个人政治立场的判定。牛顿力学的价值无法用阶级性来说明，在社会发展中，人类知识的积累和思想的丰富发展同阶级矛盾是并行发展的两个独立过程，在任何时代人类都积累了自己的有益的经验，这些经验在任何历史时代都会起到自己特定的作用，甚至从原始社会开始的最粗重的体力劳动在当代原子的、电子的时代仍然在发挥着自己的有益的作用，任何先进的东西只是体现着历史的发展趋向，而不可能代替历史遗留的一切。在社会科学中也是如此。俞平伯先生对《红楼梦》的研究是一种人类的有益劳动，在这种劳动中他到底用什么样的理论形式和操作方式推进了《红楼梦》的研究并不重要，关键在于他有没有提出或解决人们面对《红楼梦》所能够产生的问题。因此，当李希凡、蓝翎用阶级的观念分析研究《红楼梦》提出了自己不同于俞平伯先生的观点的时候，他们丰富了人们对《红楼梦》的认识，但当他们用资产阶级唯心主义概括俞平伯先生的思想及其研究方式的时候，就在无意间犯了一种性质判断的错误——他们把一种有效的研究方式做了一种否定性的价值判断，并且把学术的、思想的和政治的判断全然混淆起来，为以后从学术的跨向政治的批判搭上了理论的桥梁。但在他们这里，这种混淆还是机械地沿用了当时流行的话语形式的结果，他们的政治地位还不足以构成对俞平伯先生的实际伤害。但这种话语形式后来便开始具有了严重的全局性的错误性质。

二、马克思主义的社会历史的研究方式是一种重要的研究方式，特别是在社会历史观念比较薄弱的中国社会上，它尤有其重要性，但它绝不可能完全代替人类几千年积累起来的全部知识和认知方式。爱因斯坦的相对论是伟大的，但它甚至无法替代像勾股定理、黄金分割这类的几何定理的具体作用。在整个自由主义知识分子阶层中，积累和传承着的正是人类几千年来积累起来的各种理论学说和从事研究的方式，当把整个这个阶层的思想同马克思主义简单对立起来的时候，它其实正意味着要用马克思主义简单地代替人类几千年积累起来的各种文化成果。正是在这种阶级话语的习惯性运用方式中，毛泽东开始把《红楼梦》研究的问题提升到了全局性的社会思想斗争的高度来对待并在此基础上建立了他的全部的战略思想。在这时，俞平伯这个名字已经不再是一个个别人的符号，他成了整个自由主义知识分子的代表和象征。对他的批判，也就成了对在整个自由主义知识分子阶层中流行的各种思想和研究方式的批判。假若抛开由这种阶级性话语带来的性质判断的错误，应该看到，毛泽东对这个突破口的选择还是很具有战略性眼光的。现代知识分子是从五四新文化运动开始产生并形成一个阶层的。新文化运动之后，现代知识分子向着两个方向发展，从陈独秀、李大钊到鲁迅，沿着中国社会或社会思想改造的道路向与政治革命相结合的途径发展，他们的倾向在整个社会上有更大的影响。这是因为中国当时社会政治矛盾尖锐化所致。毫无疑义，他们体现着中国知识分子社会责任感的加强，在当时具有先锋派的性质。而在另一个方向上，胡适则向学术研究的方向发展，并在学院派中有广泛影响。胡适就是新红学的开创性人物，俞平伯的红学研究继承的便是胡适的治学传统。毛泽东从李希凡、蓝翎的文章中所发现的这个突破口有三个方面的意义：一、红学研究是比任何研究部门更带社会普遍性的研究部门，是整个知识界乃至青年学生都关心的研究对象。通过它，可以推及全部学院派的研究领域；二、通过俞平伯的红学研究可以直接追溯到胡适的学术思想，而胡适则具有全部学院派知识分子的代表性资格，是这个学派中的最高权威；三、俞平伯从事红学研究的方式和文学观念在整个自由主义知识分子中具有典型性。考证的方式和人生哲学的观念一直是自由主义知识分子从事研究工作的主要手段和主要观念。但也正因为如此，他也就把马克思主义与这整个阶层的全部诚实劳动和艰辛研究工作简单对立了起来，并且把全部的思想压力和政治压力都加在了俞平伯一人身上。这里必须注意的是：这种在思想斗争中以典型取代普遍的方式有着极大的不合理性。即使俞平伯先生的研究真是一种错误，这种错误也是一种极普遍的错误，当通过他而教育全体的时候，实际是把与他犯有同样错误的所有其他人都变成了批判他的力量，而他也就成了这所有人的罪过的承担者。这在社会责任的承担方式上是极不合理的。

三、一个政治上的领袖人物如何介入学术斗争也是一个极其重要的问题。政治上的领袖人物不仅仅有自己的政治活动，他还需要其他各项人类的活动，但一旦政治上的领袖人物介入其他人类活动，他就必须以这种活动的正常操作方式进行活动并在这种活动中作为与其他参加者平等的一员从事这种活动。否则，他便会给这项活动本身带来混乱。由于毛泽东在《红楼梦》研究中不是作为学术研究的一员而是作为政治领袖的身份加入到了这个活动中来，俞平伯先生就不可能依照自己本真的认识申述自己的理由了。而在政治号召下投入这个批判运动的人又未必真的坚信自己所持的观点，就造成了一哄而上的性质，对社会思想的发展反而会带来不利的影响。

不难看到，正是由于以上几个问题没有得到真正的解决，中国文化界的斗争在批判俞平伯先生之后便愈趋愈左，最后导致了“文化大革命”。

我们在俞平伯先生身上所犯的错误已无法挽回，但我们可以由此得出教训，使我们今后不对任何别人重犯这样的错误。

这也算俞平伯先生对中华民族的文化发展做出的一种贡献吧?

1993年8月14日于北京师范大学中文系

原载《太原日报》1993年10月14日

东方老憨闻一多

——闻一多印象

闻一多在清华大学上学的时候，便有一个绰号叫“东方老憨”。这也颇能概括我对他的整体印象。

在《现代才子徐志摩》文中我曾谈到才子型的人物，并认为对此类人物不能谈什么思想，因为他们其实是没有什么思想的。有思想的人往往不灵活，因为他不能在时时处处都以成功为原则，而应顾及自己前后思想和行为的一贯性。才子恰恰是以成功为原则对待每一个具体行为和环境的，他们必须随时变化自己的思想和理论。但在有特定思想追求的人中，又有两类人。一类人是能对自己的思想和理论持相对超越性的自由态度的人，一类是不具有这种超越性的人。前一类人有两个特点，其一是对思想理论的追求与现实的实践原则的区别有明确的意识，二者相互联系但永不等同。中国人好讲言行一致，实际言行一致只在极其有限的范围中才是有效也有益的。任何思想和理论都是经过对现实的净化处理的，并且对现实有其超前性的特征，即使最真诚地坚持着这种思想理论追求的人，也不可能在现实中将之付诸完整的实行。鲁迅一生都坚持着自己改造国民性的思想，有的人便用鲁迅这种思想要求鲁迅本人，觉得他自己也没有完全做到，于是就认为鲁迅这人太虚伪，不够伟大。实际这种要求是极不合理的，大概这恰恰是鲁迅比我们伟大的地方。他不以自己的局限性限制自己的认识，使他的认识大大超越了现实许可的范围，才使他的思想具有更为长久的生命力。他的行为原则仅仅在其倾向性上最大程度地贯彻了自己的思想，而不是他的思想的完整体现。康德、马克思、尼采、萨特这些杰出的思想家都只有在这种情况下才最充分地发挥了自己的认识能力。其二是对思想理论追求与对一般的人生追求的差别有明确的意识。思想理论追求只是一个人全部人生追求的一种，为了这种追求他有可能在必要的时候放弃其他追求，但在不与这种追求直接对立的范围中，他也不轻易放弃别的追求。鲁迅坚持国民性的改造，这是贯穿他一生的主要追求，但这并不意味着他不谈恋爱，不去赚钱养家糊口，谁要认为他这些行为都不高尚、不伟大，那是别人的事，他是不会理会的。但第二类人就不同了。他们太把中国人宣扬的“言行一致”看得认真了。他们提倡和宣扬的，就自己也亲身去干，而对自己干不到的，就不敢说不敢讲。这样，就把自己捆到他们的理论中了，也把他们的理论限制在现实许可的范围中了。他们不但比才子型的人缺少灵活性，就是比鲁迅一类有执着思想理论追求的人也缺少应有的灵活性。闻一多就是这样一类的人。这类的人在人格上是很好的，诚实可靠、刚正不阿，不向凶恶的势力妥协，他们的作品也有一种人格的力量，有独立追求，有特异风格，但在人生活动中缺乏应有的灵活性，往往以太大的牺牲而只收到与这种牺牲极不相称的效果，在创作上路子也不够宽，像一些本色演员，只能演好一种类型的人物。

闻一多一生经历了三个人阶段：诗人、学者、战士。

作为一个诗人，他是中国现代文学史上少有的几个优秀诗人之一。《红烛》是他早期的诗作，还不够成熟。他的好诗都集中在《死水》一集中。《死水》中的诗，很有张力，形式上也很美，是其三美（音乐美、绘画美、建筑美）主张的具体实践。但他把三美看得有些太死了，影响了更多方面的探索，这类诗写得多了，也就显得有些单调。徐志摩的诗就活泼得多，各种形式都写，《沙扬娜拉》是小诗，《再别康桥》是静物画般的景物诗和抒情诗，《婴儿》是散文诗，《火车擒住轨》是带有一些现代派特征的诗，还有一些方言诗。各类诗中都有比较好的作品。就是鲁迅，路子也很宽，《呐喊》《彷徨》不同于《故事新编》，《野草》不同于《朝花夕拾》，杂文中更包括了多种文体形式。鲁迅提倡“为人生”的艺术，但并非说篇篇都有明确的人生目的，为人生只是一种总趋向。作为学者，他的“东方老憨”的性格使他成了中国现代社会的一个卓有成效的学者，为中国古代文化的整理和研究做出了巨大的贡献。他从唐朝的诗歌研究起，一步步向更早的时候追溯上去，直到《楚辞》，直到中国古代神话。但是，他的研究也不是没有局限性的。他之所以从事中国古代文化的研究，一开始便建立在一种并不稳固的基础上：发掘中国古代文化中的精神宝藏，让中国现代人从中国古代文化中汲取伟大的精神力量。这一目的看来是很好的，至今有很多学者把这一目的作为自己从事中国文化研究的思想支柱。其实，研究就是研究，既不是为了从中发掘美的东西，也不是为了从中搜罗丑的东西，而是为了把握它的整体面貌及机制，正像人体解剖是为了解人体内部的构造及其机制一样。在这整体的客观认识的基础上，它的美的和丑的、优秀的和落后的东西是同时呈现在我们面前的。这时，一个学者既能找到中国古代文化所取得的各种成就的原因，也能看到后来日趋没落的根源，对于中国现实社会中的一切现象都会有一种更深入、更细致的了解。恰恰因为闻一多先生在主观上就仅仅为了发掘古代文化的优秀精神和伟大力量，当现实的丑恶逼使他不得不正面直视它的时候，他才更加感到愕然，感到震惊，感到难以理解，从而便发生了一种断裂性的思想变化。我们看到，鲁迅的思想也随着现实状况的变化而变化着，但他从来没有发生过断裂性的变化。他重视对中国传统文化的批判，但当他写作《中国小说史略》的时候，却并不立足于批判，而立足于认识，认识中国古代小说从发生到古代史终结时的演变过程及其自身的轨迹。就在这种客观认识的基础上，你既能了解到它的成就是怎样取得的，也能了解到五四小说革新的必要性。

1938年2月19日后，闻一多随同师生一起步行从北京到昆明，一个强烈的爱国主义者忍受着剧烈的亡国之痛，在抗日战争期间坚持着自己诚实而又辛勤的教育工作。但腐败的官僚却乘机发国难财，使人民原本痛苦的生活愈加痛苦，就连闻一多自己，也无法维持自己的家庭生活，只好业余给人刻图章赚些钱勉强维持生计。在这时，他的现实感受与他的中国古代文化的研究路向发生了尖锐的矛盾：中国古代文化的伟大精神没有保证中国在近现代不沦为帝国主义的殖民地，没有保证那些官僚们在国难当头的时候团结御侮，没有保证中国老百姓过上和平安定的幸福生活，甚至也没有能保证他这样一个勤劳的真诚爱国主义者不陷于穷困潦倒的地步。他愤怒了，激动了。从而对中国古代文化由希望而走向失望，开始抛下他用惯了的笔，而投身到实际的社会斗争中去。现在可能有些知识分子为他惋惜，为他后悔，但我认为，一个知识分子既是一个精神劳动者，也是一个社会公民。当一个知识分子连一点公民意识也没有，当他连一个公民应得的起码权利也得不到却能安之若素地欣欣然在斗室内著书立说，他的“书”，他的“说”的精神价值到底能提高到何种层次上呢？我觉得，闻一多正是一个有真诚的愤怒和正义感的伟大的中国公民。

但他却被暗杀了。

假若我还能在崇敬之余提点批评意见的话，那就是我觉得闻一多由于对自己后来的思想转变没有充分的思想准备，故而显得有些焦躁。他太专注于一个目标，当要研究中国古代文化时连新诗也不写了，几乎失去了与现代文化的所有联系，并且愈是往里钻，愈觉得宝藏累累，为其伟大成就而震惊，岂不知这时他已经丧失了整体感。待到现实的感受与自己原来的目标发生了矛盾时，他的内在情绪就容易焦躁不安，从而由赞颂转入失望，由学者完全转化为战士，对自己的学者生涯失去了应有的价值估价。鲁迅对自己的人生转换就有更多的从容，他一开始便对中国社会改造的艰难性有极充分的认识，所以当社会的恶变来了，他并不感到格外的出人意料。这样，他就从容些，在岔路口蹲一蹲，歇一歇，想一想，对新的选择有个较为明确的意识，遂寻找一个自己能更多驾驭自己的相对自由的空间，确定一种能以较少的牺牲争取较大效果的从业方式。他在从事文化活动时也未曾淡漠自己的公民意识，所以在他从事社会斗争的时候也不觉得自己文化追求毫无意义。总是在具体的社会斗争中发掘其普遍的文化上的意义，并认为这种文化上的解剖比反对一个具体的目标具有更重要的意义，而这也就是作为一个中国知识分子的最高良知。有了这，他不希求震骇一时的牺牲，对谭嗣同、秋瑾那种以勇于牺牲而唤醒民众的传统方式持冷静的分析态度。

鲁迅和闻一多都是严肃认真的人。

但鲁迅比闻一多冷峻，闻一多比鲁迅憨直。他是一个“东方老憨”。

1993年8月16日于北京师范大学中文系

原载《太原日报》1993年10月21日

一个感情细腻真挚的诗人

——冯至印象

我没有见过冯至先生，也没读过有关他的回忆文章，在我的想象里，青年时期的冯至先生是个很文静、有些腼腆、性格属于内向的人。他或者在人际交往中也很平易近人，并不木讷冷淡，但至少他是不轻易向你诉说内心感情的人，他把他那点内心的秘密小心地保存在内心，温着热着，把任什么情绪都暖得热乎乎的，并且透体的温润。这样的人写出诗来，一点不张狂，也不颓唐，连心里那点孤独和寂寞也透着温存和湿润。他的诗有好有坏，但不论好坏，都是整体的，不像有些诗人的诗，在一大片砖头瓦块中突然冒出两句好诗，而有时又在一首很有生气的诗中突然横插上两三根干柴棒一样的诗句，让你感到极不舒服。由于他内心里总是悄悄地温暖着一点感情，一种情绪，轻易不把它说出口来，这感情、这情绪就很醇，写到诗里就很有韵味。同样的感情和情绪，他的就比别人的温婉和细腻，温婉细腻得不落俗套。早期的《我是一条小河》是一首爱情诗，他独能把青年男女间那若即若离、亦即亦离的情感关系写得格外自然，那里有爱情的幸福温存，也有爱情的寂寞和痛苦，但这些又都似有若无，淡淡的，轻轻的，感得到但说不出；《蛇》也是一首很有名的诗，“我的寂寞是一条长蛇”，这个意象是这样的平淡，又是这样的新奇，它把诗人心里那种说不出的滋味传达得何等丰满。我们再看这诗的最后一节：

它月光一般轻轻地，
从你那儿潜潜走过；
为我把你的梦境衔了来，
像一只绯红的花朵。

一个又文静又真诚的青年，默默地思念着自己的爱人，心里有点寂寞孤独，但在这温存的思念中又感到很幸福。诗人并不直接诉说这些感受，直接诉说就不是交织在一体的情感了，就不给人以直觉感受了。但说是这样说，叫我们自己想，还是难以想到诗人会这样写。好诗，就让你无法替诗人想，待到他写出来了，你才想到原来这样写才是最好的。

冯至早期还写过几首以民间故事为题材的叙事诗，写得也很好。它的好处在于处理得不落俗套，有诗味。中国现代的诗人，往往以为用诗的语言叙述一个故事，就是叙事诗了，其实不然。叙事诗不能仅仅用诗的语言叙述，这故事的处理也得是诗的，也得有诗的韵味，也得留下一点咀嚼不尽的情思。假若只用分行的诗句叙述一个普通的战斗故事，敌人来进攻了，战士很勇敢，最后打败了敌人，你为什么不用散文的形式写，散文的形式不描写得更细致、具体且适于制造紧张气氛吗？

冯至早期的诗都收在《昨日之歌》里，后来他离开北京，北去哈尔滨，这时期的诗抒情的气氛浓了，对社会世态的描绘也增多了，气脉也舒畅得多，但诗仍是平静自然的，表达的是一个刚刚接触社会的青年对现实的失望情绪，有点心灵的惨伤但不颓唐绝望，他想理解这个世界也想理解自己，用一种朴素的人生理想照亮这个世界的精神创伤。这时的诗收在他的《北游及其他》中，此后他有十多年未曾写诗，到了1941年，他又以二十七首十四行诗获得了中国新诗坛的注意。十四行诗是西方诗歌中一种格律诗，有不少学习西方诗的中国诗人试写过十四行诗，但似乎都不太成功。一种格律，都是与一种语言的特点紧密结合在一起的，在西方的拼音文字和汉语的方块字间进行转换，原本是极难极难的，我就无法想象西方人怎样用西方的语言写出像中国古代的五律、七律那样的格律诗来。但冯至却把汉字的十四行诗写得非常朴素自然，这就极不容易了。首先，它们是中国诗，并且没有生拼硬凑的感觉，至于它们与西方的十四行诗的审美特征相同不相同，倒是极次要的事情。冯至《十四行集》写的是他的人生体验，他把这种体验凝结在特定的意象创造里，提升到哲理性的高度，深刻而凝练。冯至的诗句很重整体的和谐，诗有差别，但太差的诗不多，现在只举《威尼斯》中的一小节说明这些诗的总体特点：

一个寂寞是一座岛，
一座座都结成朋友。
当你向我拉一拉手，
便像一座水上的桥。

1949年以后，冯至也写了一些诗，在这时他力图通俗，但诗味不多了。因为他向来不造作，不张皇，所以尽管算不得好诗了，也不像郭沫若这时的诗一样滥，一样粗。

冯至是中国现代诗史上不可多得的一位诗人，要说喜欢，大约我最喜欢他的诗。

1993年12月10日于北京师范大学中文系

原载《太原日报》1994年1月3日

象征主义诗歌的早产婴儿

——李金发印象

对中国现代文学史上的很多现象和很多作家，你有时会产生很别扭的感觉。从这一个角度想，它是一个样子；从另一个角度想，它又会是另外一种样子。这两种印象有时差别竟是如此之大，致使你有时认为它一无可取，有时又觉得它价值连城，怎么搞也搞不出一个总体的妥帖的印象来。李金发就是这样一个让你头疼的作家。你要真去读他的诗，你用劲去读，用着全身的力气去理解，你很真诚地按有些诗评家的解释去读它、啃它、吞它、咽它，你还是爱不上它，你还是觉不出它的好处来。

但从中国诗歌发展的角度讲，你又不能不推他做中国现代象征主义诗歌的领袖，如果你觉得现代象征主义诗歌传统对中国现代新诗的意义是很重大的，并且在西方现代诗歌史上也具有举足轻重的地位，你就愈加为中国现代文学史家对他评价如此之低而感到愤愤不平了。

这种别扭感觉是怎样造成的呢?

应该说，整个中国现代文学就是一个早产的婴儿。为什么说它是早产的?就是说不论中国的政治、经济、哲学、文学，还是中国整个的文化，整个的语言，当时都还没有自然产生像现在的中国现代文学的条件，仅仅因为那时的知识分子有一种学习西方的强烈愿望，才把西方的文化和文学介绍进了中国并有意地模仿、学习它。西方文学成了中国现代文学的助产器，使它在不足月的时候便生下来了。它的柔弱、多病、缺乏健康儿童的那种蓬蓬勃勃的生命力，是与它的早产有很大关系的。

早产，不是一件好事，但也不一定是件坏事，关键在于怎样对待他、培育他。对于早产的婴儿，唯一有效的办法是即经产生，便根据他的实际身体状况增加营养，不必以正常的婴儿的标准要求他、对待他。这样，尽管早产、尽管也会与正常情况下诞生的婴儿有很大差异，但一旦长成，也未必就一定比别的儿童孱弱，未必就比他们智力低下，说不准他的优长还是别的儿童所不具备的，显得更有些宝贵。鲁迅也是在外国文化的强烈影响下成为一个思想家和文学家的，但他一旦成为作家，就不仅仅以西方文学为模仿对象了。他按照自己的意愿写，依照自己的需要办，用自己的审美感受去感受，写到自己满意为止。至于按照西方文学的标准怎样评价他的作品，与西方的同类作品一样不一样，这就不多么在意了。正是因为这样，鲁迅成了中国现代文学史上一名名副其实的伟大作家，把他的作品放到世界文学史上，不但并不愧色，反而有了鲜明的民族特征和个人的独特风格。但可惜并不是每一个人都能如此。有些人羡慕别人家孩子的健壮，便亦步亦趋地按人家的办。人家长得高，就叫自己的孩子跷着脚走路；人家的孩子长得胖，便叫自己的孩子鼓起腮说话；人家的孩子正在哭，便赶紧打上自己的孩子两巴掌，也让他哭给别人看。这样，把自己的孩子折磨得已经不像个孩子，还谈得上是什么聪明的孩子或健全的孩子？李金发就是这样。他之写象征主义诗歌，在很大程度上只是由于西方有了象征主义诗歌，并且在西方有了很好的名声，至于他自己为什么要这样写，不这样写行不行，我认为他是不清楚的。待到他的诗歌写了出来，样子与西方象征主义诗歌很相像了，但诗的味道和基本品格却也丢了。象征主义诗歌首先是诗歌，连诗歌的格儿也够不上了，还谈什么象征主义不象征主义。

象征主义诗歌是在西方浪漫主义、现实主义的长期发展后产生出来的，是一种非常自然的发展结果。在现实主义、浪漫主义的时代里，西方人相信现实的世界里有着真善美的东西，人能通过自己的精神完善和客观世界的改造在人间建立起天国。他们曾长期地这样相信着也追求着，并在这种相信和追求中创造了自己的诗和自己的诗的语言。但到了象征主义时代，人们感到，在人们真诚地追求着真善美的东西的时候，不但没有感到这个世界变得更真、更美、更善，反而越来越感到它们是那么虚幻和缥缈，现实世界到处是假的、恶的、丑的。当现实世界在你的感受中只是一种虚假的现象的时候，原来所说的客观世界就不是客观世界了（客观世界的本来含义就是独立于主观世界的一个真实的世界），人们感到它充其量只不过是呈现在人们感官前的一些现象，是一个现象的世界而不是客观的世界。自然这个现象的世界并不是一个真实的客观的世界，它又是怎样呈现出来的呢？它就是人的精神活动的结果，它只是作为人的精神的象征物才成为一种真实的存在的。真善美不是这个现象世界的自身本质，它只是人的最内在的一种精神或意志，这种精神不能直接被人感知，而只能通过现象世界呈现出来，它呈现的方式不是你的物质感官感受到的它的外部形态（这是现象世界），而是用心灵感受到的。在这里，一个很关键的问题是，象征主义者的现象世界整个地便是由客观世界的观念转化而来的，当客观世界没有在人的观念中展示到最极处的时候，客观世界便仍是客观世界，它不会变成现象世界。具体说来，谁未曾极力地求真，谁就不会感到真就是假；谁未曾极力地求善，谁就不会感到善就是恶；谁未曾极力地探索美，谁就不会知道美就是丑。只有真诚希望过的人才会失望，只有真诚相信过的人才会怀疑。这里不仅是一个理论问题，还是一个诗歌创作的语言问题。当你还没有拥有在现实主义、浪漫主义创作中创造出的大量真善美的意象的时候，象征主义诗歌的意象系统是不可能建立起来的，因为这个意象系统几乎整个地都是现实主义（包括古典主义的）、浪漫主义文学所创造的人类文学中的意象系统的转换形式。只要看一看象征主义者如何大量地利用神话、宗教、民间文学以及前代文学创作中的形象就足以证明这一点了。

李金发的诗歌重新受到现代文学史家的重视是在“文化大革命”结束后中国象征主义诗歌走向了一度繁荣的时候，这时把李金发的诗歌又给予了很高的评价，但这时的象征主义诗歌并不是这些诗人们在李金发的诗歌中受到启发的，我敢说他们中的绝大多数的人都没有读过他的诗，甚至也不仅仅是由于西方象征主义诗歌的影响。在“文化大革命”中和“文化大革命”前，这一代人几乎都曾真诚地信仰过，狂热地追求过，他们几乎本能般地相信真善美就是这个世界的本质和主流，假恶丑都是暂时的、非主流非本质的现象，人的生存意义就在于为了实现未来的那个人间的天堂。不论他们当时是否意识到自己的这种思想观念，他们都是以这种观念看待世界和人生的。在文学上，他们读的是郭沫若、田间、艾青、臧克家、贺敬之、郭小川的诗，受的是拜伦、雪莱、雨果、歌德、席勒、普希金、莱蒙托夫、涅克拉索夫、惠特曼、聂鲁达的影响，他们熟悉这些诗人的语言和诗歌中的意象，像是熟悉自己一样。但当"文化大革命"一结束，他们以前的生命整个地成了一片空白，所有他们曾经熟悉的语言都成了陌生的，但这个空白并不是真空，而在感官中是充满的，实实在在的，精神上则是空的，原有的意义全都不存在了。连过去所有的语言都变了味道，不是固有的意义了。在这时，他们接触到西方的现代派的诗，在精神上一拍即合。他们的诗按照原有的欣赏方式，觉得很难理解，但一旦熟悉了它们的特有感受方式，一旦被破解，心里便豁然开朗。它们在理性上很难被说明，但在感受上你又觉得比任何浪漫主义诗歌都豁朗、都开阔、都明晰。他们的诗中没有很多的新语汇，但似乎所有的旧语汇都成了新的。但李金发的诗却并不是这样，你在他的诗中感觉不到他曾热切地追求过什么，因而也感觉不到他到底失望于这个现实的世界。即使在他的最著名的那首《弃妇》中，你都感觉不到在他的那些沉甸甸的意象中升腾起了一种什么样的精神性的东西。与此相反，他的所有的诗句都干叉叉地、横七竖八地插在你的心灵上，让你感到满满的，沉沉的，怎么样也清除不掉。它使你感觉不出这个世界的虚幻，反而它是实实在在沉重的。假若你仔细体味一下它的内在精神，便感到它表现的是作者的一种耻感，一种不得周围世界承认的耻感，一种像弃妇般见不得人的感觉。这种耻感是一个很爱面子而又很敏感的中国青年常常有的自卑意识。但在这种感受中，外部世界一点也不虚幻，它比平常人更觉得它的实在性，它的沉重的压抑力量。但李金发又想写成象征主义诗歌，结果他破坏了自己情绪的完整性，造成了全诗的严重的不和谐感。有人认为现代主义的诗就是想到什么就写什么，岂不知象征主义的诗更要求诗人内心情绪的稳定性，只有你处于同一情绪感受的控制下的时候，你所联想到的才是同种情绪的象征，如若你写诗时便没有进入特定的情绪体验中去，你的随意联想就只能是一堆堆客观世界的物质碎片，就不称其为诗了。假若任何一个人在任何情况下的自由联想便是诗，人类还要诗和诗人做什么呢？

当然，李金发在中国现代文学史上还是有点作用的，那就是他使中国了解了西方的象征主义的诗。但这同时也使我们看到，他的选择并不是他理所当然的选择。他要致力于西方象征主义诗歌的翻译和介绍，先使自己更深刻地体验和感受西方的象征主义作品，同时也使读者提高对它的接受能力，说不定他最终还能成为一个杰出的象征主义诗人，即使成不了诗人，也会更有益于中国文学的发展。中国现代文学原本早产，有些人保守，极力反对它；有些人又在本来不具备这种创作条件的时候抢旗帜，借以标榜，中国现代文学的发展就不能不受其影响了。评论文学家，要以他的作品的实际成就评论，不能以他所举的旗帜、归属的派别在西方或古代的价值评论，否则，一旦有了可能，就会有很多人抢旗帜而不精心于自己的文学创作了。总之，李金发只是象征主义诗歌的一个早产的婴儿，并且是一个因为没很好的护侍而没有长大成人的早产的婴儿。

1993年

原载《太原日报》1994年1月27日

现代雅人梁实秋

——梁实秋印象

在中国古代社会，虽然社会上时有动乱，政治上屡陷腐败，社会秩序也有受到破坏的时候，但因为那时是以农业经济为主，大大小小的农村分布在全国各地，交通又不发达，待到太平年月，只要老百姓能勉勉强强地填饱肚子，便各自安安稳稳地居乡过日子，在社会上走的只不过几个进京赶考的举子、走街串巷的货郎，整个社会安静得似乎能听到苍蝇的声音。即使在城市里，虽然人口密集一些，但彼此并没有纵横交错的连带关系、各过各的日子，没有特殊的节日，谁也不会平白无故地撞到你的生活里来，搅得你乱了平时的章法。在那时，假若你是一个在经济上有保证、在文化上有地位、在社会上有身份，而又不想出外做官或做官而不想卷入激烈的党派争斗的人，家有贤妻，旁有忠仆，粗笨的活计让人料理，你就可以读读书、吟吟诗、作作画、抚抚琴，植几畦花、养几个鸟，或月下独酌，或湖边垂钓，都不失有雅趣之事，因而你也被社会视为一个雅人。这类的雅人都是很懂规矩、很重秩序的，看不惯那些又粗又笨、做事毛毛草草、说话大声大气，连点起码的礼节规矩也不讲的人。但他们又犯不上与这些人为伍，不会把他们请到自己的家里来吆五喝六，平时不与他们打交道就行了。他与所有关系的人，也都是与他有同样雅趣的知识分子，隔一段时间邀集在一起，谈谈天下大事，论论诗词歌赋，几杯淡茶，数两醇酒，彼此没有根本的利害冲突，也无撕缠不开的感情联系，“君子之交淡如水”，既不亲热得无大无小，也不厌恶得咬牙切齿，彼此都以礼相待，说话有分寸，举止有节制，永远保持着亲近而不热烈的关系。在这样一种生活中，雅趣、礼节、秩序是融为一体的。这同时也是中国古代文人雅士的世界观、人生观。这种世界观和人生观是与艺术有密切关系的，甚至连他们的全部生活都像一件艺术品一样，那么和谐，那么雅洁，浑身上下都发现不了一点瑕疵，像用人工精雕细刻出来的，所以至今有很多评论家称这类人的人生是“艺术的人生”。但这艺术指的是一种特定的艺术，它不是浪漫主义的，浪漫主义主要讲情，或热烈激越，或痛不欲生，或志大气粗，或颓唐厌世，故而浪漫主义者容易“失态”，失态就不雅了，让人看着就不舒服了；它也不是现实主义的，现实主义老是困扰在现实问题中，以别人的苦为苦，以别人的乐为乐，关心的问题都是“俗”的问题。这类的人喜欢的是有雅趣的作品，对什么都抱着一种欣赏的态度，在一定的距离上静观一切，自己的心情永远是平静的，但在平静中又有一点滋味，一点感受。在写这类的作品时，你应当先屏思息虑，忘掉人生的一切欢乐或烦恼，去私去欲，然后提笔作文，把那些平时曾经使你感到心灵格外舒适的情景用语言的手段再造出来。这类作品不能乱写，要讲点规矩，把过于粗直低俗的语言净化出去，什么感受都不能带上一个“太”字，太强、太弱、太苦、太乐、太浓、太淡、太明、太暗、太死、太活，都会给人以强烈的刺激，心里就不太舒适了。总之，在政治上，他们厌恶官，也看不起民；在生活上，他们鄙薄豪富，也鄙薄穷酸；在艺术上，他们反对僵直，也反对粗俗，这些人是中国古代的一批文雅之士，很得一般知识分子的羡慕。

到了五四新文化运动之后，中国社会发生了很大的变化，一个纵横交错的社会形成了。现代的交通把人由南运向北，由北运向南，愈来愈多的报章杂志把社会新闻很快地传播到各地。在这个横向的社会联系中，首先起作用的便是知识分子。废了科举制度后的知识分子多数做不成官了，即使家里有点钱也不能再坐在家里坐吃山空，知识分子成了职业化的人。这一职业化，可就雅不起来了。你的工作就是挣钱糊口，钱是不能不讲的；你的文章是写给广大社会成员看的，得对各种社会问题表示态度，完全脱俗是做不到的。特别是西方科学、民主、自由、平等等新的学说，使中国五四时期的知识分子重视的是社会的原则，对传统儒家的伦理道德学说实行了猛烈的攻击，文学也由文言变为白话，格律诗变成了自由诗，古代不登大雅之堂的小说和戏剧被提升到文坛正殿上来。但与此同时，新的问题也出现了。在伦理道德上，中国古代是有统一的标准的，现在旧的标准受到冲击，新的标准又没有任何统一的规定，大家都说自由，但各有各的理解，彼此都看着不顺眼，便谁也约束不了谁。在文学上，古代是有一些固定的标准的，彼此的审美观念差不多，你的诗作得好不好，用这标准一衡量，八九不离十，你自己再吹也不行。学作诗的人也有个规则，如何对仗，如何押韵，如何调平仄，先把规则掌握了，才能创造。但现在这自由诗，反正是自由，怎么写都行，你说我写得不好，我还觉得蛮有味呢，你说不好是因为你没有读懂我的诗，假若再邀集几个朋友，彼此吹捧一番，你干瞪眼，明知并非这么一回事你也说不清楚、道不明白。五四新文化的先驱者们是主创造、讲自由、高举进化论旗帜的，别说他们无权整顿文坛，就是想整顿也整顿不了。恰恰在这时候，中国文化界崛起了一股新的势力，他们不是在与旧文化的搏斗中成长起来，而是在新文化成了中国社会的主流文化后成长起来的。在这时，科举制度早已废除，想读书做官是不行了，但自己的孩子总得读书求上进呀！于是家长也就死心塌地地送自己的孩子进洋学堂、上新大学，最后若能出洋留学，社会上的人同样像过去中了状元一样尊敬你。这些在新的致学道路上走完了全程的人，同时也就获得了自己的自信心。你们不是讲学西方吗？他们才真是地道的西洋通；你们不是讲进化论吗？他们才是真正了解西方最新潮流的人；你们不是提倡新文学吗？他们才是在国外去学文学的科班出身的文学家。不但对茅盾、郑振铎这批土生土长的土包子文学家有其优越感，就是陈独秀、胡适、鲁迅、周作人都算不得真懂文学的人。新月社就是由这样一批从英美留学归国的知识分子们搞起来的，对于厘定中国新文化或新文学的规则、克服“五四”以后的自由主义倾向、建立新的文化秩序和文学秩序、改变新文学的幼稚状态，他们自觉有着不可推卸的责任和义务。而这些知识分子大都有着相近的生活经历，有着相近的人生观和文学观。

我认为，真正从理论上体现着他们的人生观和文学观的，则是梁实秋。

梁实秋出身于一个旧官僚的家庭。他的父亲是个开明的官僚，时世一变，他便将梁实秋送上了新式教育的道路。梁实秋与徐志摩不同。徐志摩受宠于祖母、被爱于母亲而对父亲有反叛倾向，这类的孩子从骨子里是自由主义者，并且有情感性倾向，而梁实秋是父亲的好孩子，这类的孩子懂规矩、有礼节、重理性、不好胡来。他十四岁就进了清华，一住八年。清华学校是一所培养美国留学生的学校，而且是一所纪律整饬、管理严格的学校。梁实秋在清华接受了良好的教育，养成了遵守纪律、讲究卫生、生活条理、严格要求自己的好习惯。清华学校毕业后，他被按惯例送往美国深造。美国，在中国知识分子的心目中，体现着民主与自由、富足和强盛，但真正到美国留学的学生，还接触到它的另一个侧面。这个侧面是由大学里的学院派教授学者构成的。开始时的美国教育，是主要从英国文化传统中来的，英国的理性精神、绅士风度、宽容态度在美国的学院派中有很大影响。在中国，好经常闹事的是大学生们，连大学教授们也好掺和在这些学生们中间，与政府当局采取不合作态度。原因是中国知识分子的地位低，在社会上也不受多大的尊重，而在美国闹事的则是黑人和工人、市民，大学里一般是较宁静的，原因是美国的大学教授们在社会上很受尊重，有较高的地位，经济上也是很优厚的。所以在美国的学院派中，重秩序、讲规则是一种传统的习惯，即使自由和民主，也由一定程序性的规定落实在正常秩序中。真是天缘凑巧，梁实秋在美国留学时正是白璧德主义兴盛的时候，梁实秋遂成了白璧德主义的一个忠实的学生。白璧德主义就其实质就是英国贵族精神对欧洲兴盛了一两个世纪的自由主义或浪漫主义思潮的反驳。它反对卢梭、反对卢梭的个人主义和自由主义，反对教育中的自由主义和文学上的浪漫主义，主张规则与节制，重新肯定17世纪、18世纪的欧洲古典主义的原则，对中国古代的儒家学说也颇有好感。梁实秋的性格、教养都与白璧德的新人文主义精神非常合拍，遂以白璧德主义的理论把他的人生观、文学观明确化、理性化了。当他以这种人生观反观中国的社会和文学，就有了自己确定的感受。他看中国人，觉得“五四”后的中国人缺的就是理性与教养，他们不遵守纪律、不讲究卫生、不重视道德修养、缺乏秩序与态度粗鲁、举止失节、语言乏味、缺乏幽默、心胸狭窄、好动感情、没有克制、自由散漫。他后来的杂文集《骂人的艺术》，讽刺的就是这些现象。在文学上，他反对五四新文学以来的浪漫主义倾向，强调文学艺术应当遵守文学艺术的规范，他的一本文艺论文集的名字，就叫《文学的纪律》，另一本则叫《浪漫的与古典的》，反对自由主义，提倡古典精神。他的社会思想也很有特色，他认为社会是由少数天才和多数群众组成的，少数天才是聪明人，多数群众是愚蠢的，社会历史的发展靠的是这些少数的天才，多数群众不起作用，至多只能成为这些少数天才的工具。在文学上也是这样，文学永远属于少数有教养的聪明人，与多数愚蠢的群众无关，他的这种人生观和文学观并不是难以理解的，只要你生在一个比较富足而又有文化教养的家庭里，头脑又有些聪明，学习又有些认真，一路顺风地从小学上到大学，直至外国留学，归国后成了在社会上颇受敬重的教授或学者，成了社会上少数的精英分子，并且也无意再去当大官、发大财，你就会感到，人与人之间的区别就是由聪明和愚笨分出来的。在你身边的同学，一批一批地被刷了下去，因为什么？就因为他们太笨，或者有小聪明而不好好学习；我为什么一级一级升了起来，终成了社会上有地位的人，因为我聪明，又能严格要求自己，好好学习。梁实秋这个人很真诚，怎样感受人生便怎样说，又有白璧德的新人文主义做他的理论支柱，便将这种人生感受理论化、系统化了，提炼成了中国现代知识精英们的世界观、人生观和美学观。梁实秋是自觉意识到自己是中国现代社会中的雅人阶层的，他的散文集的题名就叫《雅舍小品》，并且一集、续集不断出下来，一直出到四集，另外还有《雅舍谈吃》《雅舍散文》《雅舍散文二集》。但他作为中国现代的雅人，与中国古代的雅人不同了。中国古代那套礼法制度，受到了现代知识分子的批判，不“雅”了。他的“雅”，更是按照英美教育中的现代纪律、规章、秩序、行为习惯和语言风格建立起来的，但在“雅”的特征上，它仍保留着古代雅人的传统：在政治上，他看不起现代的达官贵人，也看不起广大愚蠢的群众；在生活上，他不追求华贵妖艳的东西，但也厌恶贫穷恶劣的生活方式；在文学上，他反对僵直冷硬的风格，也反对激情的表现，主张雅洁、有情趣、让人读了心里舒服的风格。在过去，我们骂梁实秋这类的知识分子为“洋奴”，实际上，他比我们更看不起西方的多数人，他是不分东西，只重其雅洁高尚标准的人，对西方的自由主义传统，自由竞争中暴露着的赤裸裸的权力欲、金钱欲和性道德的混乱，比我们更加鄙视。总之，他鄙弃中国的愚昧落后，也鄙弃西方的自由放任。

不论梁实秋和与他有同感的知识分子精英们如何真诚地持有这种人生观和美学观，但它在现代的中国都是极少部分知识分子的思想。就是在知识分子之中，也有与他们完全不同的人生体验和在这种体验中形成的思想。鲁迅就是其一。鲁迅生在一个破落的地主官僚家庭里，这一破落也就有了与梁实秋不同的人生体验。在破落前，谁不巴结这样一个有权势、有财产人家的公子哥儿，但到一败落，人们的脸儿可马上变了一个样。就在这前恭后倨的变化中，鲁迅就把世人的势利鬼眼看透了。什么体会，什么雅趣？有钱有地位时你就有体面、有雅趣，待到你穷得自顾不暇，必须为自己的生计奔波时，待到你失去了受人尊敬的社会地位时，你的体面和雅趣就保不住了。在这时生存是重要的，自由是重要的，要生存就得参与生存竞争，在生存竞争中你不能仅仅依靠雅。鲁迅比梁实秋早生了二十一年，在新文化道路上就有截然不同的两种感受。梁实秋上洋学堂，学新文化，写白话散文，谈白璧德主义，都是很雅的事情，但在鲁迅到南京求学的时候，则被世人视为不很光彩的事情，是不得已而为之的，足见其不够秀才的格儿，才去学洋学问。及至留学日本，在歧视中国的日本青年学生中间，鲁迅也雅不起来，他靠着自信和意志的力量，并在屈辱的感觉中感受人与人之间的有限的但却真挚的爱，像藤野先生那朴素的爱心。在五四新文化运动中，鲁迅成了著名的作家和思想家，但这靠的也不是他的聪明，而是他的独立意志和要求。总之，在这样一个人生途路上，鲁迅形成了与梁实秋迥不相同的人生观念。他重视的不是人与人交往中的礼节，而是彼此之间的真诚的爱和同情；他重视的不是自己的优雅表现及人们对他的评价与感受，重视的是自己独立意志的表现和创造精神的发挥。在文学上，他不重视是否能安抚人的心灵，让人读了觉得愉悦舒适，重视的是最内在的生命体验，他不重视已有的规则，而重视对旧传统的改造和对新的艺术形式的创造。

这两种不同的人生观和美学观在中国20世纪末和30年代初，便发生了一场旷日持久的遭遇战。

1949年以后，大陆的读者读不到梁实秋的作品了，而鲁迅的作品却广为流传。于是我们就从鲁迅的杂文中按照我们的想象形成了对梁实秋的观念。在我们的想象中，梁实秋是一个国民党政权的走狗，是专靠出卖左翼作家而受到当局重用的反动文人，是个十恶不赦的坏蛋和不讲道德的小人。及至“文化大革命”后重印了梁实秋的著作，我们才有了一个大惊讶：呀，原来梁实秋先生竟是这么一个温和慈祥的长者！竟是这么一个文笔典雅优美、富有幽默感的优秀散文家！竟是这么一个忠于自己的学术事业的正直的学者！竟是这么一个博学多思、知识渊博的大学教授和著名翻译家！随之，我们也便对鲁迅产生了一个怀疑：是不是鲁迅真像我们想的那样正直呢？大概别人骂他孤僻多疑、生性嫉妒、尖酸刻薄、待人恶毒并不是没有理由的吧！否则，为什么他骂的人都不像我们想象得那么坏呢？

鲁迅说中国人好看热闹。这种看热闹的心理也反映到我们对待社会思想斗争的态度中来。所谓看热闹，是说总是站在旁观者的立场上看别的人相斗。然后站在自以为公平的立场上评论一番，对好人表示点同情和支持（不是实际的），对坏人诅咒一番，然后感到自己是心地良好的、主持正义的、公平合理的，心里便有种自满自适的感觉。在“文化大革命”前，社会上都说鲁迅是伟大的，梁实秋是资产阶级反动文人，自然大家都骂梁实秋，但梁实秋实际是一个什么样的人，大家并不了解，反正他是一个坏人，他就像自己想象中的所有坏人一样。传统小说中的奸臣小人，古代戏剧中的二花脸，现代小说中的地主老财、杀人不眨眼的刽子手，生活中那些自私自利、不讲道德、以人血染红顶子的势利小人……都帮助我们想象着梁实秋的形象。反正是天下乌鸦一般黑，本质还不是一样的！及至梁实秋的作品重新出版了，把作品拿来一看，觉得他并不像自己想得那样坏，倒是比自己好像还有学问、有才能、有礼貌、讲道德的一个人，于是又为梁实秋感到天大的冤屈，而冤枉了一个好人的人还能是一个好人吗？在这时，人们也便开始按照自己的想象，揣摩鲁迅这个人。人为什么会冤枉人呢？或是嫉妒人家，或是没有容人之心，或是有意伤害别人，或是人家得罪了他。于是，鲁迅这人也就无甚可取了。

但这种逻辑恰恰都不适于看待鲁迅与自己的论敌的斗争。

真正的思想斗争，有两类人不必斗。一是坏人，一是没有表达自己思想能力的人。坏人是行者不是言者，他明知这事儿不道德，但还是要去做。或者他有权有势，谅你也怎么不了他；或者他偷着做，让你发现不了。对这样的坏人，是实际的斗争问题，你与他讲什么道理？对于那些有理也说不清或被剥夺了发言权利的人，你也用不着与他进行思想的斗争，反正是你怎么说怎么有理，人家无法辩白。在中国，当然也不乏这类的“思想斗士”，但那只不过是装怯作勇罢了。思想斗争的对象应是那些有思想能力、有一定道德心、在社会上有一定影响力，并且或自己或与他思想观念相同的人能够以同样的方式反驳你的人。鲁迅批章士钊，批陈源，批梁实秋，批胡适，批林语堂，批自由人与第三种人，反击创造社，都不是比自己更笨、更不讲道德的人，唯其如此，他们才代表了中国的社会思想或具有一定普遍性的思想对于我们认识自己有更大裨益。如果意识到这一点再看鲁迅对梁实秋的批判，便知道鲁迅之所以批判梁实秋的原因了。中国的知识分子，向来好空谈理论，而对自己身边发生的事实则漠然无觉或有意回避，这有时就使自己陷入很显然的荒谬不经的地步去。1927年4月12日，国民党对与自己合作北伐的共产党人进行了大屠杀，很多无辜群众也遭屠戮。恰在这时，梁实秋还在大谈文学要表现普遍的人性，否认文学有阶级性，鲁迅的《文学与出汗》则分明是说，事实说明人与人是不一样的，富人和穷人在人生感受上是不会完全相同的，要文学不表现人与人之间的差别而只描写普遍的人性，这不是闭着眼睛说吗？后来梁实秋在与左翼作家论战时又暗示左翼作家是被苏联收买的，这实际是当时的国民党政府借以镇压自己的反对者的借口，所以鲁迅说你虽然不是真的走狗，但国民党镇压群众的罪行你不敢反对，反用政府镇压共产党的借口压制左翼作家，在实质上不就与走狗无异了吗？这种攻击，恰恰因为梁实秋并非意在讨好政府当局，如若真是如此，你这种攻击对他就不起什么作用了。但鲁迅的文章又确实触到了梁实秋这类雅人的疼处。躲在社会斗争之外的一个知识分子的小圈子中，“雅”是很容易做到的，但一旦自己也卷入了社会的是非，当自己的面子顾不住了，有时反而会有意无意地暴露出极不雅的本性来。这正像富家子弟在穷下来的时候有时比穷人的子弟更容易丧失操守一样。

但是，对梁实秋的评论不能仅仅放在与鲁迅的论争中来进行。假若你认为周瑜没有诸葛亮高明他就是一个笨蛋，那你就太过高地估计了自己。实际上，像鲁迅这样没有奴颜媚骨的中国知识分子到底还是极少极少的，我们都还是和梁实秋一样不愿惹那些惹不起的人，而有时又憋不住教训几句处境不如己的人几句而满足些自己的自尊心的人，有时梁实秋反而比我们更有些勇气说出些社会的真实。假若考虑到中国社会上还有很多有意残害同类以求取自己的飞黄腾达的人，还有很多并非为了争取自己的合法权利而打着自由的招牌无法无天、践踏社会公众的生活法则的人，还有很多没有任何道德心故意残害同类的人，还有明目张胆地行私利己、欺压百姓的人，梁实秋所注重的个人道德修养也就不是多余的了，而梁实秋不但要求别人雅也更严格约束自己的人格也就显得很宝贵了。他的散文作品文笔典雅流利，幽默从容，简约优美，在中国现代散文史上也是上流作品，只是由于他的雅限制了自己的取材范围，风格相近，看得多了，略嫌沉闷，并且多谈饮食住行，没有鲁迅杂文那样的精神震撼力。他的文学论文也在现代文艺理论史上独树一帜，有其重要的历史地位，而他的《莎士比亚全集》的翻译，也是中国翻译史上的一个壮举。

鲁迅和梁实秋现在都已去世，赞谁骂谁都已与他们本人无涉，重要的是要通过历史的斗争，开出我们自我反省的路。

1993年12月9日于北京师范大学中文系

原载《太原日报》1994年2月17日

娃娃诗人汪静之

——汪静之印象

在五四时期，孙席珍被称为“诗孩”，但在当时他的诗影响不大，年岁小而影响又大的是汪静之。

1922年成立的湖畔诗社是由潘漠华、应修人、汪静之、冯雪峰四个二十岁左右的小青年组成的，汪静之那时才二十岁，可名气却不算小。那年8月，他出版第一部诗集《蕙的风》时，新文化运动的主帅胡适、著名作家朱自清和刘延陵三位先生鸣锣开道，为之作序。另一位文坛宿将周作人封面题字，女作家绿漪题卷头语，可谓阵势赫赫，前簇后拥。当胡梦华对《蕙的风》进行了不合理的批评后，鲁迅又曾专门写了《反对“含泪”的批评家》一文为之辩护。一个二十岁的小青年的诗在当时能得到这么多文学名家的支持，不能不说是非常幸运的。

但是，汪静之之所以获此幸运，也并非毫无缘由的。考其原因，大概有三：一、当时正是新文学运动初期，从事新文学创作的人还不很多，特别是像湖畔诗社这样一些小青年，对于新文学的普及与推广关系极大。新文化运动的先驱们从新文化和新文学发展的角度，自然对他们的新文学创作是非常关心和爱护的；二、新文化运动的先驱们那时大都是相信进化论的，认为他们自己是在旧文化的土壤中培养出来的，只是过渡期的人物，很难完全摆脱旧文学的束缚，因而他们把创造全新的新文学的任务寄托在更年轻的一代人的身上。这在胡适为《蕙的风》写的序言中表现得最清楚；三、最重要的，当然还是汪静之的诗在当时的诗坛上确实是值得注意的。从胡适开始的白话新诗的创作，除了那些明显表现着旧诗词影响的一面外，多数呈现着散文化的倾向。以胡适为代表的一些人认为白话化就是口语化，就是嘴上怎么说笔头就怎样写，岂不知这大大影响了白话新诗的意境和韵味。按照我手写我口、嘴上怎么说笔头就怎样写的观念，他们把诗写得像口头语言一样，只是分行排列的散文，从思维的连贯性到语法特征都完全像平时的说话，而按照文学为现实人生的原则，他们所表现的又是极严肃的社会人生的主题，是当时少数知识分子的思想观念和人生追求。这样，彼此就在诗的意义上统一不在一起了。“朱门酒肉臭，路有冻死骨”“人生自古谁无死，留取丹心照汗青”这些严肃的思想为什么能成为诗？就是因为它们的形式具有为平时的口头语所不具有的严格性，不是随口便说得出的，并且与平常人的说话方式不一样，本身便有一种严肃意味。而一旦与平时的口头语言一样，它们的诗的意义就消失了，甚至其含义也会发生根本变化。五四时期的诗，往往显得很疲软，就是因为口语化和散文化的语言破坏了主题的严肃性，同时又显得有些矫情，因为把一种不平易的思想用极平易的语言说出来就有了矫情的味道。但汪静之就不同了，他才是个娃娃，他不必说那些大人话，他没有那种高深的人生体验和强烈的爱憎。他是以童心与这个世界相遇的。在他的眼前，世界既是散文化的，又是诗的，每一个平平常常的事物都有点神秘意味，都显得很奇妙。任何在成人这里硬化了的、有了道德区别的、有了明显的爱憎感情的，在他那里都朦朦胧胧地成为和谐的整体，像悠悠飘荡着的白云，像混混沌沌的薄雾，一切都带着轻松自然的特征。什么话通过他的口说出来都有点与成人的话不同的味道。像那句“一步一回头地瞟我意中人”，好就好在说得很直率很自然，因为他不会感到这竟是多么不道德的、应该感到羞耻的事儿，也不感到这是多么伟大的，应该感到自豪和骄傲，表现了自己争取爱情自由的决心和信心的事儿。所以他的诗都像说话一样，又都有淡淡的、不是浓到叫你一下便感受到的诗意。就诗论诗，说他的诗有多好虽不一定，但比起胡适、康白清的诗似乎都好些。

中国人向来有种观念，以为干什么事儿靠的都是聪明，并且认为人生就像一块砖一块砖摞起来的一样，只要不松劲，继续努力，以后便一定会百尺竿头，更进一步。像汪静之这样年少有为的人，在当时肯定会有很多人这样想：唉，现在写诗就写这么好，以后还不知要成为多么伟大的诗人哩！但事实却并非如此，后来汪静之便在诗坛上消失了，没有创作出有影响的诗来。事实上，历史给汪静之这样一些年少成名的人设置的无形和有形的障碍，不是比平常的少年人更少，而是更多得多。从少年到青年，从青年到成年，从成年到老年，都不是直线前进的，而是一种根本性质的转变。少年时的单纯是一定会被成年的复杂所代替的，少年时的无分别心到了青年时期就会渐渐消失，爱和憎都变得鲜明了起来。年轻时的幼稚是可爱，成年后的幼稚便惹人厌了。你到底将成熟到哪里去？不论向何处成熟你都会变得不再那么可爱。对于平常的儿童来说，他尽可以无拘无束地朝前走，但少年成名的人，就不一样了，在他往前走的时候就会遇到更大的阻力，因而他也有更多的顾忌。说实话，当我掀开汪静之的《蕙的风》看到那么多名人的序言的时候，我就为汪静之捏着一把汗。这些名人，到了20世纪30年代，几乎都各走各的路，成了彼此有巨大分别的各派人物。胡适是一条路，周作人是一条路，朱自清是一条路，撰文支持过汪静之的鲁迅走的又是另外一条路，而湖畔诗社的那些朋友冯雪峰、潘漠华、应修人走的路与上述各人又各有不同，这些人在你小的时候都抱过你，喂过你，你有没有勇气和其中的几个翻脸做敌人，就是一个很大很大的考验。再说，既经年少成名，在社会上找个职业，混碗饭吃已经不是多么难的事情，你又有什么必要非得撕破脸皮与自己的恩人、朋友们为敌呢！我认为，这未必不是汪静之消声于文坛的一个原因。倒是在当时名声并不很大的冯雪峰，到了三四十年代成了一名著名的左翼文艺理论家，有了比汪静之更远大的发展。当然，这并非说年少就不应成名或成名以后就一定会成为早谢的花朵。人生有各种才能也有各种机遇，年少成名为社会做出贡献也是人生的一种形式，正不必要求每一个年少成名的人以后就非得依然名声赫赫，似乎不这样连他少年时的贡献也不再是贡献，反而受到比一般人更严厉的谴责，而对于少年成名的人自己，重要的不是中国人好说的爱惜自己的名誉，倒是更应当像一个普通人一样对待自己，不必怕让谁伤了心，让谁失了望，能做什么就做什么，能怎么做还是怎么做，只要不是故意为非作歹，便在人生的路上大踏步地走下去，这样很可能由好运转入坏运（失去了少年时的好名声），但也可能重新从坏运中走出来，成为一个人生之路和艺术之路上的勇者、健者。

名声是会压死人的，年少成名者更应注意这一点。

1993年12月12日于北京师范大学中文系

原载《太原日报》1994年3月10日

温室效应与林徽因的诗

——林徽因印象

假若有人问我，在现代女性诗人中，你最喜爱谁的诗？我会毫不犹豫地回答：林徽因！

中国第一个著名的现代女性作家当然应该说是冰心，她也是一个著名的诗人。她的小诗在当时影响甚大，有一些至今读来仍然很有韵味，但小诗在后来没有得到持续的发展，大概也是文化传统使然罢，中国人至今喜爱的仍是抒情诗，我也如此。冰心也有很好的抒情佳作，但数量不多，她更以小说、散文、小诗名世，作为一个抒情诗人，我觉得林徽因更优于她。

由于我不是科班出身的中国现代文学的研究者，我在大学学的是外国语言文学，中国现代文学作品大都是在中学学习的时候根据自己的爱好和顺便得到的书籍胡乱读的，所以在以前，林徽因的诗我一首也未曾读过，甚至连她的名字也不知道。直至1985年人民文学出版社出版了《林徽因诗集》，我才读了她的诗，也才知道了她的名字。

不怕别人见笑，我打开《林徽因诗集》之后，一下子便被梁思成所摄的林徽因像给迷住了。是梁思成的摄影艺术太美了呢，还是林徽因本人长得太美了呢，还是二者皆美呢，我到现在也说不清，反正是我捧着书本端详了半天，这在我还是第一次。相片是黑白两色的，在黑色的背景上，以白的色显示了一个幽静、典雅的少女的脸。她的两唇轻轻地合着，两眼向斜前方挑视，安详而带着淡淡的轻愁。两臂平铺在她面前的桌沿，在下颔处形成汇接，左手伸向颈后，右手软铺在颏前，两臂的曲线像流水一般，使人感到它们的轻、软，柔、美。我向给我送书来的王培元兄连声赞叹道：美，真美呀！

她的诗也像她的人一样的美。她也写人生的艰难和悲哀，也写现实的冷酷和苍凉，甚至“九一八”这样的历史大变动也在她的诗里有所反映，但在这之后，你所感到的仍然是一颗幽静、典雅、温柔并且还是略带稚气的少女的心。鲁迅曾说，女人有母性和女儿性，但没有妻性，妻性是逼出来的。林徽因的诗里活着的就是她的女儿性。我曾说冰心是我们的大姐姐、小母亲，是因为她向我们展示的是她的母性的一面，她的作品使你感到亲切，但你却不可能通过她的作品像爱上一个少女一样的爱上她；庐隐是在一个不合理的恶劣环境中长大的，这个环境毁灭了她原应有的女儿性，她就像一个赤裸裸的女人起来反抗这不合理的社会环境，她的作品使我们看到社会环境的不合理，但却使你感觉不到作者对你的温柔的爱，它们有意义但却缺少美感；丁玲为女人争取合法的社会地位，但她却无意间走进了男性文化的竞技场，她用男性文化的标准与男性竞争；所以她的作品有力却不美，她的勇敢、她的意志、她的男性的坚定、她的战士的姿态，使她的作品失去了原生态的和谐，并且多少带有有意张扬的意味；萧红介于庐隐和丁玲之间，她像庐隐一样是在一个恶劣的人文环境中长大的，她的幼小的心灵里承受了过多的苦难，苦难压碎了她的温柔，太强大的男性文化压抑着她的少女的心，她也像丁玲一样反抗男性文化的压迫，但这种反抗也使她带上了男性的特征；张爱玲有少女的骄傲，但这骄傲却恰恰因为受到了过多的精神伤害，她的作品精细而深刻，深刻得让人感到有些冷……所以，我认为，原生态的女儿性在林徽因的作品里保留得更多、更完整。

但是，在人类社会中，特别是在像中国现代社会这样充满苦难和痛苦的社会中，美的东西恰恰是最脆弱、最无力的东西。林徽因的诗是美的，它里面有着一颗澄澈的女儿心，你简直无法从中发现一点心灵的污痕，但你却又觉得有点不满足。你好像觉得它太脆、太薄、太白、太洁，好像它就只能停留在少女的时代，不再可能成长为一个健康的少妇，因为它缺少一般少女的那种泼辣的生命力。它的澄澈洁白，你是非常喜爱的，但你又觉得它多少带有一些洁癖。不是它无法染上污斑，而是它有意地远离污浊的东西。像庐隐，像萧红，她们都不是那么纯，那么洁，但是你却不怕接近她们，你觉得读她们的作品的时候不必那么小心，那么拘束，而林徽因的作品却让你觉得自由不起来，舒畅不起来，就像穿着一件过于洁白的衣裳，不敢随意的行动。最后，你还会觉得，林徽因诗中的那个少女，不是朱丽叶（莎士比亚：《罗密欧与朱丽叶》），也不是四凤（曹禺：《雷雨》），而更像在温室里养大的一棵冰清玉洁的水仙花。

在这里，我想用社会的温室效应来说明林徽因所体现的文学现象。在任何时代，不论这个时代多么的污浊，多么的黑暗，但是美的东西仍然会存在，会生长的，只是它们不会像其他东西那样大面积的生长，而是在有类于温室的小的社会空间中偶然地生长起来，因而它们也就必然带有由温室效应所决定的柔弱性。林徽因出身于一个官僚知识分子的家庭里，时代的发展使她不再会受旧礼教的束缚，这个娇小可爱的小姑娘得到的是父母和周围人的温柔的爱和精心的培养。对于这个小姑娘，整个世界也就是这个小环境，再大、再远的社会对她起不到污染作用，而这个小环境实际就是整个冷冽世界中的一个小温室。十六岁的林徽因随父亲到英国，这是一个懂秩序、讲礼节、重理性的国家，她在那里学了一口流利的英语，后到美国接受大学教育，与梁启超的儿子著名的建筑学家梁思成结婚。在这样一个家庭里，没有丈夫的专横，没有公婆的虐待，开放而又有礼节，充满温情而不至狂热，像温室一样适于爱的生长。在她的这一生命途程中，都像被上帝精心保护着一样，没有像庐隐一样成为社会的弃儿，也没有像张爱玲一样受到精神的残害，她保留了少女时的纯白的灵魂，但却是在各种优越的环境中保留下来的。

她美，但美得单薄。

最后声明一点：我谈的是对林徽因的诗的印象，并不代表她的全部人生。她还是一个著名的建筑学家，其后半生的思想与业绩我全不了解，因而以上的话是不适用于此的。

1994年9月29日于北京师范大学中文系

原载《太原日报》1994年10月20日

母爱与情爱

——冯沅君印象

冯沅君是我的老师，但是我却未曾有缘亲聆她的教诲，因为我在山东大学读的是外文系，而她则任教于中文系。她的大名是早就知道的。她是我们山东大学的骄傲，山东大学的学生，不分文理，没有不知道她的。而我则较之其他的同学对她有更多一层的了解，我不但以她的著名中国古典文学教授的身份崇拜于她，而且还以现代著名女作家的原因而加倍敬仰之。在中学，还没有读过她的小说，但鲁迅对她的评价却是十分熟悉的，鲁迅在《〈中国新文学大系〉小说二集序》中写道：

> 冯沅君有一本短篇小说集《卷施》——是拔心不死的草名，也是一九二三年起，身在北京，而以“淦女士”的笔名，发表于上海创造社的刊物上的作品，其中的《旅行》是提炼了《隔绝》和《隔绝之后》（并在《卷施》内）的精粹的名文，虽嫌过于说理，却还不伤其自然；那“我很想拉他的手，但是我不敢，我只敢在间或车上的电灯被震动而失去它的光的时候，因为我害怕那些搭客们的注意，可是我们又自己觉得很骄傲的，我们不客气的以全车中最尊贵的人自命。”这一段，实在是五四运动直后，将毅然和传统战斗，而又怕敢毅然和传统战斗，遂不得不复活其“缠绵悱恻之情”的青年们的真实的写照，和“为艺术而艺术”的作品中的主角，或夸耀其颓

唐，或炫鬻其才绪，是截然两样的。

我所见到的冯沅君是著名学者的冯沅君，而不再是当时那个毅然和传统战斗的冯沅君。只她那一双小脚，就足以使我们这些20世纪60年代的青年把她同古老的传统联系起来。直到我读中国现代文学专业的研究生，读了她20世纪20年代写的短篇小说，她才重新作为一个反封建的女性形象出现在我的面前。

冯沅君的短篇小说除了鲁迅所指出的特点之外，我认为还有一个值得注意的地方，即她几乎是第一个在母爱和情爱的矛盾中表现那时觉醒青年男女的爱情悲剧的作家。在她之前，爱情小说大都采用两种情节模式，一是恋爱男女共同反对封建家长的包办婚姻而取得胜利，一是由于父母的阻挠而终于酿成爱情的悲剧。这两种模式实际都还停留在控诉封建婚姻制度的思想层次上，而对于几千年的封建婚姻制度对觉醒青年自身的影响和整个封建传统为他们设置的心理障碍则大都表现得非常肤浅。我们不能说冯沅君对这个主题就已经有了多么深刻的表现，但她至少开始触及了更加深层的问题。在中国，几千年的儒家文化传统，不但形成了一整套礼教制度，实际地维护着传统的封建秩序，而且也形成了每个个体人的情感素质，使其在诸种矛盾的心理倾向中能够非常自然地向封建传统妥协，从而把自我编织进封建的伦理关系中去。五四青年所提倡的恋爱自由、婚姻自主是从西方思想传统中接受过来的，它们在西方文化传统中与其他各种人际关系在一般的情况下不会构成不可调和的尖锐对立关系，也为疏通各种矛盾关系提供了可能性。远在中世纪的基督教神学中，男女两性的关系就被视为最基本的人类关系，爱情则是人类的至高无上的感情；到了资本主义时代，爱情的婚姻被正式宣布为唯一合法的婚姻。在这种观念下，也只有在这种观念下，爱情才不被视为对父权的挑战和对其他感情联系的破坏。但是，中国的儒家文化传统则把父子关系视为最基本的人类关系。为了维护封建家庭内部统治秩序，儿女的婚姻必须由父母做主，而儿女对父母的爱不但被规定为至高无上的最神圣的感情，而且这种感情主要以对父母的绝对服从表现出来。在这种情况下，男女两性的爱情就处在了与对父母的依恋感情尖锐对立的地位上。在西方，在儿女爱情的关系中，父母的意志最终要服从儿女的意志，父母并不认为儿女对自己有什么冒犯之处，因而儿女坚持对异性的爱情与保持对父母的爱情是可以并行不悖的。在中国，儿女或者坚持自己的爱情追求而反抗父母的权威、破坏掉与父母的自然人伦感情，或者服从父母的权威、保持与父母的自然人伦感情而放弃自己的爱情追求。这不仅是一个思想进步与否的问题，而是一个实际的感情较量的问题，是一个选择的两难处境问题。爱情自身也常常是不牢固的，爱情的易变较之父子母女感情的血缘亲情关系的相对稳定而言不能不说是一个先天的弱点。由此可见，在整个社会的文化观念没有根本的转变之前，冯沅君在小说中所描写的爱情悲剧就是一种最普遍的悲剧：为母爱而牺牲性爱。在这里，儒家的重父子母女的人伦关系而轻视乃至否定男女的两性关系在五四青年的深层文化心理中的潜在影响也是这类悲剧产生的根本原因之一。

20世纪30年代之后，冯沅君教授就停止了小说创作而专门从事学术研究。她在这方面的成就更大于她的小说创作，但我在她的研究领域是个门外汉，所以我在此只好略而不论。

原载《太原日报》1994年11月10日

老舍一死惊天下

——老舍印象

说句老实话，除了小学语文教我认了许多中国字外，学校语文课并没有教给我多少语言和文学的知识。我通过语文课知道的中国现代文学作家只有两位：一是老舍，二是臧克家。我学的初中课本上有老舍的散文《我热爱新北京》和臧克家的诗《有的人》，由此对这两个作家有了深刻的印象。“北京，刮风是香炉，下雨是墨盒子。”这句话是如此深刻地留在我的脑海里，致使四十余年以后的现在，还记得当时读到这两个比喻时的惊喜——在语言技巧面前人所可能感到的惊喜。不知为什么，此后我对老舍的作品并没有产生更大的兴趣。在初中，我只读过他的两个剧本：《龙须沟》和《西望长安》。《龙须沟》给我的印象很好，但《西望长安》却毫无印象。《骆驼祥子》记不清是什么时候读的了。一直到正式从事现代文学研究，我对老舍的了解也只有这么可怜的一点。后来，出于扩大中国现代文学知识的需要，我才读了他的《老张的哲学》《赵子曰》《二马》《小坡的生日》《离婚》《猫城记》《无名高地有了名》等作品。北京人艺演出的《茶馆》帮助我重新认识了老舍在中国现代戏剧史上的地位，我看过三遍他们的演出，可谓百看不厌。《四世同堂》可说是我看过的由中国现代小说改编的电视连续剧中最好的一部，但也因此而没有下决心去读这部长篇大著。时至今日，还有很多老舍的重要作品没有读，这对于一个现代文学研究者来说，不能不说是一个失职的行为。

老舍作为一个作家是早就被人所熟知的，但到知道了他的死讯，才给了中外学者一个大的惊讶。王以仁、朱湘的自杀，谁也不会感到奇怪，甚至像胡风、冯雪峰、丁玲、艾青、周扬这类人要是在自己命运不济之时自杀身死，也不会有人感到难以理解。而老舍，这样一个人缘极好、笑脸常开、几乎在全世界都找不到一个真正恨他的人的老舍，一个在50年代就被命名为人民艺术家的老舍，竟在“文化大革命”刚刚开始之际便自沉湖底，实在是令人百惑不解。

但是，说怪不怪，假若从事后诸葛亮的角度，我认为，老舍的自杀也是完全可以理解的。

老舍是个北京人，是个旗人的后裔，是个从下层贫苦人家出身的知识分子，并且有了广泛的世界知识。我认为，仅从这几个因素，就能够理解老舍当面临“文化大革命”莫名风暴的袭击时，其自杀是有其必然性的。

满族人入主中原，从现在看来是中华民族自身的矛盾，但在那时却是两家人的事情，是满族人用武力征服了汉族人，成了汉族人的统治者。这原本是汉族人的一个大耻辱，但这个耻辱终于被汉族人吞到了肚子里，并在后来改称了“我们的大清帝国”。在由抵制到接受再到以自己人相称的过程中，儒家文化有其独特的作用。儒家文化也是在周灭殷之后由殷人的后裔孔子创立的，他那时已经淡忘了是谁用什么方式取得了对自己国家的统治权，重视的是现实国家政权怎样治理的问题。满族入关、取得了对于中国的统治权之后，也面临着一个怎样治理的问题。在这时，聪明的汉族知识分子极力向满族统治者推荐儒家文化，这样既可以到满族政治统治机构中去做官，也能不违儒家“修身、齐家、治国、平天下”的人生原则，可谓不费力又讨好的事情；而聪明的满族统治者也终于接受了这些汉族知识者的建议，因为这是有利于他们政权稳固的英明举措。这就是我们现在引以为自豪的用中国文化同化了满族文化。在这种情况下，中国文化发生了一个非常有趣的变化：满族人成了中国儒家文化的最真诚的信奉者，而汉族人却往往对儒家文化采取一种阳奉阴违的态度。这种现象并不是难于理解的，中国的老百姓并不管你的什么文化，他们重视的是自己的吃饭穿衣问题，种地纳粮、生儿养女，只要过得下去，什么文化不文化，他们不想管也没有能力管。重视文化的是汉族的知识分子，而他们是知道点中国历史的，是亲自侍奉满族统治者的。他们之对不同于自己的满族人打躬作揖、执臣子之礼，并不完全出于自己的心愿，说到底只是没法子的事情。掘出他们的内心来，假若不是为了自身的发展，为了目前的利益，他们是不愿在满族人面前称臣的。在这里，有两种不同的心理起着关键性的作用：一是寄人篱下的委屈心理，一是由自我安慰而生的愚弄主子的心理：名义上为你，而实质上为我。这实际也把儒家文化放到了被愚弄的地位：名义上是遵奉儒家文化的，实质上只把它作为自己的一种谋生手段。与此相反，满族统治者倒对儒家文化要忠诚得多，因为在现实条件下，假若人人都遵从儒家伦理道德的限制，对自己的统治只有好处而没有坏处，即使对自己也有所限制，那也是为了自己政权的巩固，为了自己的长远利益和集体利益。至于他们对汉族人民反抗斗争的镇压，那也是因为这些“暴民”首先破坏了“君臣、父子”的伦理信条，与自己对儒家文化的忠诚没有矛盾，是为了维护儒家伦理道德所不得不做的。在这个过程中，满族人带着自己的“忠诚”读儒家之书，习汉家之礼，由“蛮”而“雅”。他们的认真，是大大超过了汉族人的。假若说满族文化仍是一种独立的文化，那是因为它是较之汉族更认真，也更纯粹的儒家文化。汉族人对自己的文化、对儒家的礼仪形式，往往是很随便的，是做给人看的，因为自古以来儒家文化只是中国文化中的一种。中国人为了自己各种不同的需要可以随时采取不同的文化价值标准，而满族人却像一个过于认真的学生一样，只学到了老师的一种主要本领，并把这种本领当成了唯一的一种本领。我们看到，满族人的客气，满族人的有礼貌，满族人的温文尔雅的态度，是大大超过普通的汉族人的，假若用儒家伦理道德的标准衡量，他们更有儒家之风。到了老舍的时代，满族的汉化已经完成，这种汉化就是儒家化，就是把儒家的礼教制度和家庭制度作为自己的行为规范和道德规范，一个满族儿童是在这样一种标准下受教育的。只要我们不仅从思想主张而主要从待人接物的方式思考老舍，我们就会发现，在中国现代作家中，老舍是少有的几个有儒家之风的人物。他的温和，他的谦恭，是其他人所不可比拟的。

儒家文化帮助了满族人但也毁灭了满族人。在开始，儒家文化对于巩固他们的政治统治起了关键性的作用，但在外国帝国主义的入侵面前，他们的软弱性就暴露出来了。满族人在入主中原以前是异常强悍好战的，有赖于这一点它才征服了汉族人民，成了整个中国的统治者。在那时软弱可欺的是汉族人，而汉族的软弱可欺不能不说与儒家文化的统治有着莫大的关系。秦、汉至唐，儒家文化都还没有定于一尊，汉族知识分子也不一定只以温文尔雅的儒风而名重于世。儒家文化在汉族知识分子中定于一尊是在宋代的事情。而从宋代开始汉族的政权就进入了软弱无力的时期，它的力量对付本国民众绰绰有余，对付外来侵略则屁事不顶。这里面的原因并不难于解释：礼，是处理内部关系的准则，对于不承认它的规范的外族人，它不具有约束力量。对外来侵略，必须以力对力。儒家文化只讲礼，只讲上行下效，只讲温文尔雅，把一些只会做八股文、试帖诗、讲经论道的知识分子乱堆成一个政治统治集团，对付外来侵略这一套就不中用了。满族人入关之后，雅了起来，但也弱了起来，外国帝国主义侵略到中国来了，它也像原来的大宋王朝面对蒙古人的入侵一样一筹莫展，软得像一摊泥，其政权也就难以自保了，终于在孙中山领导的民主革命中丧失了自己的政权。这个过程对满族人的心理所造成的影响是深刻的，从强悍有力的一个民族到在温文尔雅中丧失了政权，既有由蛮而雅的满足感，也有由强到弱的困惑感，特别是在五四新文化运动之后，像老舍这样的满族知识分子，就不能不思考自己民族由强到弱的原因。这个话不好说，但心里是清楚的：儒家文化软化了自己民族的筋骨。只是虽然明白，自身的性格却也难以改变了。老舍一生都感到自己的软弱，不满于这种软弱，但却无法摆脱自己的软弱。他在自己作品中最同情的是那些软弱无力的人物，但他又不满于这些人物。在中华民族近代的屈辱史上，满族人同汉族人也会有不同的感受。中国的儒家文化把统治者捧到了国的持有者的高度，同时也把国的全部责任放在这少数人的肩上。老百姓的国内无权，他们也不认为对亡国丧权负有什么不可推卸的责任，连汉族知识分子也往往理直气壮地讲鸦片战争以后的屈辱历史，甚至带着一种张扬夸大的倾向，其原因就在于他们在潜意识中就觉得这只是少数满族统治者的责任，并不是自己的耻辱。满族人则可能有不同的感受，他们没法摆脱自己民族对中华民族近代屈辱史的责任，但同时也会感到整个中华民族在外国侵略者面前的涣散无力。这使老舍对中国国民性的弱点有更强烈的感受，只要我们读一读他的《四世同堂》，我们就知道他是怎样看待整个中国近代的屈辱史。他不把其中的原因全放在少数统治者个人的责任上，而把少数统治者的表现也视为整个中国国民性的一个有机组成部分。与此同时，老舍作为满族知识分子，对中国国民性的表现又不同于汉族知识分子的鲁迅。老舍的心理更复杂，他在国之内，但又极易被汉族人排斥在国之外。他比汉族知识分子更难在自己的国家中找到自己确定的位置。他不能像鲁迅那样理直气壮地抨击中国的国民性。他总是把对中国国民性的失望包裹在自己温和的微笑里，包裹在近于不太认真的态度里，并且从不忘记给中国文化留下足够的虚荣心。如果说鲁迅因执其一端而使自己成了一个始终如一的思想家，而老舍则常常游移于两端，把自己内在思想的统一性放在了一个模糊混浊的外在表现形式中，你没法断定哪一部分是他的肺腑之言，哪一部分只是他的应酬之辞。他只敢与国人之敌为敌，但却不敢与国人中的个人为敌。在他的外在表现中，他是一个老好人，没有鲁迅那种对人说“否”的勇气，他把对别人的真实想法藏在了内心深处，但不是出于害人之心，只是为了维持良好的个人关系。在汉族人居绝大多数并且他们把中国视为自己的国的环境里，老舍的这种表达方式大概也是唯一有效的表达方式。

满族入关，满族人在名义上是统治者，但满族人与满族人也是不同的。越到后来，越有更多的人流落到社会的底层。如果说满族的贵族集团是在自己的根本利益有所保证的情况下讲礼仪，重人缘的，而满族的平民阶层则没有这种保证。他们落在广大汉族群众之中，成了既外于这个阶层又内于这个阶层的少数人。因为他们不是汉族广大平民群众中的一员而又与他们同处于社会的下层，需要与汉族群众搞好关系，所以他们对儒家所提倡的礼仪关系就愈加重视，因为这是他们与汉族群众相沟通的唯一形式。但不论他们多么真诚地遵奉儒家文化的礼仪原则，在汉族群众和他们自己的观念中二者仍是有区别的，是自己人与外人的关系，而不是自己人与自己人的关系。同样的命运使他们相互同情，人生的矛盾也使汉族人把在满族统治底下的卑屈感受发泄在他们身上，汉族人中的强暴者则能利用这种民族矛盾对他们进行巧取豪夺，他们较之同样的汉族人更无抗争能力。这在他们失去了全国政权的特殊庇护之后不更是如此？老舍就是这样一个从底层出身的满族人，并且生活在北京这样一个各阶层杂处的城市社会中。老舍的这种社会出身，使他的重人情、讲礼仪有与其他人不同的本质。老舍的重人情、讲礼仪是自卫性质的，他希望自由，不愿把人裹在重重礼仪的外表之中，但他不愿加害于人，更不愿别人加害自己。他是自抑的，宁愿委屈自己，也不愿伤害别人，因而他处处考虑对方的心理，以对方所乐意的方式对人。这种自抑性格使他把委屈留在自己的心里，永远有一种忍辱负重的感觉。没有这种性格，一个像老舍这样的穷苦人家的孩子，无法在中国的社会中生存，更无法得到周围人的同情和帮助。他与梁实秋的根本差别在于梁实秋从小无求于人，他的礼仪是自身高雅的标志，是做人的标准，所以他自己遵守之，也要求别人遵行它。梁实秋文质彬彬，但他不自我抑制。他的雅是贵族精神的雅，是他做人的根本。老舍的雅是自保形式，不是他做人的根本。他的做人的根本是为自身生存而做的各种努力，人情关系只是使别人不致妨碍这种追求的必要形式。在为生存所做的努力中，是没有雅俗之分的，所以他同情祥子（《骆驼祥子》）、同情为生存而卖身的妓女（《月牙儿》），他的真正的爱、真正的同情是赋予这些人的，并且对他们的尊敬远远超过他表面尊敬的高雅的知识分子。可以说，这些人就是他自己，他自己就是一个忍辱负重、为了自我的生存和发展默默奋斗、艰难挣扎的人。他知道，离开了这一切，他就是一无所有的，整个世界就是冷酷无情的。但也正因为如此，他很看重别人的恩情，因为别人对他的任何好意都是人情的表现，都是不必付出的。对无辜侵害他的人，他抱有本能的畏惧和本能的憎恶，因为他们能轻易毁灭像老舍这样一个穷苦孩子的一生。在中国现代文学史上，没有一个人，这么典型地体现了在中国社会一个孤苦无助的穷苦孩子的世界观和人生观。它的基本特征是：只求别人不无辜地损害自己，其他的一切只能依靠自己个人的痛苦挣扎和默默地追求。

北京是一个文化古都，但又是一个文化怪物。在中国的任何一个城市中，都不像北京这样把中国社会的几乎全部阶层集中在了一个相对狭小的空间。在这里有至尊的皇帝，也有最贫穷、最卑贱的乞丐。他们生活得如此之远却又如此之近，没有任何一个城市的人像北京的人这样敢于蔑视皇帝，不把皇帝想象得那么神秘、那么高贵，各种小道消息每天都从皇宫里面流到北京市的大街小巷，那是一个如何吃饭穿衣、如何发脾气打喷嚏、如何与女人睡觉的皇帝，一个与自己一样有着七情六欲的皇帝，各种揶揄皇帝和王公大臣的笑话就从北京市的各个黑暗的角落里蒸发出来，但你又不知道它们的作者是谁。这些笑话有些油滑，但油滑之中又有严肃得不能再严肃的内容，它把最严肃的油滑化，又把油滑的严肃化，成为一门独立的艺术和独立的审美形式。与此同时，又没有任何一个城市的人像北京市的人一样娴于礼节、善于应酬、态度谦恭、语言亲切。它的男人的话比女人的好听，男人的礼数比女人的周全，男人的态度比女人的温和，因为男人要进入各阶层杂处的社交界，一转脸就可能遇见一个能致你死命的官僚，一抬头就可能撞上一个有势力的流氓。他得练就一身随机应变的本领，才不至于两句话便栽到泥坑里去。他可以在心里骂娘，但在脸上必须有着谦恭得对方挑不出毛病的笑容。这两者是如此紧密地结合着，以致它构成了一种独立的个性。正因为他不把你当成比他更高贵的人，所以他必须满足你的爱面子的虚荣心，他以谦卑的形式表示自己的高贵，又以自己的高贵增加自己的谦卑。不到自己忍无可忍的程度，他这种谦卑态度是不会从脸上消失的。也就是说，北京市的一般市民，从语言到表情，都是艺术化的，并且有与别的城市迥不相同的独立艺术风格。这种艺术风格的总特点是：以最谦卑的形式表示对你的轻蔑。在北京，谁要把达官贵人真的当成高尚无私的人加以尊敬，谁就是一个“傻冒儿”；但谁若因为这内心的不尊敬而失了应有的礼节，从而招致杀身之祸，谁就是一个更大的“傻冒儿”；因为这是他不会为人处世的表现。北京人不崇拜达官贵人，不崇拜自己，也不崇拜失败的英雄。你得学会自己看人，不要把对方想得过好，知道人人都是差不多的人；但你也得学会待人接物，知道怎样才能免祸求福。老舍就在这样一个环境中出生。从他后来的作品中所描写的形形色色的人物，你就能知道他生活在一个多么复杂的人生环境中。在这个环境中，他和他的家庭都处在毫无权力可言的地位，他无法靠权力在这个世界上生存，一切权力都足以构成对他的生存的威胁。他是满族人，他的家庭是沦落为贫民的满族家庭，他早年丧父，只靠体弱多病的寡母维持一家的生计。老舍从小就被赤裸裸地扔在这样一个文化环境中，他的一切最严肃的追求都只能通过这个文化环境而实现。不了解这个环境、不能应付这个环境，他就寸步难行。我们看到，没有哪一个作家比老舍更熟悉北京的风俗、更懂得北京人的心理、更熟练地运用北京人的语言，他的一切不同于北京人的思想都必须纳入北京人的语言中加以表达，正像一个中国人要用中国的语言形式陈述像马克思这样一些外国人的思想一样。这套语言不是依自己感情的变化而变化的，而是依照别人听起来舒服而确定的。他揣摩多数读者的心理，自己的感情要收敛在自己的心里，通过这种语言形式曲折地表达出来。他不像鲁迅的语言。鲁迅的语言不是为了让读者读着舒服的，而是让你同他一起愤怒、一起痛苦、一起欢乐的。在北京人老舍说来，把自己的感情直接表达出来，就是失态的表现。这种失态就离开了他最熟练的语言形式，并且给自己带来永久性的困惑。《猫城记》可说是老舍一生中唯一一次在创作中的失态，这使我们看到他内心激荡着的感情，对中国国民性由衷的憎恶，但它在艺术上是不成功的。他骂人骂得极不自然，无法与鲁迅的讽刺作品并驾齐驱。鲁迅“骂人”骂得理直气壮，决不后悔，而老舍却为这一次的失态而惴惴终生。

老舍在一个乐善好施的人的帮助下才得以入学读书，师范学校毕业后就开始独立谋生。在这时他接受了基督教文化的影响，以“爱”的哲学为立身处世之本。但他的爱，仍是中国一个无权无势的小人物所希求的爱。底层的小人物需要社会的保护，对各种暴力怀有本能的恐惧，所以他们既害怕无端的强梁，也反对以暴易暴的报复性行为，希望每个人都以好心对人，以礼对人，维持人与人之间正常的和平相处的关系。可以说，老舍一生所遵循的就是这样一种爱的原则。这一生都不以坏心对人，不对人失去应有的礼貌，善良温和，但他却也很难与人在感情上融为一体。他太害怕伤害人的感情，因而不敢无顾忌地说话做事。没有鲁迅“敢说、敢笑、敢哭、敢怒、敢骂、敢打”的勇气，这反使几乎所有人都不把他当作“自己人”。在开始，他活动在英美派自由主义知识分子之间，人缘很好，但他与他们却有一个根本的不同，即他出身下层，没有学院派的高贵气质；但他也不是一个革命者，他对革命青年的激烈态度抱有本能的反感，他是主张依靠每个人的切实的努力而取得民族发展的。抗日战争爆发之后，他的社会观念发生了一个巨大的变化，但这个变化是在社会自身的变化带动下发生的，不是他的思想观念的自身有了什么根本的变动。在本民族内部，他是讲爱的，是反对以暴易暴的，是不主张革命的，但日本人侵略了中国，他的爱国主义使他不能不站在反侵略的立场上。在这时，他与英美派自由主义知识分子的差别变得显豁起来，因为即使在30年代，他也不是一个不关心社会民生的个人自由主义者。这使他与原来属于左翼的知识分子有了紧密的关系，在1938年成立的中华全国文艺界抗敌协会中担任了重要的领导职务。我认为，这一时期，是老舍一生中精神最舒畅的时期。他怕得罪人，但却不怕得罪中华民族的敌人。爱国的立场使他如鱼得水，在自己人当中他不会因爱国而获罪于人；对于侵略者和公开的汉奸，他不怕得罪他们。像老舍这样一个从下层穷苦人家出身的人，是不怕劳苦的，只要别人能够信任自己，多干点事儿对于他是无上的光荣。也就是说，这时的生活是艰苦的，但在精神上却是轻松的。1949年之后，他的外部处境好了起来，他是穷苦人出身，中国共产党对穷苦人的重视使他感激不尽，他几乎是1949年之后仍然保持着旺盛的创作力的唯一一个现代文学大家。茅盾、巴金、曹禺、沈从文都已没有当年的创作活力，郭沫若的活力不小，但没有好作品，而老舍的《茶馆》《龙须沟》仍不失为出类拔萃之作，且不违他向来的意愿。他的勤劳使他获得了“人民艺术家”的美誉和崇高的文坛地位，同时也把他同原来的英美派知识分子、政治上保持中立立场的知识分子、失了势的左翼知识分子在形式上对立起来，这是像老舍这样性格的知识分子所极不适应的。但是，他又没有勇气和能力公开救助他们，因为像他这样一个对中国国民性深有了解的人不会不知道，尽管他获得了崇高的评价，但他却不是给他荣誉的人的“自己人”。他从来不是一个革命者，并且在《猫城记》等作品中还公开发泄过对革命青年的不满和厌恶。他之受宠全在于他现在对现实政权的拥护态度和在文化界的带头作用，一旦失去这些，一旦处于被审查和被斗争的地位，他的命运不会比俞平伯、冯雪峰、丁玲、艾青这些人更好。在50年代的政治运动中，他顺应了一切，形式上的地位也红红火火，但我认为他的内心却从未有过真正的平静。对被迫害者，他有一种愧疚感，不论他在私下如何向他们表示好感，但他到底是立于他们的对立面的，而这并非出于他的本意；对于那些斗人的英雄，他是怀着内心的畏惧的，他知道一旦他也成为他们斗争的对象，他的命运就是非常悲惨的了。他是爱自己的国的，爱自己的人民的，甚至对现实社会也是真心热爱的，他珍惜这份和平，珍惜中华民族经历了一个多世纪的艰难曲折所获得的这份独立地位，对中国共产党在这个过程中起的作用也是心有所感的，但这一切在他沦为斗争对象时他都无法辩白。他将遭受世界上最严重的屈辱，而这种屈辱恰恰是他最难忍受的。鲁迅的脾气不好，但为仇为友，了了分明，即使被辱于人，他也无怨无悔，有人加害于他，但也会有人在其危难之时挺身而出，为他被杀被砍，在所不辞；但老舍却是在不得已中批过别人的，他没有为别人仗义执言的勇气，也不必期望别人冒死相救，甚至会有人幸灾乐祸。他对人的唯一的作用是通过他的作品实现的，这也支持着他的生命，使他感到自己的生存还是有意义的，他的无法明言的心情，人们总可以通过他的某些作品感受出来，而一旦他处于受压制的地位，连这个心灵的窗口也被堵死了，他的生存也就毫无意义了。我认为，他在政治上落进了这样一个精神漩涡，在日常的人伦关系上也难免不缠进这种人生关系的蚕茧之中去。他对任何人都很客气，但也与任何人都无同生共死之交。爱他的他不敢去爱，不爱他的他不敢不去爱，他的爱平均地撒在每一个人的身上。但这时他到底还可以以自己不能明言的爱心给人一点心灵的安慰，到他沦落到无法自救的时候，他对自己所爱之人的这点微不足道的安慰也没有了，他只成了别人的累赘。而他也知道，那时的每个人也不会因爱他而与多数为敌，在更多的情况下会怨他、恨他，因为他的存在影响了别人的幸福，毁灭了别人的生活。在这种情况下，一个人活下去还有什么意义呢？

“文化大革命”的“风暴”起来了，他的被斗争的地位已经无可逃脱。如果我们知道这个结果是他十几年来在内心一直担心着的结果，他之在刚刚看到这场风暴的眉目时便撒手而去，就不是不可理解的了。

老舍一生害过谁呢？但我们却害死了他，并且没有一个人感到对他的死负有不可推卸的责任。这是多么值得悲哀的事情呵！

1995年6月

原载《蝉声与牛声》，王富仁著，四川人民出版社1997年版

我们的好朋友巴金
——巴金印象

我曾经说过，假若要我在全部中国现代作家当中为自己选择一个指导自己学习写作的老师，我将选择叶圣陶和朱自清中间的一个。那么，假若让我在其中选择一个人做自己的朋友，我将选择谁呢？我的唯一的选择是巴金！我感到，假若我能有像巴金这样一个人做朋友，我这一生就不会感到孤独了。鲁迅是我终生所崇拜和热爱的，但他的思想太深刻，你按照正常的思路理解不了他的言行举动，相处起来就不那么轻松；郁达夫是个很可爱的人，但他像个小孩子，动不动就要要点小脾气儿，你得像个大人照顾小孩儿一样主动照顾他、疼爱他、劝说他、迁就他，他哭过闹过以后还会对你一样好，但哭起来、闹起来也够你麻烦的，作为一个朋友他不能算最好的；郭沫若很热情，但他又太主观，不会主动理解你、同情你，并且他太易变化，和他做朋友就像跟在一个比你走得快的人后面走路一样，很难跟得上点儿，而一旦跟不上点儿，这个朋友就做不成了；很能同情你和理解你的是老舍，但他又考虑太多，处处怕得罪你，反而使你觉得不痛快。他怕得罪你，也怕得罪别人，总是作为一个调停人处在你和别人中间，你永远无法感到他与你是没有距离的，因而也形成不了不分你我的知心关系；梁实秋太高雅，你在他面前总有一种自卑感，坐不知应该怎么坐，站不知应该怎么站，和他做朋友得像英国的绅士一样，这不符合我们中国人的朋友观。我们中国人在一般人面前不能暴露真感情，这就需要一个能够宣泄感情的小空间，朋友就起到这样一个作用。委屈了，能在朋友面前哭一场；高兴了，能在朋友面前吹吹牛。他不会嘲笑你，更不会拿你这点隐私败坏你的名声，因为他能从理解你和同情你的角度对待你，而不会仅仅作为旁观者用刻板的礼仪标准评判你，在必要的时候，他比别的人更能为你仗义执言，给你应有的帮助。也就是说，中国人在朋友之间要求一种较之与他人相处更多的“不分彼此”的感觉，英国绅士间那种永远明确的界限感在中国人之间构不成朋友关系，我们能够尊敬像梁实秋这样的学者，但很难与之成为莫逆之交。作为朋友，巴金较之他们都是最为合适的人选。他像以上所有人一样是一个有思想的人，但却又是一个胸无城府的人。因为有思想，他不会像李逵那样莽撞地对待你，经常给你添一些不必要的麻烦，使你把生命都耗费在一些没有意义的感情纠葛上；因为他没有城府，所以你能很快地进入他的心灵，体验他的感情，了解他的思想，与他构成一种更亲密的感情关系。

假若从文学的意义上思考我们与巴金的“朋友”关系，我们就会感到，巴金作品的意义实际是一种真诚的人道主义的意义。巴金的作品是以我们的一个真诚的朋友的身份与我们说话的。你在他的作品中感觉不到他对我们的戒心，他把自己的喜怒哀乐都毫无保留地暴露在我们的面前，正像一个朋友向我们毫无保留地倾诉他的思想和感情一样。他向我们要求的是一种人道主义的感情，他对自己笔下的人物所倾注的感情也是人道主义的感情。他同情每一个无辜者的悲剧命运，抨击每一个不人道的人，从而在人道主义的基础上与我们建立起广泛的感情联系。在他的作品中，不存在交流的梗阻，他的情感像通行无阻的江河流水，直接从他的心中流到我们的心中，其中没有转折和变化，这正像朋友间的感情倾诉，你哭我也哭，你笑我也笑，在情感上是共鸣的。你读了他的作品，像交了一个朋友，他满足的就是你的求友的愿望。我们宝贵巴金，就是宝贵他这点朋友间的情谊，这点人与人之间的真诚的人道主义感情。“五四”以后，人道主义成了一个时髦的名词，于是中国的知识分子竞相以人道主义标榜自己，但在实际上，真正的人道主义者并不多见，而巴金就是其中的一个。可以说，他是一个本能的人道主义者，一个青年人本色中的人道主义者。在他那里，人道主义不只是一种学说，一种主张，一种救国救民的策略，而是他个人的一种素质，一种看待人和对待人的态度。青年人注重人与人之间的感情，需要爱情和友谊，他们在这种非实利性的感情联系中才能感觉到人生的温暖，才能找到自己心灵的栖息地。他们是纯洁的，不怕暴露自己的真感情，同时又以自己的真诚寻求别人的真诚，与人在感情上打成一片。人道主义最基本的特征是从理解人、同情人的角度对待人，对待周围的社会，对待整个世界。这说起来十分容易，但做起来是非常困难的。在等级关系渗入到每一个社会毛孔的中国，真正的人道主义的成活率是很小的。在等级关系中，只滋生两种“主义”：强权主义和奴隶主义。人道主义到了中国，不是被这两种主义的联军所围剿，就是被这二者所分享，遂产生了强权主义的“人道主义”和奴隶主义的“人道主义”。强权主义者有时也讲“人道主义”，但他们的人道主义是有限制的：只要你服从我，我就会保护你，对你实行“人道主义”原则，否则，人道主义就不适用于你；奴隶主义者有时也讲人道主义，但他们的人道主义是单向的：我服从于你，你就必须爱我、保护我，为我提供我所需要的一切帮助，他们的人道主义仍然是强权主义和奴隶主义的另一种称谓。中国人向来重视交友之道，但只要这两种人仍在中国社会中占主要地位，真正的人道主义者就不易产生，真正的人道主义感情就不易保留。当青年人走入实际的现实人生，青年时期的人道主义就很容易从一个人的身上消失，有时是自觉的，有时是不自觉的。而在这两种人中间，是不可能有真正的友谊的。对前一类人你得事事顺从，不论他有理无理，你都得偏向于他。他也会保护你，但他只是像保护自己的一条狗一样保护你，一旦你不再是他的奴隶，他就会翻脸不认人，对你表现出超常的冷酷无情，并且把关系破裂的责任放在你的身上。对奴隶主义者你得处处吃亏，当他把你当成朋友，他就把整个身子都依靠在你的身上，他把对你的友好当作对你的赐予，当作对你的投靠，剩下的一切你都要满足他。只要你不把他当自己的奴隶使唤，他就会把你的全部精力榨干。他只考虑你是否满足了他的愿望，不考虑你有没有能力满足他的愿望，一旦有人能为他提供更优越的条件，他就会投靠别人，因为他们把友谊当成对你的卖身投靠。所以这类人最好投书告密、反戈一击将你置于死地，因为他投靠另一个主子的前提就是要背叛旧主子，并以此表示对新主子的忠心。在中国交友是很困难的，也是很危险的。像巴金这类的朋友并不容易找，这就是我们宝贵巴金及其作品的原因。

朋友是亲切的，但不是伟大的。亲切的不伟大，伟大的不亲切。这里是一个人的感受的问题。亲切的人是与自己在感情距离上最近的人，是最容易理解和感受的人，你并不觉得他有多么难以理解，所以你也不会觉得他有多么伟大；而伟大的人是不太容易被理解的人，人们永远能看到他的成果，但又觉得不知他为什么能创造出这样一个或一些成果。对于朋友，你的感觉是：在他那种情况下我也会那么做、那么说，并且也会做得那么好或那么不好；而对于伟大的人，你的感觉是：即使让我重新处于他的境遇中，我也很难保证做出他所做出的事情来。在过去，鲁迅、郭沫若、茅盾、巴金、老舍、曹禺被称为中国现代文学的六大家。我们看到，在这六大家中，从感情关系上，鲁迅和巴金是最好的。鲁迅公开声言巴金是自己的朋友，这对于向来不好和人套近乎的鲁迅并不容易，而巴金对于鲁迅的尊敬，在这五人中是最诚挚无伪的。但在现代文学研究中，似乎他们二者之间的差别又最大：研究最多的是鲁迅，研究最少的是巴金。与此同时，有很多人拥戴鲁迅，但也有很多人憎恶鲁迅，而对于巴金，赞美者不把他推到像鲁迅那么崇高的地位，但除了那些大批判的英雄，似乎也没有多少人否定巴金及其作品的价值。别人对此可能有各种各样的解释，但我却认为，其主要原因是巴金亲切，鲁迅伟大。我们对朋友，说不出多少要说的话，觉得他是不必解释的，不解释人们也会理解他、同情他。对鲁迅就不一样了，他和我们是不一样的，不分析、不解释，就会有很多人不能理解他、同情他。巴金和鲁迅都是人道主义者，但巴金的人道主义是一个真诚的人在本能中就具有的人道主义。巴金在污浊的人世始终保留了青年时期就有的对人、对人类的人道主义的爱心，这也是极不容易的。但他的人道主义仍停留在对外在社会现象的感受上，而没有深入到各种社会思想的内在本质之中去。他的作品抨击的多是非人道的行为，而鲁迅抨击的多是非人道的思想表现。前者易于理解，后者不易辨别。鲁迅的思想有前瞻性，巴金则往往在事发之后才意识到某个人或某些人的非人道的性质。但二者都能主持正义、仗义执言，又是相同或相通的。

巴金是我一生中作为作家读的第一个人。在小学，我也曾读过孙犁的《风云初记》、秦兆阳的《农村散记》、奥斯特洛夫斯基的《钢铁是怎样炼成的》和《大八义》《小八义》等武侠小说，但这些都是作为“书”来读的，而不是作为谁的书来读的。到了初中，记得一开始读的是李克、李微含的《地道战》，马烽、西戎的《吕梁英雄传》等有数的几本书，后来见一个同学读巴金的《春》，我就从他手里借了来读，但一读就入了迷。读了《春》，又读《秋》；读了《秋》，再读《家》，《激流三部曲》就这样倒着头读了下来。那时不但我有点巴金热，就是在我们班里，巴金的作品也是最受欢迎的。从那时开始，我才知道读作家的书，即不是为了读哪本书，而是通过读作家的书来了解一个作家。《激流三部曲》之后，我又接着读了他的《爱情三部曲》（《雾》《雨》《电》），读了人民文学出版社出版的《巴金短篇小说选集》。我最早买的他的两本书是《第四病室》和《憩园》，读完了这两本之后，兴趣就转移到鲁迅身上去了。对巴金的第二次关心，是在我上了高中之后的1958（？）年，那时《文学评论》上发表了几篇批判巴金的文章，我很为巴金感到不平，记得那时李希凡是为巴金说过一些好话的。到我正式从事现代文学研究，说句对巴老很不敬的话，我既没有想到要研究他及他的作品，也没有想到不研究他及他的作品，甚至除了在初中时读过的，也没有再读过他的其他作品。直至20世纪80年代中期，因为我很佩服的一个同龄文学评论家盛赞他的《随想录》（《真话集》），说它是鲁迅杂文之后的杂文创作的最高峰，我才买了来读。说实话，我对他这部书的评价没有那位评论家的高，我仍然主要感到的是他的真诚热情，他的人道主义精神。八十老翁的巴金仍像青年时期一般单纯爽直，鲁迅的老辣他是无论如何也学不到的。再之后，我就没有涉及他的作品。我是无异常的必要决不拜访名人的，所以我也未曾见过他。虽然如此，但检查我的内心，在全部中国现代作家中，我所真诚热爱着的，大概就是三个人，一是鲁迅，二是巴金，三是郁达夫。对鲁迅，我像热爱我的多难的民族一样热爱他；对巴金，我像热爱我的一个最真诚的朋友一样热爱他；对郁达夫，我像热爱我的一个软弱而又任性的小弟弟一样热爱他。

巴老今年已是九十一岁的老翁，明知中国的祝福语都不适合于他，但我似乎仍然只能用它们来表达对他的感情：

巴老，祝你健康长寿！

1995年6月

原载《蝉声与牛声》，王富仁著，四川人民出版社1997年版

中国知识分子的哭和笑

——林语堂印象

一个民族和一个人一样，有它的哭和笑，有它独特的情感表现。一个民族的文学艺术就是一个民族的哭和笑，一个民族的情感表现。

不同的人有不同的哭和笑，在同一种处境中，有的人会哭，有的人会笑，有的则不哭不笑。同样是笑，在相同的场合，不同的人也有不同的笑法，有苦笑，有奸笑，有皮笑肉不笑，有痛快淋漓的笑，有惨淡的笑，有冷漠的笑，有神秘的笑，有讽刺的笑，有温存的微笑，有热烈的大笑，有愤怒的狂笑，有痴笑，有媚笑，有酸溜溜的笑，有甜蜜蜜的笑，有抿嘴窃笑，有开怀畅笑，有回眸俏笑，有低眉强笑，有狞笑，有讪笑，有戏谑的笑，有挑逗的笑，有傲慢的笑，有谦卑的笑。哭也是这样，哭也有各种各样的哭，有号啕大哭，有呜咽，有抽泣，有涕泗交流，有无泪干号，有顿足捶胸的哭，有声泪俱下的哭，有撒娇装哭，有乐极生悲的哭，有凄切哀怨的哭，有悲悲切切的哭，有欲笑还哭，有英雄弹泪，有美人暗泣，有哭诉，有哀告，有一泄如注的哭，有断断续续的哭。这些不同的哭和不同的笑，组成了一个民族情感表现的协奏曲，使人感到这个民族还是活的，每个人对自己周围的世界还有敏锐的感受力，人们通过他们的哭声和笑声感受到他们的生命的存在及其不同的存在形式，假若你愿意，你就可以循由他们的哭声和笑声进入到他们的内心世界中去，并在那里与他们的灵魂相会。

但是，一个民族也和一个人一样，在一种状态下，会突然失去情感表现的能力。在这种场合下，人们不知道是应该哭，还是应该笑。哭，哭不痛快；笑，也笑不自然。

在中国，我经常遇到这样的情况：一个孩子刚刚想哭，大人突然一巴掌打了过去："别哭!"

在这时，这个孩子是应该哭呢，还是应该笑呢?

我至今也不知道。

一个民族的文学家、艺术家，不论作为文学家、艺术家他是多么伟大，后来的人给予了他多么崇高的地位，但在他那个时代，对于他那时的整个社会，他都更像一个孩子。他比其他人都更敏感，更好哭，更好笑，他没有足以保护自己的权力，有权力的是政治家，他的权力得靠政治家的保护，正像一个好哭好笑的小孩子的权力得靠大人的保护一样。他自己种不出粮食，织不出布，吃的喝的都得靠别人。但一个社会还是需要文学家和艺术家，这正像一个人需要哭和笑一样。哭，哭不出粮食，哭不出布；笑，笑不出机枪、大炮、原子弹。但还是得哭，还是得笑，不哭不笑，就把人憋死了，其余的东西再好也没有多大意义了。一个没有感情的人，正像一个没有感觉的罐子，不论里面盛的是银耳燕窝汤还是臭狗屎，对他都没有了任何意义。人是通过感情享受整个世界的。

但是，文学艺术又有另一个侧面，它还是一种社会职业，说得白一点，就是文学艺术家又是靠哭和笑吃饭的。平常人哭不出来可以不哭，笑不出来可以不笑，文学艺术家却不行，不哭不笑就当不成名人，吃不上文人的饭，做不成文学艺术家。他必须得哭，必须得笑。到了哭和笑都不自由的时候，文学艺术家可就作了难了。别的人去干别的营生去了，而他还得在这里哭或笑，想哭不能哭了，想笑不能笑了，就只能强装点笑脸或做作点苦相。只要他们不是助纣为虐、为虎作伥，原本是可以理解的，但人们要是这样笑惯了，哭惯了，可也给了强权者一种经验，使他们遇事便来个不管三七二十一，乱砍乱杀一通，反正你还得作文学，作艺术，天下太平，倒是那些越打越叫唤的人扰乱人的清听，搞得人无法安心。

鲁迅与林语堂的"幽默"之战，就是在这种情况之下展开的。

鲁迅和林语堂是老朋友、老同事，他们是从20世纪20年代一起走过来的“语丝”派同人。20世纪20年代的文学，尽管幼稚，尽管弱小，但那时的文学还是自由的。军阀忙于打仗，顾不得管文化界的事，待到新文学热闹起来，他们想管也管不了了。陈独秀、胡适、鲁迅、周作人、茅盾、郭沫若这些文学大家，尽管各有不同，尽管对手里拿枪的军阀也无计可施，但那些兵大爷对这些文人也没有什么办法，他们都程度不一地坚持着独立的文明批评和社会批评，并不自诩为超现实和超社会。他们讲人道主义，讲人与人之间的爱和同情，主张天赋人权，主张人与人之间的平等权利；他们讲个性主义，讲我是我自己的，谁也不能干涉我的自由，主张个性独立，坚持个人的自由意志；他们讲民主与科学，反对政治专制，反对奴隶主义。但是，1927年的全国性大屠杀却往这些知识分子的脸上抽了一记重重的耳光。政治家把枪往人群里一放：“你还要不要自由？要不要人道主义？要不要个性解放？要不要平等和民主？”这么一问，中国的知识分子就傻了眼了：他们原本以为这些东西可以使中国越变越好，现在反而弄得更糟了。正像一个孩子要糖吃是为了甜蜜一些，现在要糖就得挨巴掌，你还要不要呢？就这样，中国新文学进入了第二个十年。第二个十年的文学与第一个十年的文学的根本不同就在于，第二个十年的文学是在枪杆子射力圈之内的文学，而第一个十年它还没有完全落入这个射力圈之内。在这时，中国作家们可就没有了20世纪20年代那种选择的自由了。文化专制把当时的作家们（严肃的作家们）分成了截然不同的两派，用过去的话来说，就是左翼和右翼；用我的话来说，就是哭派和笑派。左翼就是哭派，他们挨了打，要哭，但社会不准他们哭，哭就得继续挨巴掌，哭得越厉害挨的巴掌越重。他们知道这一点，也知道自己的脸斗不过政治的枪，哭的时候还得注意不叫政治家捉住，这个哭可就哭得不那么真诚，不那么专一了，但不哭就表示了屈服，为了这口气，他们也要坚持哭下去。这哭，成了一种需要，一种姿态，他们的哭也就不像20世纪20年代郁达夫一类的小青年哭得那么痛快、那么真实、那么惹人怜爱了。他们的哭，有些像干号，正像一个小孩子，一边哭，一边还要偷觑着大人的脸色，看他想不想伸巴掌，随时准备在他伸巴掌之前撒腿跑掉一样，并不专心致志的哭，他的哭怎能哭得美、哭得艺术呢？我们现在觉得20世纪30年代的左翼文学少了一点诗味，少了一点艺术性，没有哭出诺贝尔文学奖来，就是这样一个原因。他们之关心社会也显得那么牵强，因为一个连自己的命运都无法把握的阶层，口头上却以关心社会的名义出现，那不是有点自不量力吗？但他们的哭也不是没有任何意义的，这正像好多走夜路的人，开始时彼此分散，每个人都害怕得要命，就哭起来，叫起来，而这一哭、一叫，才知道在自己旁边还有好多好多在夜里走路的人，其恐怖心就减小了，他们就在这哭声、叫声中联合起来，又在这联合中忘却了周围的恐怖。在这时，哭声和叫声又好像不是由于恐怖，倒更像是进军的战斗。就这样，20世纪30年代的左翼文学成了哭的文学——呐喊的文学——战斗的文学的混合体，分不清到底哪是哭、哪是叫、哪是战斗的号召了。

左翼文学是哭的文学，但它哭得不够自然，没有哭出更高的文学品味，于是就引来了另一些中国知识分子的不满，林语堂就是其中的一个。左翼老是讲社会问题，政治问题，严肃问题，讲得人们心里怪沉重的，那副哭丧着的脸叫人家看着就不开心。于是他觉着文学还是随便一点好，不要老是哭丧着脸，得笑一笑，幽默幽默。出于这种目的，他就大张旗鼓地提倡起幽默的文学来。从他自己来说，也不是没有任何道理的，人总不能活得那么沉重，总得在自己的生活中找到一点兴味，一点乐趣，只要你不是老记着不乐意的事情，与自己的生活拉开一点距离，不论在什么时代，这种乐趣还是俯拾皆是的。但他的问题出在不但要自己笑，还要广泛提倡这种笑，还要否定左翼的哭的文学，这就招来了鲁迅的批评。鲁迅向来是说话不那么客气的，又是老朋友，又是在“语丝”时期共同进行过自由的文化批评和社会批评的。鲁迅的意思非常明显，一个人笑笑是无妨的，幽默幽默也是无妨的，但要把这种幽默当作一个旗帜与左翼的哭的文学对立起来，问题就不这么简单了。左翼哭得再不好，但它却表示着对国民党政治专制和文化专制的反抗，表示着对1927年那场血腥屠杀的历史的记忆，而这种反抗和记忆本身就是一个民族的精神意志的表现。幽默是有一定对象的，它是一种谅解方式，一种容纳方式，我们可以原谅一个人的缺点和错误，但不能原谅别人的欺压和侮辱，不能原谅对人民的屠杀和压制。在这样的时代，不能只有幽默而没有讽刺和揭露。假若一个民族的人民，每一次遭到屠杀，都产生不了愤怒的呼声和决绝的抗争，而只产生一些笑话和幽默，死的人不能说话了，活着的人都愿意活得轻松一点，都赶紧到自己的生活琐事中，到书本中，找出一些令自己开心的笑话来，在哈哈一笑中把自己的痛苦冲淡、忘却，这个民族还有什么改善的希望呢？这会给统治者一个经验："人民，不杀不老实，越杀越高兴。"到下一次，它还要使用同样的手段。

就这样，两个老朋友，撕开了脸皮，围绕着幽默问题，展开了一场龙虎斗。

龙虎斗就是龙虎斗，它与鸡鸣狗盗之徒的相互撕咬的根本区别在于：二者都是严肃的，都建立在自己一定的思想立场之上，不是由私人的利害冲突引起的。虽然二者争得面红耳赤，但彼此并未视为寇仇，鲁迅批评林语堂的文章有的就是交给他本人在他所办的刊物上发表的。二人同是民权保障同盟的成员，林语堂在萧伯纳来华时做了大量的工作，鲁迅对之进行了赞扬。只是到了后来的"阶级斗争"论者的笔下，二人的关系才变了味，一个成了"无产阶级"，一个成了"资产阶级"，好像一个非得杀死另一个才能解心头之恨。中国的事情，又总是像翻烙饼一样，从这一面直接翻到那一面。曾几何时，那些把林语堂贬得一无是处的中国知识分子，又对林语堂大表起同情来，似乎连鲁迅对他的批评也成了要不得的事情。我倒觉得，即使就文学讲文学，中国文学也是有很多奇怪的现象的。在20世纪20年代，文学要自由得多，文学家是可以随便哭哭和笑笑的，但那时候谁都那么严肃，没有一点笑模样，比较起来，倒是鲁迅笑得更多些，他的小说和杂文都不那么沉闷，讽刺里夹着幽默，不乏文学的趣味性，林语堂也没有感到应当提倡一点幽默。到了20世纪30年代，社会的脸板了起来，很多文学家的脸反而松弛下来，破颜为笑了。要是一个人，你不感到他有点神经错乱吗？说到底，还是因为中国知识分子自己有点软弱，在平常的时候，不敢哭也不敢笑，一旦社会自由了一些，他的一肚子委屈都来了，哭哭啼啼，这也不如意，那也不如意，恨不得一天就走进世界大同里去；但到被社会狠狠地抽上两巴掌，不敢哭了，他才觉得自己是不必管社会的那些"闲事"的，并且自己也管不了，不如自己在自己的生活里找点小乐趣，在书本里寻点小情味，尽量享受现有的人生，这一来，他反倒高兴起来了。但这高兴是在意志受挫以后的高兴，一旦能哭了，他的委屈又来了，并且这时又是比勇敢的时候，谁的哭声高谁就最先进，谁骂得出奇，控诉得有力，谁就是最杰出的文学家，处境好些了，反而哭得痛切起来。顺利些了，他哭了。不顺利了，他笑了。你说怪不怪呢？

林语堂的作品，我过去读得很少，只读过他的几篇提倡幽默的文章。到了20世纪90年代，林语堂突然热了起来，并且热得有些邪乎，我才陆续把他的书买了来，也多多少少读了一些。我对他的作品的总体印象是：他提倡幽默，但在他的本性当中，并不怎么幽默，他的文章中的幽默是有意为之，是外在的，浮面的，有些牵强。要说幽默，他一不如梁实秋，二不如老舍，三不如钱钟书。梁实秋在本性中就比他多一点绅士风度，他笑得比林语堂更高雅；老舍以一个正直善良的穷苦人的身份对蛮横霸道、愚昧无知的社会上层人物进行嘲笑，因为那种无可奈何的苦涩感而使他的笑更接近幽默，他虽然在外在上承认权势者的地位，但在内心却对他们极端蔑视，居高临下，其幽默是有根的，比林语堂的更加自然；钱钟书的幽默是一个博学者的幽默，他对自己的学问有着真正的自信，因而他的幽默虽有掉书袋的倾向，但一旦轻松下来，就有幽默妙语。林语堂也有学问，也有道德，也有身份，但他不以这些为重，他重视的是自己的普通心，反对把自己看得过高，想得过重，岂不知他这种思想倾向本身就不太与幽默的要求合辙。幽默本身就是居高临下的，你不能把别人看得不如自己，你怎么能幽默得起来呢？所以，林语堂作品的真正价值，不是他的幽默，而是他的始终如一的社会批评和文明批评倾向，是他对中国文化和中国人的持之以恒的解剖。他在作品风格上，努力做得平淡自然，但他又是一个无法忘掉时世的人，所以他的平淡自然只是他的作品的外表，其内在特征是不平淡的。到了国外，他还忘不了宣传中国文化，还以中国为背景写小说，分明是无法沉入目前的平凡生活，做到心闲情淡的一个人。心不闲，文章怎么能平淡起来呢？

一个人提倡什么，并不意味着他就是什么，正像我们提倡了几十年的现实主义，并不意味着我们的作品就真的是现实主义的一样。

1995年12月

原载《蝉声与牛声》，王富仁著，四川人民出版社1997年版

中国的高尔基
——艾芜印象

在20世纪三四十年代，左翼作家常常称鲁迅是中国的高尔基，但那是从成就和影响方面说的，而在人生道路和创作特色上，我认为，在中国现代作家中最像高尔基的莫过于艾芜了。

高尔基初期的经历，凡是读过他的自传体小说《童年》《在人间》《我的大学》的人都有一个大致的了解，他是作为一个流浪汉而开始小说创作的，其题材和人物都和他的流浪生活有关。这样的小说有它的一系列独立的特征。譬如说，这样的小说的背景和人物是常常变换着的，并不固定在一个地域的一种生活样式上，并不固定在少数几个人物上，常常是背景一变，人物也变，一个人物和一个事件过去了，一般就不再在小说里出现了。这些人物，这些事件，都是依照一种偶然的机缘出现在作者面前和他的小说创作之中的。如果说列夫·托尔斯泰、鲁迅这样一些作家的小说里的人物读者都能感到他们在小说里出现的必然性，高尔基和艾芜早期小说里的人物读者可无法做这样的判断，他们的出现是因为他们恰巧与作者有了这样的遭逢遇合，事前是无法预言的。这样一些人物，这样一些事件，因为是在一种极其偶然的机缘遇合中形成的，所以它的形式和内容都有极大的不确定性。我们这些规规矩矩生活在现实庸常社会文化圈里的人，可能终其一生都是在一种固定的关系中与社会的另一类人相接触、相交往的。这样，我们对特定的人就有一些特定的看法，好像他们原来就是这个样子的。我们总是在违犯交通规则的时候遇上交通警察，交通警察也总是处在找我们的麻烦的地点上，他们在我们的感觉中也就有了一个固定不变的特征。似乎他们之间的差别都是极细微的，而这种共同性才是最主要的。这就有了“共性”与“个性”的说法。流浪小说就不同了。在一个人的流浪生活中，人与人的关系变得极少固定性，一个杀人不眨眼的恶魔可能成了你的救命恩人，一个连蚂蚁也踩不死的文弱书生可能把你置于生死攸关的危险境地。大家都在一个道德文化的黑箱里，别人对你没有一个明确的判断，你对别人也没有一个清楚的判断，你和别人的关系处在一个经常发生变动的过程中。我们这个社会的原则是“安全”，他们那个社会的原则是“活着”；我们这个社会里的人是植物性的，他们那个社会里的人是动物性的。在我们社会里，在每一个人与每一个人之间都驻扎着一个混成旅的联合国维和部队，我们之间只有遥远的“憎”的诟詈和谩骂，“爱”的期待和呼唤，而没有生命与生命的直接厮杀和心灵与心灵的水样的聚合。在我们这个社会里，怯懦和善良是被公开展示出来的，冷酷和自私是被小心地掩盖起来的，而在他们那个社会里，冷酷和自私是被公开炫耀着的，而温情和善良倒是被严密地封锁在内心的。但也正因为如此，我们感到他们的善良更真些，我们的善良更假些；他们的温情更是温情，我们的温情更像虚伪。他们那个社会更像一些鬼怪故事。有些可怕但却生意盎然，我们的社会更像一座监狱，十分安全但却死气沉沉。不难看出，正是因为如此，高尔基和艾芜的早期以流浪生活为题材的小说都在自己的范围内获得了成功，并且使他们进入了名作家的行列。

但是，高尔基是个真流浪汉，而艾芜却是一个假流浪汉。高尔基的流浪就是他的生命旅程的一个有机组成部分，而艾芜的流浪却只是他生命中的一个偶然遭遇；高尔基是作为一个流浪汉而与流浪汉、与各种各样的底层小人物相遇合、相交往的，仅仅因为他早年读了大量杰出的文学作品才使他能对这样一个生命旅程有着自己的超越性感受和理解，使他能把这样的生活和生活中的人物转换为审美的对象，而艾芜则是以一个白面书生的身份加入流浪者的队伍的，他并不把自己视为同其他流浪汉一样的人物，他是把这些流浪汉和底层社会的小人物作为一种文学题材来感受、来处理的。我认为，正是因为这样一个差别，使高尔基和艾芜的创作道路有了一些根本的不同：一、高尔基以流浪生活为题材的小说有着更内在的情绪化特征，俄罗斯作家常有的那种俄罗斯的忧郁同样弥漫在高尔基的流浪小说中。因为流浪就是他的生命，他在自己的流浪生活中既感受到整个俄罗斯的命运，也感受到自我生命的苍凉，二者是水乳交融地渗透在一起的，而艾芜的这些小说更把看到的一切当作外部世界的描写，更透露出一种局外人的同情和理解，有一种主客分离的特征。它新鲜活泼但却不深挚感人；二、高尔基的这些生活体验一直贯穿在他一生的创作中，他成了一个始终与其他俄罗斯作家不同的独立作家。他和自己的文学前辈列夫·托尔斯泰、契诃夫、柯洛连科都保持着良好的个人关系，但在思想道路和艺术创作中却与他们有着截然不同的特征，他是一个个性作家，而不是一个派别作家。这是与他早年的生活经历有直接关系的。直到后来，他与俄国无产阶级革命文学发生了多方面的联系，但熟悉他的创作的人都能感到，他并没有成为这个革命的宣传家，他始终以一个有独立追求的作家出现在苏联文学史上。艾芜就不同了。他的《南行记》以一种完全独立的姿态出现在中国现代文学史上，但倒成了一个著名的作家，他的这种独立性就不明显了。在此之后，他也写了一些成功的作品，但这些作品几乎与他早期的流浪生活没有本质上的联系。他成了一个派别性的作家。我最早读的艾芜的小说是他1949年以后写的《百炼成钢》，是在中学上学时读的。里面到底写了些什么，到现在我几乎全都忘光了。只记得写的是工厂的事情，似乎有一个当工会主席的人物有些可笑。从写作技巧上，它大概会比他早期的小说要好些，但大家都这样看，这样写，这类的作品一多，就混在了一起，分不清哪个作品里写了哪样一些人物、哪样一些事件了。其实，根本的问题还不在这里，而是他的整个思想被体制化了。我常想，他早期在《南行记》里写的人物，一旦被组织进《百炼成钢》这样的作品，那些人物还是那样的人物吗？

写《百炼成钢》的艾芜，已经与写《南行记》的艾芜不是一个人了！

不是吗？

1999年6月12日于北京师范大学中文系

《废都》漫议

一、关于“废都”

我是曾在西安生活过三四年的，它就是贾平凹《废都》中的西京，是一座“废都”。我这个山东人到了西安这样一座古都，开始感到样样新奇，但久而久之，便觉出了一种怪怪的说不清的味道。我总觉得，它有一些甜甜的发酵的气味，像喝着低度的葡萄酒，让你怪舒服，有些醉意，但又浑身懒洋洋的，没有多大的力气。至少我在西安的时候，它几乎没有一处能让你感到一种生气勃勃的美，到处是一片荒凉、颓败、残破的景象。这里不是说它没有现代的高楼大厦和交通工具，而是说一被组织进它的整体画面中，它们便带上了荒凉、残破的意味。到了西安，你首先就得进坟墓，昭陵、茂陵、始皇陵，都是古人的坟墓，连半坡遗址都有一片掘开的墓葬地。但是，你却又不能像对待别的坟墓一样对待它们，它们是一种伟大。这是我们的光荣的祖先建造的。他们建造了自己的光荣，也建造了自己的坟墓，使我们这些后代人在活着的时候便心悦诚服地一次次被埋葬，怀着崇仰的心情来瞻仰他们的死亡。大雁塔、小雁塔，你在李泽厚先生的《美的历程》中就能看到它们的照片，它们是美，并且至今不失其雄伟浑厚，但你又总觉得它们风尘仆仆的，站了一千来年，站得有些累了，而别的建筑物又好像无法帮助它们。直至现在，还让它们自己驮着四面八方来的游客，把它们的美的脊梁都快要压弯了。陕西省博物馆里的碑林，不就是集中起来的一片片坟墓吗？你走在那栉比鳞次的古碑中间，就像是走在一簇簇的死人中间，阴森森的，那石头又冷又硬，又厚又重，沉甸甸地压在你的心上。我的母校西北大学就在西安古城墙的附近，我常与我的同学们吃过晚饭后到古城墙下去散步。那时的古城墙，已被市民们掏了一个个黑洞，掏出的砖就在古城墙边盖了一座座民房。那砖可真好，又厚又大，大概在全世界都数得着，但用这些砖垒起的民房却一点也不宏伟，处处绽露着现代小市民的可怜的敝败。有一次我还违例爬到了古城墙的上面去，走了好长一段。上面很宽大，但我却像走在一堵即将坍塌的墙上，担心它随时会塌陷下去，把我也埋进它的废墟里面。……

古都就是这样一幅景象，它的居民也不能不受其影响。长期住在里面的人，大概已经不觉得，外面的人却极易感受得到他们身上的那股特别的气味。就说这次全国运动会，偌大的一个陕西省，偌大的一个西安市，论城市它并不比天津小多少，但在整个运动会上却只得了一块金牌，名次排在新疆、内蒙古、青海、贵州诸省之后。我一点也不想夸大其词，西安古都的人身上大都带着一种死亡的气息。我山东大学的大学同班同学，全班二十五人，时隔四分之一个世纪，全都活得好好的，而在西北大学读研究生时的十二名同学，毕业还不到十年，就已经有两个命丧黄泉，并且这两个都是毕业后留在西安的。一个与我同岁，一个比我还小四五岁。我在西北大学时，中文系的教职工不足百人，但没有几年，就死了三十人左右，几乎每年都有三四人，四五人告别这个人间。他们有老也有少，有的死得明明白白，有的则死得莫名其妙。我现在工作的北京师范大学中文系，是一个一百余人的大系，也没有死这么多的人。而我还知道，仅论物质的生活，北京是远不如西安的。死了的人当然有死亡的气息，就是活着的人，你也能明显地感到他们被死的意识缠绕着，好像有些失魂落魄的样子。我的一个好朋友，也是从外地去西安的，那时他是一气能喝八两白酒的极豪爽的汉子，但留在西安没几年，精神状态完全变了个样子。好像天天被死亡追逐着，他两次来我家做客，几乎自始至终说的都离不开一个死字。说得连我也觉得恐怖起来。

神秘主义，特别是中国的神秘主义，总是和死亡的意识分不开的。《废都》里的一个人物，大概就是以我的一个同学为模特儿的。他是一个很勤奋又很有才华的学者，是我们的忠厚的老大哥。他原来是研究古典文学的，现在则转治《周易》，并且学会了算卦。1989年我去西安，他给我算了三卦，说来也怪，他的三卦后来都应了验。但应验是应验，在人们自感精力充沛、生命力强劲的时候，还是想不到去占卜吉凶的。

西安古都和《废都》中的人都有些怪兮兮的，这使我不能不常常思考这个中的缘由。我想，不论历史的长短，凡是有着繁荣的过去也有繁荣的现在的文化环境，都使这个环境中的人充满青春的朝气，他们既不必怀恋过去也不必焦躁地期待着未来，而会自然地从事着自己现在所应从事的一切，争取着自己实际能实现的目标。他们对生命充满信心但又不会奢侈地耗费这生命；凡是没有光荣的过去而有着繁荣的现在的文化环境，其中的人大都有点暴发户的味道。他们往往会看不起衰败着的事物，而艳羡比自己好的、强的人们，但他们有奋斗的勇气和斗狠的志气，为了自己的发展往往不择手段但却绝不萎靡困顿；凡是一个既没有繁荣的过去也没有光荣的现在的文化环境，其中的人容易耽于梦想，但他们梦想未来而不梦想过去，历史一旦给他们裂开一个光明的隙缝，他们就会拼命钻过去，即使这条隙缝会夹碎他们的脑壳，他们也不会有什么犹疑彷徨。唯有这有着光荣的过去而现在衰败了下去的文化环境，对人的精神有着一种腐蚀的作用。他们对现实的一切感到不满，感到不如意，但他们却不必面对使自己不如意的现实本身。温习旧日的繁华就足以使他们的精神得到慰安。一块古砖，两块古砚，一部宋版书，几幅御批手摺，便给他们若干的温馨，几度的陶醉。整个文化环境也便赋予这以崇高的价值，使人们将全部的精力倾注在这崇高而又文明的事业中去。但这是精神的寄托却不是精神的追求，它给你暂时的安慰而不给你追求的喜悦。使你困扰的现实矛盾一个也未得到真正的解决而你却失去了解决它的精神活力。在这时，你的内在精神仍然是不平静的，你越来越感到一种精神的饥渴，但这种饥渴又与一种疲弱的精神结合在一起，它使你去到物质的享受里去满足内在精神的要求。但直到你把肚子喝得胀胀的，仍觉得饥渴难忍。在这时，整个文化环境中都湿漉漉的，冒着精神的潮气，挥发着死亡了的精神的霉味，一切都狂乱地活动着，但一切又都衰败下去。我认为，这就是“废都”精神氛围产生的根本原因。

假若如此，我便又感到不敢独独嘲笑西安古都的人们了。我们，我们这些中华民族的后裔们，不都生长在一个有着光荣的过去而后来衰败下去的古文明国中吗？我们会不会也像西安古都的人们一样，因久久生活在这样一个古文明国里而嗅不出自身的特殊气味了呢？而在别的民族的感受里，是不是也像我们感受中的西安古都的人们一样，也有一种精神死亡的气息呢？现在，报纸上又有了反腐败的号召。有人认为，腐败是由经济发展带来的，但我不同意这种看法。追求金钱是不一定腐败的。甚至在西方资本主义的发展过程中，产生的也是伏尔泰式的精神领袖，于连（司汤达《红与黑》中的人物）式的个人奋斗的典型，萨加尔（左拉《金钱》中的人物）式的狂热追求金钱权势的野心家，他们都是有清教徒倾向的人物。当时的腐败是与贵族阶级联系在一起的，而贵族阶级的特征则是精神的死亡。一提到“腐败”两个字，我便会联想到腐烂的棺材板子的味道，它不仅仅是追求金钱的结果，而是用金钱填补精神空虚时带来的社会现象。但在中国，腐败的好像又不是没落中的事物，倒是谁发展谁腐败，发展一段便腐败下去。旧叶的枯萎不可怕，刚生出的新芽接着腐烂下去才是最最可怕的，因为它关系着新的生机。在这蔓延着的腐败的现象里，是不是也有着“废都”的信息呢？

贾平凹大概不是多么深刻的一个思想家，但我却可以确定不移地说，他是一个会以心灵感受人生的人，他常常能够感受到人们尚感受不清或根本感受不到的东西。在前些年，我在小书摊上看到他的长篇小说《浮躁》，就曾使我心里一愣。在那时，我刚刚感到中国社会空气中似乎有一种不太对劲的东西，一种埋伏着悲剧的东西，而他却把一部几十万字的小说写成并出版了，小说的题名一下子便照亮了我内心的那点模模糊糊的感受。这一次，我也不敢太小觑了贾平凹。我觉得贾平凹似乎并非随随便便地为他的小说起了这么一个名字。似乎他是有意创造出这个意象来的。如若如此，我觉得这个意象是值得引起人们重视的。作为一个体现一种文化环境的精神特征的意象，似乎在中国的文学史上还没有完全与之重合的。《红楼梦》中的贾府，是埋伏着危机的繁荣，但它的繁荣却是真的繁荣，那里面的多数的贵族男女到底还不失其高雅庄重的外貌。那里的文明像一朵繁缛但确也明艳的花，只是柔弱无力，禁不住风吹雨打，洒洒秋风吹来，便被吹得花残叶落，萎落沟壑；《阿Q正传》中的未庄，是没有一点水分的精神沙漠，它的文明没有花、没有香，干枯得像是晒了多少个夏天的枯叶，但其中却也没有腐烂的死尸的气息。“废都”则不像它们。它的文明像一片阴森的沼泽地，上面浮着厚厚的发着霉味的树叶，下面是又温软又黏稠的泥浆。你一站到上面去，就感到一种优哉游哉的飘逸感，并且很舒适地往下沉落。你慢悠悠地、心旷神怡地沉下去，沉下去，不沉到你的胸口，你是不会感到窒闷的，但一旦你感到了窒闷，你也别想自拔了。在这时，你能做的至多还有一件事：为世人描述一下你自己的精神死亡，为这片沼泽地别上一枚胜利的勋章。

“废都”——是一个不容被忽视的文学意象。

二、庄之蝶与贾平凹与废都

《废都》使很多评论家对贾平凹感到失望，因为他以前的作品是颇得中国当代的评论家们赏识的。而现在，贾平凹堕落成了一个庸俗的作家。这太使我们的评论家们失望了。

但在这里，我得提出这样一个问题：你觉得在贾平凹过去的作品里说话的那个贾平凹更像真的贾平凹呢，还是在《废都》里说话的这个贾平凹更像真的贾平凹呢？如果在《废都》里说话的贾平凹才更像真的贾平凹，你过去对他的赏识是赏识的贾平凹这个人的本体呢，还是赏识的他那时穿着的文学的衣服呢？

人是需要穿衣服的，文学有时也得穿件衣服。贾平凹以前的作品是穿着衣服的，并且常常穿件时髦的新装。我曾评论过由他的《鸡窝洼人家》改编的电影《野山》。在当时我就曾经指出，他在禾禾的心灵上盖了一层幕布，把他的性格掩盖起来了。实际上，禾禾这个人物发展下去，其性格是不会像现在这么可爱的。谁都能够想到，在他最艰难的时候鸡窝洼的人们遗弃了他，人们歧视他，嘲弄他，看不起他，在他的心灵上留下了一道道的爪痕，你还能指望他成功以后感激你、亲近你、报答你的知遇之恩吗？在当初，他为了自己与自己的妻子秋绒而决心发财致富，后来他咽不下被人耻笑的那口气而不怕失败、一定搞出个名堂，但他一旦富了，成了鸡窝洼人家最体面的人物，你还能指望他创更大的业、改更大的革吗？在这时，他精神上的孤独，失败时留下的精神鞭痕，不会一下子使他觉得一切都是没有意思的吗？他富有了，有钱了，又怎样呢？他同时也被鸡窝洼的人家在精神上孤立了起来，人们不再把他当作自己的人了。他还有勇气再失掉一个桂兰，像当日失去秋绒一样地去开辟新的道路吗？但在那时，贾平凹得穿改革这件文学的衣裳，得把禾禾塑造成一个让人感佩的改革者，因而有意无意地掩盖起一些事实也是不必大惊小怪的，也是可以理解的。但现在，人人都成了改革者，谁也不会说发家致富是歪门邪道了，人人都想法挣大钱、发大财了，他穿这件文学的衣裳没有多大的必要了。事情好像走向了另外一端，现在不是人们不再想法去赚钱，而是不再想费禾禾那么大的力也能赚大钱、发大财。失去了阻力的金钱欲望离开了人的精神追求在设法独立地占有这个世界，而在它的面前连我们的心灵也有点承受不住了。在这时候，贾平凹已成了一个有名的作家，不再想穿着别人给定做的时髦的文学服装走路了。他脱下了这些衣裳，但也露出了他的并不丰润柔美的精神的裸体。我们的评论家开始感到有点恶心了。但岂不知，在他穿着衣服的时候，他的肉体也并不比现在的更丰润，也是这样的一幅丑陋的样子，甚至比现在更丑陋些，因为他至少还不像现在这样敢于直面自己，直面自己实际过着的生活本身，而一个还没有敢于直面自己的生活本身的人，又怎能把自己的眼睛射入世界的骨髓呢？总之，我认为，即使面对一个丑陋的贾平凹自己，也要比仅仅面对他为自己定做的文学的衣裳要好。服装是别人的，它也能套在别人的身上，而精神的躯体却仅仅属于贾平凹自己，别人学不来大概也不想学。

读者大概都知道，《废都》中的庄之蝶写的就是贾平凹自己。所以，我们得先说说贾平凹，说说贾平凹与“废都”的关系，才容易理解庄之蝶这个人物。

很多人把《废都》比做《金瓶梅》，那么，庄之蝶就是西门庆了。但文学是最不能比附的，失之毫厘，差之千里。庄之蝶不是西门庆。不是！

贾平凹，我只见过一次。那还是在十二年以前。在那时，他已是全国著名的青年作家，虽然成名刚刚两三年的工夫。在我刚来北京的时候，朋友们说我活像一个农村公社干部，而那时的贾平凹，在我眼里则像一个道地的农民。因为我们过去不认识，彼此也没有说几句话。以后也就没有再见过。

像贾平凹这类农村的娃子，对城市，对作家和科学家这类受人尊敬的职业，是怀有浪漫的幻想和美好的感情的。尽管他也像多数想当作家的青年一样只是为了谋求个人的前途，但他对作家的向往使他愿意成为他心目中的好的文学作家，像鲁迅，像曹雪芹，像他当时同样尊敬的孙犁、茹志鹃等已经成名的著名作家。他学习他们的技巧，勤奋地练习写作，也像流行的作品一样寻找着可以作成小说的题材。不论贾平凹自己生活在一个什么样的世界里以及他自己怎样与朋友相处，但至少在写作的时候，他便自觉不自觉地进入到一个美的世界里去。他想象着美的人、美的心灵、人与人之间的爱，彼此的同情，爱情的温暖，大自然的美，小鸟的自由，溪水的淙淙作响，朝露在野花的花瓣上熠耀着晶莹的光……他想象着一个美的世界，也便把这个世界视为现实的世界，因为它是浑然一体地存在在贾平凹的观念世界中的，任谁也不能剔除主观的想象而剥离出一个纯客观的世界来。他也写丑的事物，坏的人，不正当的行为和庸俗的势力，但所有这些都只是他的作品的点缀，是构造一个美的世界所不可或缺的檩梁椽柱，而在实际上，还未曾有任何一个坏人、一种丑恶的势力曾经把他也打翻在地，让他品尝一下凶残的实际滋味。在他这时的作品里，美的总能战胜丑的，善的总能战胜恶的，爱情总能战胜人与人之间的憎恨、嫉妒和猜忌，整个世界都充满朝气蓬勃的气息，充满爱情和美，正义是这个世界的唯一有力量的东西，邪恶虽然猖獗一时，但最终必将失败。在这个时候，贾平凹与整个世界是融为一体的，他写的这样的世界也就是整个社会都期待着他写出的世界。政治家觉得他给世界带来了光明与色彩，青年人在其中找到了理想和爱情，评论家在其中看到社会的进步和文学的发展，想当文学家的青年在其中看到技巧和才华，贾平凹也就这样走进了名作家的行列。

但是，一个对美充满真诚的向往、对正义充满信心的人是不会对丑不充满真诚的厌恶、对邪恶充满热烈的憎恨的。在满怀信心地向一个他理想中的作家跨进的途中，他也渐渐增加了对丑恶的理解和认识，社会上的不公正，人与人之间的矛盾和斗争，邪恶的胜利与丑的肆虐，在开始虽然只是社会的传闻，模模糊糊的影像，实际这些东西对一个走红的青年作家贾平凹来说是未曾构成过真正的威胁的，对此，他也没有多么亲身的体会、过细的体验，因而也写不生动，弄不具体。但他怀着热情，充满正义感，在营造他的美的世界的过程中他也要鞭挞丑的、讽刺恶的。但也就在这时，他开始与这个世界发生了分裂。“废都”里的人们是活在过去的梦想中的，是喜欢精神的抚慰的，它只要还没有能力制服这些邪恶，也就不愿让人提起它，更不愿让人把它说得过于强大。如果说一个战士不论敌人多么强大都希望知道它的实际情况，但对于一些胆小鬼你最好不要说敌人有多强大的力量，否则，他们就会四散奔逃了。充满生命意志的人爱荣誉，丧失了生命意志的人爱面子。荣誉是要自己用行动去争取的东西，像一个运动员要得世界冠军就得去锻炼，而面子则是珍惜别人对自己现在的评价，唯恐别人把自己说得太不好，被人家耻笑、嘲弄。“废都”的文学传统归结为一句话就是要照顾社会的面子，让人在心理上都乐于承受，从而也便心安理得，舒舒服服地过自己的日子。青年贾平凹不懂得这些，仅凭着一个当文学家的热情，就难免不与社会发生一些冲突。在我还在西安的时候，贾平凹就因这点幼稚受到过公开的批评，这是他与社会形成的第一道精神的裂缝。

我说贾平凹与社会产生了精神的裂缝，并不是说贾平凹要与社会为难。恰恰相反，一个成了作家的农村娃子，一个在重恩义、讲服从的中国思想传统中长大的青年作家，是很乐意体谅社会的苦衷并服从整个社会的意志的。贾平凹很快调整了自己的创作方向，沿着一条更加稳健的创作道路走了下来。但就在这时，他的自我却发生了一个别人和他自己都难以觉察的巨大的变化。他与社会的精神分裂加重了，他与文学的裂痕加大了，他与自我的人格分裂也加强了。

这是怎样发生的呢?

中国人讲服从，社会往往不管你是否乐意，只要你能服从我的意志就得到鼓励，而不管你出于什么动机，只要与己意不合，便要用强制的力量强迫你服从。岂不知这是摧毁一个人的生命意志的最残酷的方式，而摧毁了他的生命意志，表面看来，是使他与社会变为一体了，在实际上，却是强化了他与社会的疏离和精神上的对立。大凡一个青年作家，在开始成名的时候，想的是很天真的，他们觉得自己是社会的宠儿，时代的骄子，民族的光荣，乡亲们的好娃子，父母的好儿子。在这时，他热爱自己所处的社会，重视自己的时代，亲近自己的民族，怀念自己的故乡，衷爱自己的父母，在精神上他是与自己周围的世界融为一体的。在他们的观念里，向自己提出的尽是一些浑然一体的问题："人"应当怎样生活？怎样对待自己的民族和人民？怎样选择自己的人生道路和创作道路？似乎想通了这些问题，也就想通了他自己的问题，因为他自己就包括在这种"人应该怎样"的问题中。即使在他开始抨击社会中的丑恶现象、揭露社会的阴暗面的时候，他仍然是怀着对社会、民族、人民、故乡乃至世界、人类这些硕大无比的整体概念的热烈爱情的，不论他这时的社会批评何等幼稚，这都是他从想象中的纯美世界中走出来、更真切地感受人生、认识社会的第一步，是他作为一个作家走向真正成熟的第一步。当他顺利地跨过这一步，便开始在美与丑的交织中、在人性善和人性恶的双重关系中表现这个世界的一切，尽管世界的面貌并不像他初期作品所写得那样美好、那样纯洁了，但他对社会、对人类、对人民、对民族的热烈感情却保留了下来。谁又能说列夫·托尔斯泰、鲁迅这类作家不热爱自己的民族和人民，不关心人类和人类的前途呢？但一旦社会作为一种独立的意志迫使他放弃了自己的意愿和爱好，不论这时他是主动地还是被动地放弃了它们，他在意识中都会出现两个对立的概念：外部世界和自我。在这时外部世界已经不是自我的，不是由自我能改造和左右的，而是自己所必须服从的，不服从它的意志，自我就会被毁灭，因而自我在这个世界的使命便不仅仅是追求自己的理想、从事自己的事业、实现自己的追求，同时还要对付这个社会，在对付社会中保护自己的存在和自己事业的胜利。在这时，他想的已不是人应该怎样生活？应该怎样对待自己的民族和人民？应该怎样选择自己的人生道路？而是"我"应该怎样生活？应该怎样对待自己的民族和人民？应该怎样选择自己的人生道路和创作道路。这两种提问方式是不同的。在这时，“我应该怎样”已经不具有普遍的合理性，而成了我适应社会要求并在这种适应中求得自我利益（这个自我利益与社会的利益取着对立的态势）的手段和方式。就是在这种形式下，贾平凹的思想走向了成熟，他开始把自我从社会抽身出来感受并认识社会，对社会的感受加深了，对社会的认识深化了，他也就把这深化了的感受和认识尽量多地纳入社会所认可的语言形式和思想框架中表现出来，使他的作品走向成熟，也走向了更大的成功。在这时，政治家在他的作品里看到比其他部分作家更健康的创作方向，社会群众在他的作品里看出自己的思想和情绪，评论家从他的作品中发现了思想的沉稳老练和技巧的圆熟灵活，文学青年也更把他视为自己崇拜的偶像。他成了中国文坛的一名宿将，在中国文学像走马灯一样变换着各种潮流，很多作家倏忽而来转瞬即逝的时候，贾平凹却几乎受到整个社会的普遍器重。至少我所接触的很多文学评论家，是把中国当代文学的希望寄托在他的身上的。但在实际上，他这时却与自己的文学、与自己的作品，发生了严重的分裂。当他不得不思考社会的意志并且服从它的那一刹那，他已经不相信真、善、美、爱这些美好的东西在现实社会中一定会战胜假、恶、丑、憎恨、嫉妒、隔膜、冷酷这些不好的东西了。当然，他也曾尽量地把自己的感受和认识纳入自己固有的语言形式和思维模式中来，但不论怎样，这种语言形式和思维模式却并非依照他现在的感受和认识建立起来的。如果说一个读者和评论家往往忽略对一个作品做整体的感受而常常满足于具体人物和细节的分析的话，一个作家则不可能感受不到自己作品的整体所传达的人生感受。在这时，贾平凹已经明确意识到，他已经不等同于他的作品，他的作品是对外的，是为社会而写的，而他自己却被留给了自己，因为他的作品并不完全是依照自己的意愿写成的，他的迁就社会也并不完全出于自己的自觉自愿，而是不得已而为之。

贾平凹与他的文学分裂了，贾平凹自己也分裂了。有一个贾平凹跟着他的作品走进了社会，而有一个贾平凹则被抛弃在自己的躯壳内。走向社会的那个贾平凹获得了巨大的成功，他是荣耀的、光彩的，他受到人的恭维、赞扬、羡慕、崇拜，乃至嫉妒，他走进了国内外诸多读者的身边，走向了中国和世界的领奖台，但那个贾平凹却并不完全是自己这个贾平凹，人家却都以那个贾平凹来理解我这个真实的贾平凹。与那个荣耀的贾平凹相反，我这个贾平凹却是卑屈的、可怜的、委曲求全的，唯恐惹得周围的人不高兴，唯恐得罪了有权有势的人。他自然会想到，假若他真的把我这个真实的贾平凹暴露在人们的面前，他不但不会受到这个世界的恭维和崇拜，而且还会触怒这个世界，乃至成为这个世界的牺牲品。就这样，他开始理解了流传在中国人口头上的一句话："没真事！"不过在贾平凹的观念中的"没真事"，不只是指的零碎的、片段的生活现象，而是社会人生的本质。其中也包括他一向崇拜和向往的、认为无比神圣和纯洁的文学。

他看"透"了，看"破"了。所谓"透"，所谓"破"，就是：没真事！

就在这个时候，贾平凹变成了庄之蝶。真实的世界消失了，真实的自我也触摸不到了，一切都是真真假假、假假真真、亦真亦假、亦假亦真，失去了确定的标准。他成了庄子梦中的蝴蝶，不知是本真的还是虚幻的了。人们说贾平凹的《废都》是对《金瓶梅》的拙劣模仿，这完全是无稽之谈。贾平凹一开始就意识到庄之蝶不是西门庆。西门庆是入世的"英雄"，是这个世界的主人和占有者，他的淫滥是过剩精力的奢侈宣泄，而庄之蝶则是出世的，是这个世界的失败者，他的性追求是由于性委顿而要寻找新的刺激力量。西门庆像刹不住的一辆车，庄之蝶则像发动不起来的一辆车，二者都开动着，但情形却截然相反。

庄之蝶不是西门庆但也不是文学评论家心目中的传统道家。他不是老子也不是庄子，不是陶渊明也不是王维，同时也不是佛家和禅宗，不是玄奘和法显，不是赵州和尚和一指禅师，贾平凹熟悉这些东西但自己不是这些东西。他曾经沉迷于自己在想象中营造的一个美的世界，曾经相信用自己的力量可以改造这个世界，但现在已经被从这个世界中驱逐出来。他不再相信世界是美好的，社会是合理的，自己是有力的，这使他重新返回了自己所生活着的平凡的现实世界中来。不再执着于一个特定的社会目标。他要蜉游于世，随其波而逐其流但却不被其波与流吞没自己。如果说他有出世思想，也仅只在这样一个意义上说是合理的。但传统道家把出世当作一种完美的道德人格的选择，贾平凹则不是。他以自己的亲身体验知道，道家的出世思想是与颓废思想联系在一起的，是生命意志受挫的结果。我们常说的“颓废”，在古代就是阳痿，就是兴奋不起的性欲望。当然，贾平凹并不从词源学的意义上来使用它，但现代灵肉一致的学说使他把精神的颓靡与肉体的阳痿结合在了一起。庄之蝶患有阳痿症，同时也意味着他的精神意志受到过严重的挫伤。在这一点上，他是整个“废都”中的一员，也是这座“废都”的牺牲品。

用“废都”的语言来说，贾平凹以前的所有努力，都是一种走出“废都”的努力。当然，他的肉体一直是在“废都”中生活着的，他的现实的一切也在“废都”中营造起来，但他的文学追求，对想象世界的营造，原本都应是对“废都”的超越。但现在这种超越却成了一种更大的不自主、不自由的东西，成了对自我的更严重的异化，在贾平凹的观念中两者的位置便倒置了起来。也就是说，当艺术的世界成了一个更不自由的世界，现实的世界反而给人产生了一种更自由的感觉。但当贾平凹重新返回“废都”的现实生活中来的时候，他就真的能找到自我了吗？《废都》这部小说所告诉我们的就是：在这里他仍然无法找到真正的自我。在这个世界里，没有精神，没有文学，没有自己曾经大力宣扬和描绘的“美”，没有他所向往和追求的爱。在这里，没有精神，只有物质，连精神都是物质化的，连宗教也是粗俗的，人人都陷入一种莫名的困惑和惶恐之中，人人都在为自己眼前的实利奔忙着、劳碌着。在这里，没有爱情，只有性欲，爱情只不过是性欲穿着的一件美丽的衣裳，当性欲得到实现，爱情立即消失，像一片抓不住的浮云；在这里，没有正义，只有各种各样的人事关系，所谓正义只是实现个人实利追求的一种口实，一旦与自己的实际利益发生冲突，人们便会像扔掉一双破袜子一样非常自然地扔掉它；在这里，没有友谊和感情，有的只是各种各样的精神依赖关系，你躺在我的身上，我躺在你的身上，以获得一点茫漠的精神安慰，但谁也不准备为别人，为整个人类牺牲哪怕一丁点儿个人的利益；在这里，只有对往日荣华的记忆，对历史遗迹的欣赏，但却没有对未来的真正理想，任谁都在应付着目前的生活，追求着来到眼珠儿底下的东西；在这里，生活就是各种感官的满足，就是享受现有的一切，吃、喝、穿、摆阔气、拉关系、搞女人、玩男人，没有人想到要建造一种永恒的东西并在永恒的创造上获得精神上的满足；在这里，没有文学，只有文学家，这里文学家的观念不是创造美、创造新的精神价值的人，而是拿大稿费、出大名气、有社会地位、有一定权力、能和“上头”说上话的人。

总之，在这里的人们，好像一些被阉割了的人，精神是散乱的，情绪是茫漠的，生命力是疲软的，整个废都都笼罩在一种不可见的萎靡气氛中。这个世界才是唯一真实的世界，一切的真、善、美、爱都是像庄之蝶这类的文学家杜撰出来欺骗公众、安慰公众的；它像一个到处撒气儿的破车胎，是不可能鼓胀起来形成一种统一的意志和力量的，一切的希望都只不过是人们说在嘴上、写在纸上、互相欺骗的套话。庄之蝶以自己的方式返回这个世界，他只有在这样一个真实的世界里才能获得属于人的真实的东西，但他走进“废都”的生活之后，却依然到处抓摸不到一点实实在在的东西。他不是西门庆，他不想用强权占领和统治这个世界，但同时又想在这个世界里过一个普通的人的普通的生活，获得一个普通的人所能获得的一点自由，满足一个普通的人所能满足的一些物质的、官能的欲望。但他仍然无法真正地进入这个世界。他仍然无法把自己还原成一个人。他之被人们所尊重，不是因为他是一个人，而是因为他是一个名作家；他之能获得女人，不是因为他是一个活生生的个体，而是因为他是一个有能耐、有名气、有地位、被社会所崇拜的名人。到头来，他在这里依然找不到真正属于自己的东西。在小说的结尾，他再一次想逃离“废都”，但他没有走。

贾平凹与废都的关系是：

他生于废都、长于废都；

他曾依靠对废都的想象而在精神上超越了废都；

废都的现实毁灭了他对它的幻想；

他重新在精神上返回废都并企图在废都像一个普通人一样生活，获得自己应获得的东西；

但废都接纳的是另一个贾平凹，他已无法像原来一样进入废都。

他又一次想逃离废都，但已无可能。

为什么贾平凹最终也没有逃离废都呢？因为废都塑造了他，他的生活在那里，他的价值在那里，他的立身的根本也在那里。他已经不可能在别的地方获得自己的存在价值。

但是，写作《废都》时的贾平凹已经不完全等同于小说中的庄之蝶，至少我在《废都》中感到，贾平凹对自己的这种不可摆脱的、荒谬的存在方式有一种极度的懊恼，它表现了贾平凹几乎是以自杀般的勇气在毁灭过往的贾平凹的形象。他感到了被废都所塑造、所改铸了的那个贾平凹越来越蛮横地强奸着他的意志，把他真实的自己踏在自己的脚下，占有了他应该占有的一切，即使他自己因而失去一切，他也要毁灭掉在社会上代表他说话的那个贾平凹。

人们对《废都》中的贾平凹失望了。

贾平凹在这种失望中感到大欢喜。

他抓破了自己，也抓破了废都的面皮。

三、《废都》的结构、语言和性描写

《废都》最令人失望的是它的结构、语言和性描写。

人们说，《废都》没有结构。

是的，《废都》是没有结构，但我要反问一句："废都"的结构是怎样的呢？我认为，有一种生活本身就是没有结构的。它没有理想，没有意志，没有感情，没有爱，没有较为稳固的人与人的关系，没有相对固定的规则，没有完全安全的地盘，甚至没有一个词是固定的褒义词或贬义词。全社会都做着并且光明正大地做着的事很可能你一碰就得蹲监狱，人人都不敢做的事很可能你去做便会名利双收。在这样的生活中，你不会有任何的预见性，今天不知明天的事，一切都是随机性的，任何一个偶然因素的出现就改变了一切，一个人的存在或消失就意味着一切都会发生变化。这是一种没有结构的生活，没有条理的组织，时间改变着一切而一切又都好像永无变化。任何的结构加在这上面都会改变它应有的形状，正像碗里的稀粥像是碗，盆里的稀粥像个盆，但稀粥却既非碗，也非盆，它是没有固定形状的。"废都"的生活就是稀粥，你不如不把它盛在碗里和盆里，随意泼在地上倒更像它的本身。

但《废都》的这种没有结构也是一种结构，它让你在没有头绪的地方勉强理出一点头绪。就整体，它没有头绪，但到了每一个小小的细节中，你都能找到头绪。这里正像一个闹市，记者随意抓住一个人，问他为什么来这里，他都能说出一个明确的理由，一个具体的目的，但你问清了所有人的目的，弄清了所有具体的头绪，你还是理不清这个闹市的总的头绪。这就是“废都”的结构，也是《废都》的结构。

再说它的语言。

“五四”以后，在外国文学的影响下产生了一种较为固定的文学语言。这种文学语言大概有两种不同的形式。一种是浪漫主义的。它的语言很美，很有感情，任何事物用这种语言一表达，就变得美了起来，就有了某种细腻的感情色彩。连中学生作文也常常会用“蔚蓝的天空飘着几朵白云”，原本他的学生生活是异常枯燥乏味的，你读了他的作文也会觉得他很热爱生活，有一颗美的心灵，感情是很细腻的。另有一种语言，是现实主义的语言。它很精确细致。“门”不说是“门”，非要精确地描写一番这门的样子，什么木头的门框，贴着什么样的对联，上联是什么，下联是什么，横批又是什么。好像我们的作者是一个很细心的人，不论走到那里，都要仔细地端详一下周围的环境，记住所有的细节。但很可能这个作者是比我们更马马虎虎的一个人，这些描写都是在他写作时才临时设计出来的。现在更有一种现代主义的语言，讲象征，讲多义性，讲朦胧的美，事事物物都有一种暗示意义，好像我们的作者们一下子便有了西方作家的那种宗教意识，好像他们从小就默读着《圣经》，每个礼拜都听牧师宣讲教义。以上这些，都对中国人的思维方式的发展起了推动作用，也促进了中国文学的发展。但对于“废都”，这些语言似乎都有点不对味。贾平凹开始创作时使用的语言，浪漫主义味道是很重的，我的一个同学就常常对我重复这样一句话：贾平凹能把任何一块石头、一片树叶都写得很美。再后来，贾平凹的语言中增加了现实主义的成分，在美中显现着深刻与精细。但显而易见，贾平凹现在已经感到，他的语言实际美化了他的对象。他周围的生活并不像他在作品里的那样美，那样含情脉脉，也不像他写得那样实在具体，好像周围的人都极富有理性一样。他周围的人和生活都是市井性的，它不像现代化的文明的大都市，倒更像中国古代的市井和市井人物。他放弃了他原来用的语言，而改用了旧小说的语言。而旧小说的语言却恰恰是中国古代市井与市井之徒的语言。他认为只有这种语言才真能体现“废都”的精神。但我们应该看到，他使用这种语言又是有一种戏谑的性质的。他绝不会认为只有这种语言才是最好的文学语言，而是认为，对于这样的生活和这样的人物，却只能用这样的语言。

最受人非议的恐怕便是《废都》的性描写了。有人把它的性描写比作《金瓶梅》的性描写，并且认为它没有《金瓶梅》表现社会的深度，有人又把它与劳伦斯的《查泰莱夫人》的性描写进行比较，认为它的性描写并不具有《查泰莱夫人》性描写的精神内涵。但是，我感到纳罕的是，这些评论家却恰恰没有想到，我们应当首先把它与我国20世纪90年代在各大都市中发展着的一种性趋向进行比较。我国现在出现的性趋向与西方近现代社会的性解放、中国五四时期的婚姻革命、“文化大革命”结束直至20世纪80年代末的性趋势都有截然的分别，后三者都同时伴随着一种精神追求的目标，伴随着一种具有永恒价值的内涵。《查泰莱夫人》的性禁忌的被打破，释放的是她的生命活力和精神活力，是她的创造力量。我国20世纪90年代的性趋势的根本特点不在于此。但是，它又不完全等同于《金瓶梅》中的性混乱。《金瓶梅》中的性关系是性满足、金钱、权力三者的交换关系，任何一种性的关系都伴随着金钱或权力的支付。中国当前的性趋向则与之不完全相同，金钱、权力和性满足几乎是被平行追逐着的东西。这种趋向是怎样产生的呢？我认为，当一个人在精神追求中受了严重挫伤、当他在自己的精神追求中已经无法体验到精神的愉悦，一个人便会转而在物质的官能中寻求满足，以支持他疲弱了的精神并填补他精神上的空虚。而这种物质官能的满足，饮食住行仅仅具有极微弱的作用，而性官能的满足则具有更重要的地位。如果由此而思考《废都》的性描写，我们就会感到，尽管它与《查泰莱夫人》的性描写有不同的特点，但说它是对《金瓶梅》的拙劣模仿，则是有欠公平的。在庄之蝶失去了自己的精神追求目标之后，他到现实生活中要的不是更多的钱，更多的物质财富，而是更多的性官能的刺激。这种满足不是爱情的，而是官能的。没有性描写，几乎就无法写出“废都”也写不出庄之蝶。这座废都的生命几乎全在性官能的满足上了。庄之蝶现在的生活不也是靠着它才输送进一点血液吗？除此之外，什么还能煽动起生活的趣味呢？

受人嗤笑的还有它删去多少字的方框。但我却认为它真是一种神来之笔。只要你从一种文学意象的角度考虑，你就知道它们真是妙不可言。这些方框不是我们中国文化中独有的一种现象吗？不是在我们近些年的书籍中经常看到的一种东西吗？你不觉得它足以体现中国文化的一个方面的特性吗？中国文化是什么？中国文化就是删去了中国人最感兴趣、最想看到但又觉得不够雅观的东西之后留下的一些雅观的文字。但这雅观的东西在总体的精神上却又是与那些不雅观的东西相通的，二者是一个浑然的整体。

最后我想声明一点，即我不想给《废都》做出一个什么评价，我认为，一部作品的评价只有经过历史的考验才能比较恰切地做出来，现在慌慌忙忙的断定它有多么好或多么坏都是没有必要的。重要的在于理解。

原载《〈废都〉废谁》，肖夏林主编，学苑出版社1993年版

“立体交叉桥上的立体交叉桥”

——影片《人生》漫笔

“人生”，这是一个多么沉重的字眼呵！但是，要理解它，还必须理解另一个更沉重的字眼——“历史”。影片《人生》（根据同名小说改编）不仅仅是一部劝善惩恶的道德剧，也不仅仅是一部痴心女子负心汉的爱情悲剧，在这一切的道德纠葛、爱情藤萝之后，埋藏着的是更深厚的历史内容。小说作者、影片编剧路遥在思考高加林、巧珍的爱情悲剧之前，像一切严肃的现实主义作家一样，首先思索的是我们的时代和我们的历史，他是在我们时代历史的长河中舀取“人生”之水的。我们听听他是怎么说的吧！

> 我国当代社会如同北京新建的立体交叉桥，层层叠叠，复杂万端。而在农村和城市的“交叉地带”……可以说是立体交叉桥上的立体交叉桥……随着城市和农村本身的变化和发展，城市生活对农村生活的冲击，农村生活对城市生活的影响；农村生活城市化的追求倾向；现代生活方式和古老生活方式冲突；文明与落后，现代思想意识和传统道德观念的冲突等等，构成了当代生活的一个极其重要的方面。这一切矛盾在我们社会的政治、经济、文化、思想意识、精神道德方面都表现了出来，又是那么突出和复杂。

正是在他所谓的“立体交叉桥上的立体交叉桥”上，他提取了高加林这个典型环境中的典型人物。不论我们如何看待这个典型形象，但我们却绝不能否认正是在他的身上，聚集了当代中国农村的各种复杂矛盾。他是处于新旧交替期的当代中国农村的一个富有历史深度的典型形象。

20世纪50年代，黄土高原曾经推举出了自己的一个杰出代表梁生宝。他和路遥同志笔下的巧珍一样，整个的是由黄土高原的精灵之气汇聚而成的。他理解黄土高原，黄土高原也理解他，他的每一根神经都和这块土地有着完美的和谐。他有自己的追求，但他的追求就是千百父老乡亲的追求。他的追求还不能不是蛤蟆滩上多数农民最迫切的物质追求，他的几乎所有精神追求都是与这种物质追求节拍相应的。高加林则不同了。我们很容易仅仅看到他与梁生宝的道德差，但这是不对的。假若说20世纪50年代的黄土高原推举出来的只能是土生土长、没有更多的现代文化知识的梁生宝，难道现在不应当是（实际上已经是）高加林这类初、高中毕业的知识青年吗？所以就其典型意义而言，高加林与梁生宝有着同等的历史价值。而一旦梁生宝把自己的历史职责交给高加林一类知识青年，后者的矛盾的特殊性和复杂性也便出现了。高加林进了城，上了中学，在那里，他所接受的并不仅仅是与故乡的父老乡亲的现实愿望完全相应的东西。他接触并了解了更多的现代文明，这些不仅仅储藏在他的理性知识的仓库中，不仅仅是一些用之则行、舍之则藏的东西，更重要的是，它们已经深深地渗进了他的理想、他的感情、他的审美观念中了。他已经不像他的父亲高玉德那么能够忍气吞声，已经不像德顺爷那么乐天安命，也已经不像“大能人”高明楼那样追求着权势、“二能人”刘立本那样追求着金钱，他有着一个自己的理想和愿望。这种理想和愿望与农村的现实发生了一个更巨大的差额，农村现实的一切风尚和习俗都难以与他的审美要求完全合拍了。脏污的井水，人们习焉不察，他却本能地感到了厌恶；农民们不刷牙，觉得理所当然，而他对巧珍没有刷牙是多么敏感呀！我们不能把高加林的理想简单地向资产阶级思想影响一归了事，不论是在小说中还是在电影中，路遥都令人信服地描写了：高加林与农村现实的矛盾，不是围绕着高加林的好逸恶劳与农民群众的勤劳淳朴展开的，高加林自己也不乏农民的坚韧和耐苦，其中几乎所有矛盾都是在农村封建的、愚昧的、落后的现实因素与高加林理想的冲突中产生的。

很多文学评论者都指出高加林是一个孤独的个人奋斗者的典型形象，是一个资产阶级的个人主义者。我们不能不承认这些因素，高加林绝不是我们理想中的完人。但关键在于，他是怎样走向个人奋斗的道路的？作者路遥同志似乎并没有有意地回答这个问题，但他的具体描写却做了明确的说明。首先，不论在小说和影片中，他都没有具体描写高加林怎样受了资产阶级个人主义思想的影响，而在高加林进城之后，在他的新的工作岗位上，他也并没有表现出多少个人主义的东西。他对景若虹是虚心好学的学生；他对黄亚萍也没有多么倨傲自私的表现；而他冒雨到灾区采访，只能看作是英雄主义精神的表现，是不能以个人奋斗予以概括的；他对奋勇救灾的基层干部，又是多么由衷地敬佩呵！他的个人奋斗，他的个人主义，几乎全部表现在农村生活的一段日子里，表现在与巧珍的爱情经历中。

历史发展的不充分造成了它的代表人物道德发展的不充分。高加林的思想观念与农村古老的传统观念之间发生了深刻的矛盾，在这种矛盾中高加林暂时陷入了极端孤立的地位。假若说全村的人都把漂白粉当作洗衣粉而讪笑、而攻击高加林，假若说他和巧珍的公开恋爱受到了全村人的哄笑和歧视，那么他是从此退缩还是进行孤独的反抗呢？而一旦在这种环境中发展了他的个人主义的倾向，我们就再也难以要求他不会越过我们所划定的界限了。这清晰地向我们说明，愚昧和落后不但培育着愚昧和落后本身，而且也以另外的一种方式培养着它的反抗者身上的资产阶级个人主义的倾向。当然，这并非说高加林不可能成为一种更高类型的人物，但至少在他所处的环境条件下，更容易把他塑造成现在的高加林。而一旦高加林成了现在的一个高加林，巧珍的爱情悲剧便是注定的了。

假若仅仅把历史的每一次前进运动都理解为好的代替坏的、美的代替丑的、善的代替恶的，那么我们便没法理解人类历史。那样，历史便只需经过一次转折就可以了。一种新的不完美代替一种旧的不完美，正是历史发展的基本形式，这样历史才会不断发展，不断在曲折中以否定之否定的辩证规律前进，并且永无止境。旧的并非没有它的善美的成分，新的也并非没有任何不美的因素。巧珍就是我国农村古老的道德文化传统用自己最精华的部分、最灵秀的英气孕育成的一块璞玉，她的心是晶莹透亮的，她的灵魂是高尚无私的，但是，农村落后愚昧的一面也给她带来了她不可能没有的局限：她没有文化知识，没有高加林所需要的更开阔的现代眼光。当然，这是不能怪罪她的，但她父亲的愚昧和农村文化的落后却已经给她的发展带来了巨大的损失，当她倾慕着高加林而想补救自己的不足时，已经来不及了。但是，现代文明也以强力吸引着这颗美丽的心，她爱慕文化人，爱高加林那种不同凡俗的大丈夫精神。这样，在她与高加林的爱情关系中，一开始便是“不平等”的：她对高加林的吸引力远远不及高加林对她的吸引力，高加林几乎满足了她的全部爱情向往，但她却绝没有满足高加林的所有爱情向往。她是在高加林退而求其次的心情下被接受在爱情的怀抱中的。就这样，这场爱情从一开始便埋下了悲剧的种子。表面看来，这似乎是一场爱情的悲剧，但它却植根在路遥所说的“现代生活方式和古老生活方式冲突；文明与落后，现代思想意识和传统道德观念的冲突”的社会历史发展的土壤中。路遥在历史的变动中把握着人生的变动、爱情的变动和道德伦理的变动，他找到了一个在全部复杂性中展示人物性格、人物命运的根本关节。这给他的作品带来了历史的深度和思想的厚度。

但是，在这样一个惊心动魄的历史变动面前，在巧珍那摧肝裂胆的人生悲剧面前，路遥的心颤了，手抖了，他把那已经紧紧抓住的社会历史变动的主线渐渐地松开了，悄悄地向纯爱情、纯道德的领域移动自己的脚步。路遥的这种动摇，我们是完全可以理解的。凡是深深爱着巧珍的人，哪一个又不想狠狠惩罚一下她的冤主呢？从这个角度看来，高加林不正是一个应当塞进包拯的虎头铡的人吗？但是，恰恰由于路遥没有这样看，才使他的作品获得了深厚的思想内容，而当他不自觉地向这个方向移动脚步的时候，他笔下的人物也相应地显得单薄起来，以致他的作品也向浅显处发展了。思想的不足带来了艺术上的败笔，破坏了它理应达到的思想和艺术的完整性。

路遥似乎始终未曾明确意识到，高加林性格的复杂性绝不在于他是一个理想追求者和一个普通意义上的负心汉的复合体，而恰恰在于他根本不是一个普通的负心汉。高加林身上没有，也不应有花花公子的轻浮气，没有，也不应有追求金钱、禄位、物质享受的粗俗气，否则他便不可能那么强有力的吸引住巧珍和黄亚萍的心，就会像张克南一样被黄亚萍所抛弃。在生活上，他是一个理想的追求者，他的理想是精神的，物质的因素是附着在精神因素上起作用的；在爱情上，他也应当是一个理想女性的追求者。任何脱离开这个基本性格把握的因素都会破坏高加林性格的整一性和复杂性，都会削弱作品的社会主题而向单一道德主题发展。

小说上篇和影片的上集相对而言是比较完美的，而尤以影片为最精彩。它在小说创作的基础上充分发挥了电影艺术的特长，把生活的氛围渲染得格外浓郁，把日常生活矛盾的内在紧张性表现得格外充分。但即使在小说上篇和电影的上集中，后来所突出表现出来的不足也已经初露端倪。在巧珍和高加林的爱情描写里，作者没有注意表现二人在思想情趣上的差异，而像后来巧珍所津津乐道却不为高加林所喜好甚或厌烦的事情，在上篇（或上集）里也会出现的。这样，作者便没有给后来的爱情巨变造成足够的推动力。作者主要把悬念建立在高加林是否离开农村这一点上，其实这是极不充分的。假若说高加林对巧珍的爱情达到了足够的热度，他是否离开农村都是无关紧要的，女方在农村而男方在城市或男方把女方带往城市的情况不是屡见不鲜的吗？所以我们必须从高加林心目中的理想女性与巧珍之间的差别中寻找巧珍爱情悲剧的必然性，在这一点上，作品一开始便表现得不充分。一旦直接处理后来的爱情波折，作者对原有基本主题的动摇便愈益明显了。

假若我们严格地从“现代思想意识和传统道德观念的冲突”的意义上来看待黄亚萍与巧珍的爱情争夺战，不难发现，这实质是现代城市女性与传统农村女性的爱情争夺战。高加林在二人之间的徘徊和抉择，实际是高加林在现代城市女性与传统农村女性之间的徘徊和抉择。可以说，在这种爱情的争斗中，具体到高加林这个特定的人物身上，巧珍的失败是必然的。这里几乎不需要任何其他的外部因素，仅仅在“爱情”

的范围内便可决定胜负。高加林原来便是在屈就的心情下，在自己的逆境中接受了巧珍的爱情的。后来，他也爱上了巧珍，但这种爱是极不牢固的，现在他已从逆境中爬了出来，屈就之绳松懈了，对巧珍的不满感便会逐渐增长。黄亚萍的美点恰恰是高加林这时所向往的，巧珍的美点却对高加林变得不那么需要了。难道黄亚萍之能够征服高加林还不是必然的吗？但是，即将酝酿成的巧珍爱情悲剧的惨痛性震撼了影片创作者的心，他们不再忍心仅仅从高加林爱情的自然转移中看待这个悲剧了，他们觉得无法在这种自然转移中追究高加林的个人道德责任，所以认为有必要留出一块空地，好把高加林负心汉的成分加入进去。这样，《人生》的社会主题离一为二了，道德的主题逐渐去取代社会的主题，个人的原因上升到了历史的原因之上。这几乎表现在影片《人生》后半部分的所有艺术处理中。

首先，说丑化了黄亚萍，话可能过重了；但不能否认影片在对她性格基调把握上的不准确。或许作者对现代城市女性不如对农村传统女性更为熟悉，或许作者还多多少少保留着“城市女性必然轻浮”的陈旧观念，但最终原因则在于作者不愿让人们觉得她与巧珍是同样可爱的。对黄亚萍缺点的描写，并不带有巧珍缺点的那种必然性，很明显地具有外加的痕迹。也就是说，在农村传统女性与现代城市女性的这次对抗赛中，作者在前者中挑选了一个最有力的运动员，却在后者中挑选了一个二流的角色。创作者的偏袒之情是明显的。

第二，由于影片相应降低了爱情自身的因素，纯外部的原因便显得更为突出了。黄亚萍带高加林到大城市可以是推动高加林最终下决心的外部因素，但这要发生在高加林爱情转移之后，而不是之中或之前。任何对这种外部因素的加强，都会把高加林推到普通的负心汉的地步。

第三，没有充分表现高加林对巧珍感情的变化过程。他是在还更爱巧珍的情况下抛掉巧珍的。

这样的艺术处理将导致什么结果呢？它不但损害了黄亚萍与高加林形象的完整性，事实上也降低了整部作品的深度与高格调。

当德顺老汉开始现身说法时，作者的这一思想局限就表现得非常明显。德顺老汉说他一生孤身一人，没有妻子儿女，但过得也很幸福。他在每一件有益于社会的劳动中都感到幸福。高加林被感动了。作者写道：“傲气的中学生虽然研究过国际问题，读过许多本书，知道霍梅尼和巴尼萨德尔，知道里根的中子弹政策，但他没有想到这个满身补丁的老光棍农民，在他对生活失望的时候，给他讲了这么深奥的人生课题。”原来如此！高加林那些什么知识，什么文化，一文不值，只给他增长了傲气。德顺老汉一生老光棍一条，尚且没有什么痛苦；水井里有些浮萍乱草，你恋爱时全村哄笑，值得什么大惊小怪呢？回去吧！回到农村，找一个巧珍一般的姑娘，不要再对她感到不满足，结了婚，像德顺老汉一样，从任何一件哪怕最原始的劳动中看到幸福，感到满足，乐天知命，做一个像前辈农民一样的勤劳农民吧！

不！这不是路遥原来想要说的话！

巧珍悲剧的根源何在呢？她确实是一块金子，几千年来，她的精神就在中华民族中闪闪发光，但在现代的中国，她的分量显得有些不足了，农村愚昧落后的一面限制了她的充分发展，她的只知追求金钱的老子没有给她提供应有的教育，使她在与黄亚萍的爱情争夺中没有更大的力量拴住高加林的心。她的痛苦，不也是广大农民的痛苦吗？世世代代，我们勤劳的农民支撑着中华民族，但在现代科学文化得到了大力发展的现代中国，农村显得落后了。它像巧珍一样向往着文化，向往着进步，但由于历史的原因，它还没有从根本上改变自己的落后面貌，还没有足够的力量拴住更多的知识分子的心。

在这个基础上我们再反观高加林，我们就会看到，他的内在本质并非一个负心汉。他会爱黄亚萍甚于巧珍，会向往现代城市甚于向往未脱中世纪遗迹的农村，这是必然的。但关键在于，在我国现代化程度还不高的情况下，在现代城市与中古式农村并存的情况下，在巧珍和黄亚萍两类女性共有的情况下，一个知识青年应当如何在需要与可能、理想与现实、自我与群众、个人幸福与他人幸福的结合中确定自己的人生道路，他是仅仅去享受现代文明，还是去建设现代文明？他是仅仅去占有黄亚萍，还是努力去把巧珍提高到黄亚萍的水平上来？一句话，他是仅仅想享有现代城市生活，还是试图把农村建设成现代化的农村？巧珍不是也努力向高加林所理想的女性的方向努力吗？为什么高加林不可以帮助她努力发展自己呢？在这个过程中，高加林会感到一些痛苦，会遇到一些思想情趣上不同的隔膜，但为了巧珍这样的女性不是也值得吗？在二人的共同奋斗中不是也会获取前进过程中的幸福吗？同样，农村是艰苦的，高加林在农村还会遇到以前所遇到的众多困难，他依然不能像德顺老汉那样乐天知命，他会尝受很多理想与现实的矛盾之苦，但农村不是也在发展吗？为它的现代化事业不应当付出一些牺牲吗？在这里，我们不应当责备他爱黄亚萍，但也希望他更多地考虑到对巧珍的遗弃会给她带来致命的打击；我们也不应当责备他更向往城市，但也希望他更多地考虑到农村的建设。我们的时代，我们的社会，我们的历史，都还没有得到充分的发展，三大差别还没有消失，我们还不能不向高加林提出这样的道德要求。它或许还有不尽合理的成分，但在路遥所说的“立体交叉桥的立体交叉桥”上，我们还只能如此，也必须如此。

原载《文艺报》1984年第11期

说《风波》

像微风掠过水面，皱起一丝波纹，无声而来，无声而去，在人生的海洋里，悄无声息地消失了。

但鲁迅发现了这丝波纹，记下了这丝波纹。

其中是什么东西引起了鲁迅的警觉呢？在过去，我们认为是张勋复辟这个历史的大事变，但这场事变的飓风吹到七斤一家吃饭的临河土场上，已成强弩之末，势难穿鲁缟，鲁迅何不正面描绘它在震源的爆裂，而要到穷乡僻壤来寻它的微末的残迹呢？

首先，我们需要探测一下这场"风波"发生的真正源头。

实际上，七斤一家吃饭的临河土场上发生的这场"风波"，其源不在新起的张勋复辟，而是较之长远得多，可谓"源远流长"。两年前，七斤喝醉了酒，便骂过赵七爷是贱胎，从此种下了仇恨的种子，张勋复辟消息的传来，不过是一个外因推动力罢了。

鲁迅特意交代七斤喝醉酒而骂赵七爷是贱胎，也颇有点讲究。由此可以看出，七斤与赵七爷之间的嫌隙，已非一日之寒。但在"礼义之邦"的中国，一切都要讲究礼义，人与人之间的真实感情被各种礼仪形式包裹着，不得正常的表露，否则，便会被人们视为不懂礼法人情，不但会开罪于对方，而且会遭到周围人的非议。可是，人的感情是真实存在的，压抑只会令其强，不会令其弱，储积愈久，其发也速，一旦失去意识的强力控制，便会流泻出来。醉酒骂人，便是平时不得发泄的怨恨在失去意识控制时的自然流泻。

赵七爷的情况怎样呢？不难看出，若以封建伦理道德视之，他是一个相当有“涵养”的人物。七斤骂过他之后，两年间他不动声色，不事报复，可谓知礼者矣。但这却不说明他忘了这件事，不说明他不计私仇，不谋报复，而只是忍着对七斤的憎恨。他要寻找一个机会，使他能在不失礼仪、不露痕迹的情况下，便能实现对七斤的恶毒报复，为此，他把怨恨储集在胸中，把私仇隐忍在内心，让它发着酵，蕴着力，变得愈加阴狠歹毒。机会终于到来了，张勋复辟的消息传来，七斤又恰恰是被剪了辫子的，这为他提供了一个不失礼义、借刀杀人的良机。于是他三年以来第二次穿上了竹布长衫，悠悠然地踱到七斤一家吃饭的临河土场上。一场“风波”就此而起。

过去，我们一向把赵七爷当作张勋政治复辟势力的典型人物，这未免太恭维了他。他何曾真的关心政治、关心国家政局、关心张勋复辟的成败呢？他是一个连为自己阶级的反动政治而焦虑的“觉悟”也不曾有过的毫无节操、毫无信仰的人物。他关心的只是一句话的嫌隙，只是自己的一点“面子”和尊严，只是自己狭隘的蝇头微利。假若他真的出于政治的考虑，便不会问罪于七斤，因为他明明知道，七斤之被剪掉辫子，完全出于迫不得已，这毫不说明他的政治倾向和政治立场，并且连赵七爷自己，不也在辛亥革命后便盘起了辫子，没有真正忠于“大清王朝”吗？在他，张勋复辟只是一个可资利用于施行对七斤的报复的机会，岂有他哉！

赵七爷怀着恶毒的报复之心，来到七斤一家吃饭的临河土场上，但我们必须注意到，他始终未曾对七斤做出“失礼”的举动。他一路上彬彬有礼地点头，说着“请请”；见了七斤们，也满脸笑容，微笑着说“请请”。他像关心着七斤的命运一样，给他们传报了“皇帝坐龙庭”的消息，可说是微笑着向七斤一家的心口上捅了一刀子，“蔼然可亲地”在他们的饭桌上放下了一颗烈性炸弹。即使后来的“声色忽然严厉起来”，也似乎不出于自己的怨恨，而出于对七斤的关心。

赵七爷在临河土场上放了一把火，这火便迅速蔓延开来，但却并非在赵七爷与七斤的对立关系中，而在七斤与七斤嫂、七斤嫂与八一嫂之间。

这火势是怎样蔓延开来的呢?

赵七爷的恶毒报复之心，七斤嫂与七斤都是“心神领会”的，但以封建的传统礼义，他们却也抓不住赵七爷的把柄，可谓“如鱼饮水，冷暖自知”。与此同时，他们也必须“礼尚往来”，维持着彬彬有礼的外观。见赵七爷来，他们“连忙招呼”，明知赵七爷幸灾乐祸，七斤嫂也要“竭力赔笑”。自然战线无法在赵七爷与七斤夫妻间展开，七斤夫妻又有恐惧和恼怒，感情的火舌便要从旁隙逸出，这时，七斤夫妻之间便发生了彼此的怨怒。

或者有人会感到不可理解，为什么七斤嫂在丈夫危难的时候，不但没有安慰和同情，反而用无穷的埋怨鞭笞丈夫的心呢?要理解七斤嫂行为的必然性，就要理解封建婚姻关系的实质。封建的婚姻关系，依赖的不是彼此感情的连接，而是共同经济利益的维系，即使原来可能有的爱情，也会被表面的夫妻间“相敬如宾”的虚伪关系逐渐销蚀，最后只剩下共同的经济依附。彼此可能有的矛盾埋藏在彼此的隐忍中，无形的怨恨潜行着，两心既不相通，在夫妻关系中便必然失去爱情的基础。以物质实利为基础的夫妻关系，其本质是以私利为转移的，一旦面临危难，首先不是彼此的体谅，而是所负责任的追究。七斤嫂未始不为丈夫担心，但基础则在于“这样的一般老小，都靠他养活”，在七斤的行为危及了家庭的经济利益时，对七斤的担心也便转化成了对他的责任的追究:

“这囚徒自作自受，带累了我们又怎么说呢?这活死尸的囚徒……”

在这时，七斤是无辩白之词的，因为假若仅从责任的追究上，即将来临的灾难不确实由他招致吗?即使这时，七斤想到的也并非消灾释难的方法，而是自己的“面子”:“七斤自己知道是出场人物，被女人当大众这样辱骂，很不雅观。”

这个“面子”问题，在封建中国确实是一个不容忽视的大问题。在封建社会，人的价值几乎就是自己的“面子”的有无或大小。封建伦理道德的长期统治，使人们长期掩盖着自己的真实感情，如何想是不必追究的，精神世界的美丑是不必衡量的，但做的要得体，行为要不失分寸。在这样的人与人的关系中，一个有身份的人，谁也不会当众说出他的缺点和不足，尽管人人怀着对他的怨恨和恼怒。而一旦一个人被当众说出缺点，就已经意味着自己身份的低落。所以“面子”问题，就成了人人关心的大课题，即使自己明知有错，也是不愿被别人当众说破的。七斤这时考虑面子先于考虑自己的灾难，不也是出于必然吗?

“面子”问题不仅七斤要考虑，七斤嫂也异常敏感。八一嫂的一句话，有损于七斤嫂的“面子”，所以八一嫂这句话是出于对他们的好意或坏意，都成了次要的问题，于是七斤嫂愤然起来捍卫自己的“面子”，矛盾的纠葛便转移到七斤嫂与八一嫂二人之间了。

在这场纠葛中，八一嫂可谓“自取其咎”，把自己置于了白白受辱的境地。她的主要“过错”有三：一、她不该对七斤产生真诚的同情心。封建的礼教制度是以虚伪为基础的，它的行为规范依靠的是理性的利害考虑，并非真诚感情的驱使。赵七爷的恶毒报复能做得处处得体，不违“礼法人情”，八一嫂的真诚同情却没法把话说得“得体入时”“顺情随理”；二、八一嫂自己是有违封建伦理道德的，至少被人们认为有这种嫌疑。她怀里抱着一个两周岁的“遗腹子”，这是否是她丈夫的儿子，我们不得而知，至少外人是有理由这样怀疑的、八一嫂公开表示对七斤的同情，是否二人有私，我们也无法断定，但至少八一嫂“不该”公开表示对一个男人的同情，何况自己是个寡妇？何况又当着妒心如火的七斤嫂的面；三、八一嫂孤儿寡母二人，无权无势，无钱无力，处于社会的最底层，是“下等人”中的“下等人”。“刑不上大夫，礼不下庶人”，在封建礼教制度下，“礼”是有所区别的，人们对孔乙己、阿Q的奚落、欺凌不为“失礼”，爱姑敢在七大人面前大声大气地说话便为“失礼”。像八一嫂这样的“未亡人”，所受到的礼法保护是极其有限的。由于以上三个原因，八一嫂之被当众辱骂，便是不为无“因”的了。

尽管如此，七斤嫂对八一嫂还是顾到了“礼法人情”的，她不是没有指名道姓吗？不是没有公开对向八一嫂吗？可也正因为如此，八一嫂失去了任何为自己辩白的可能。对这种“恨棒打人”的方式，她无法争辩事实的真假，无法责难七斤嫂的诟骂，否则，她便会被说成是“做贼心虚”“不打自招”。在这种进攻方式下，八一嫂只好有话往肚子里咽，有泪往肚子里吞。

在虚伪的礼法关系中，无辜的儿童是受难的渊薮，一切的怨恨在他人身上无法发泄者，都有可能转流到他们身上。七斤嫂没法把矛头公开对向八一嫂，六斤便成了她出气的直接对象，六斤要添饭，恰逢七斤需要指桑骂槐，六斤便成了无辜的牺牲品。七斤嫂用筷子在她的双丫角之间直扎下去，待到六斤把碗摔破，长期得不到泄愤机会的七斤，终于找到了自己出气的对象，他“一巴掌打倒了六斤”。“城门失火，殃及池鱼”，虚伪的礼法关系把储积在人心头的一切怨愤情绪都转嫁在了儿童身上，使儿童成了这种关系的最大受害者。

除了以上的关系外，还有一个九斤老太。她在生活中感到的不满，全部转化为对后辈们的埋怨和唠叨，不时地烦扰着后辈们的心。这转而引起了后辈们对她的内心憎恶，六斤“藏在乌桕树后”，骂她是“老不死的”，这一方面反映着六斤对她的嫌恶，但更说明七斤嫂与九斤老太的关系，因为这句话分明出自七斤嫂之口，是她背后骂九斤老太的话。封建的婆媳关系，在封建的伦理规定下，造成了表面恭敬而内心相互怨恨的感情。假若我们细细揣摩九斤老太的不满，便会发觉一方面是对自己已逝青春的留恋（“常说伊年轻的时候……”），另一方面则把这种留恋转化为对七斤嫂的妒忌，其唠叨的中心所注，多在七斤嫂身上，但又不明言埋怨的对象。她骂六斤败家相，饭前还吃炒豆子，实际是骂七斤嫂，因为炒豆子是七斤嫂给六斤的，她埋怨“一代不如一代”，六斤比七斤又少了一斤，分明也应由七斤嫂负责，所以七斤嫂当即“据理”力争，而心头的怨愤则无法公开向婆婆身上发泄，七斤嫂一进门，便向七斤发狠：

“你这死尸怎么这时候才回来，死到哪里去了！……”

这里的“死尸”“死”明咒七斤，暗咒九斤老太，但保留了对婆婆的“尊敬”。

七斤一家与村里人们的关系如何呢？表面是何等的和美，而内心的感情又是何等凉薄！当村人们得知七斤犯了皇法，“便要没有性命”，都“觉得有些畅快”，因为平时对七斤谈起城里情形时的“骄傲模样”便心存不满，但这一切也都储在内心，表面是始终亲热有礼的。……

综合这些关系的描绘，鲁迅给我们提供了一幅怎样的生活画面呢？我认为，这是一幅在封建礼教的温情脉脉面纱覆盖下的凉薄、冷酷的人与人之间的感情关系图。鲁迅在小说一开头，说诗人们会将这幅图景误认为是无忧无虑的田家乐，而他通过对这个场景的细致描绘，拆破了它表面的和谐恬美，暴露了人与人之间关系的冷酷凉薄。

随着张勋复辟活动的失败，这场“风波”过去了，赵七爷又盘起了辫子，细细地去推敲他的《三国演义》，“现在的七斤，是七斤嫂和村人又都早给他相当的尊敬，相当的待遇了”“大家见了，都笑嘻嘻的招呼”。但是人们之间的关系，分明仍然是凉薄冷酷的，只是埋进了更深的虚伪，更繁缛的封建礼节。“风波”已逝，“风波”未尽，无穷的“风波”就将在笑谈闲话中不断地发生，只是等待着张勋复辟这类大大小小的外因推动力。什么国家的前途，社会的进步，人民的命运，乃至自己的根本利益，都在这无穷的人与人关系的小纷扰中被酸化了。张勋复辟的发生与失败，与他们何有哉！

《风波》思想内容的特质，也直接决定了它的艺术特征。首先，它取材于日常平凡的生活，是一个普普通通的日常生活画面。在这种生活中，封建的礼义关系才被表面维持着，人与人的矛盾才不至于发展到撕破情面的地步，而内蕴的凉薄关系才能够有更大的艺术概括力，能够说明一切封建关系的实质。这同时也决定了这篇小说的高度含蓄性质，人的真实感情在这里是被掩盖着的，人的感情表现经过了多次的转化，对甲的怨恨流注在乙的身上，对乙的行动建立在未曾言明的平日感情上。笑脸下实行着攻讦，彬彬有礼的行为中包含着恶毒的报复之心，平静的生活中潜行着恶斗。这一切都决定了这篇小说的含蓄性。这个“几乎无事的悲剧”，在情节结构上表现为散文化的倾向，其中几乎没有故事性的情节，矛盾关系的性质是特定的，但公开的冲突却发生着多次的转移，盘根错节，七缠八绕，缠出的不是在特定人物间进行的纵向发展的故事，而是一个场景、一个画面、一个人与人关系的复杂图画。小说是以时间先后为顺序的，但时间的进程是为了扩展横向的场景描绘，不是用于纵向故事的发展，所以在小说主体的前两节，时间的纵向推进很慢，场面扩展的幅度较大。人物关系是情节推进的主要动力，一旦投进张勋复辟这个外因的推动力，情节便在人物的矛盾关系中自然波动起来。由九斤老太与六斤的关系，转移到九斤老太与七斤嫂的关系，复又转移到七斤嫂与七斤的关系。赵七爷出现后，矛盾关系又几经转化，先是赵七爷向七斤一家施行暗示性的威胁，无端的恐惧发生了七斤嫂对七斤的埋怨，八一嫂的插话把矛盾引到自己身上，七斤嫂对八一嫂的辱骂借六斤发出，六斤失落手中碗又招来七斤的殴打，最后又有赵七爷对八一嫂的“驳斥”，暗含着对七斤一家的威吓，小说就在这矛盾关系的自然波动中展开，有机地组成了一个完整的艺术画面，小说的开头用远景画面，表现封建关系表面的和谐和恬淡，继之鲁迅把镜头推进，细致揭示这幅图景中的冷酷感情关系，最后又把镜头拉远，剩下的还是一幅看来和美的图景。这种写法有力地服务于揭示封建礼教制度的和美面纱后面的冷酷、凉薄关系的创作目的。小说的结构是双重的，就形式而言，它呈现着有头有尾的封闭性结构形式，开始是“风波”的发生，主体部分是“风波”的过程，结尾部分是“风波”的结束，有开有合，有起有落，自成一个整体，似乎把它封闭了起来，情节再也难以向前发展了。但就思想内容而言，它是开放性的，外在的矛盾解决了，内在的矛盾却一个也没有解决，人与人的感情关系丝毫没有发生变化，只是表现形式有了变化，复归于“风波”发生之前的状况。小说虽短，人物却多，人物描写简洁有力，一语传神，纯用白描，人物语言是主要描写手段，因为这个场景便是饭场“闲谈”的景象，人物之间的格斗是“彬彬有礼”的，语言是主要的格杀武器。人物自身的愚昧，决定了自我意识的缺乏，心灵粗糙，精神世界空旷贫乏，所以不像知识分子为主人公的小说那样充满细致的心理描绘和缠绵的心灵自由。

原载《自修大学（文史哲经专业）》1985年第4期

创造者的苦闷的象征

——析《补天》

在《补天》之前，鲁迅还从未写过这么奇幻、绚丽、伟美、壮观的小说，还从未处理过这么辉煌、庄严、恢宏、开阔的题材。仅从外部表现着眼，它似乎更像鲁迅早期的译述小说《斯巴达之魂》，而不像收入《呐喊》集中的那些阴郁、苦闷的小说。

但这只是表面现象。

如果说《斯巴达之魂》是青年鲁迅的昂扬激情的产物，那么，《补天》则是成年鲁迅最深沉的苦闷的象征。

从《补天》里读不出苦闷来，便等于没有读懂《补天》。

为什么鲁迅能想到女娲？因为鲁迅也是一个创造者。

鲁迅是中国现代的女娲，他也要创造一个新的宇宙，新的世界，新的中国；他要重新铸造中华民族的灵魂，他要炼“自由平等、民主科学、个性解放、进化发展、现代文明”的“五色石”以补颓坏已久的“苍天”。

有创造的欲望，才会想到创造者，想到女娲——“人”的第一个母亲，中华民族的第一个缔造者。

但是，女娲是在宇宙洪荒中创造人的，是在大自然中进行创造的。她自身便是自然力的体现。对于她，人的创造是她的自由意志的自由表现，因为她是在完全自由的状态中进行创造的。

而鲁迅，则根本不同于女娲。他不是在大自然中造人，而必须在社会中再“造”人，他不再是自然力的象征，而是社会力的表现。创造，是他的自由意志的产物，但他的自由意志要得到自由的表现，必须面对一个庞大的“人”的社会。

他的创造欲望受到了压抑。

压抑的结果是苦闷。

因此，鲁迅不是在创造力得到充分发挥时想到女娲的，而是在自由意志受到压抑、感到苦闷时想到女娲的。

也就是说，《补天》是苦闷的象征，一个创造者的苦闷的象征。

鲁迅说：“《不周山》（即《补天》）……不过取了弗罗特说，来解释创造——人和文学的——的缘起。”（《故事新编·序言》）

弗罗特，通译弗洛伊德，是奥国的精神病学家，也是精神分析学派的创始人。他认为文艺等精神现象都是人们因受压抑而潜藏在下意识里的某种生命力、特别是性欲的潜力所产生的。鲁迅说取了弗罗特说来解释创造的缘起，就是说从性意识、性本能的角度表现人和文学的起源。

对此，人们多有指责，认为鲁迅是有片面性的。

我有不尽相同的看法。

女娲是在大自然中造人的，是在人的存在之前造人的。明确说来，她只是自然力的体现。那么，在这时候，她的创造欲望应到哪里去寻找呢？

社会性是在人产生之后在人与人的联系中产生的，显而易见，女娲的创造欲望不可能属于社会性的范畴。

女娲造人不但不能找到社会性的根源，而且也不能是女娲的有目的性的创造。目的论是宗教神学的核心。上帝依照自己的目的造人是西欧宗教神学的重要信条。人，只要是在特定目的的支配下被创造出来的，它就必须接受创造者规范，依照它的目的性塑造自己，因而人便只能是上帝、天主等等创造者的奴仆。在鲁迅笔下，女娲只是自然力的一种象征，而自然的创造是不可能有预定的目的的。

那么，女娲的创造欲望又是从何产生的呢？只能产生自她的自然的本能欲望中。

她的本能欲望无非有两大类——满足衣食之需的物质欲望和性欲。

人之成为人之前，满足物质欲望的行为不是创造性的活动，它只采撷自然产品以果腹御寒，而一旦物质欲望的满足成为一种创造性的活动，那么，它就是创造主体的有目的性的创造行为了。它必须使创造物成为合目的性的产物，才能满足自己的本能欲望。创造者只有使创造品合乎食物的条件，才能满足自己的食欲要求，只有使创造品具备衣物的性能，才能达到御寒的目的。我们知道，鲁迅不能赋予女娲以这种明确的目的性，而且作为自然力的象征，女娲也不能具备这种创造性能。

女娲的创造欲望只能来源于性欲本能的骚动。

性本能的创造机制形成于人之前，并且它的创造不必是合目的性的创造。它可以自求满足，在它的自求满足中自然地带来新的生命的创造。

人是由动物进化来的，动物是在性本能带来的创造性生殖机制作用下历代进化的。人的始发性根源只能在性本能的创造力中来寻找。——这便是鲁迅的思路。事实上，这是与宗教神学的目的论划清界限的唯一一条途径。又有什么片面性可言呢？

在人产生之后，人与人的社会联系使人不再仅仅是动物性的人，而且还是社会性的人。在这时，如果再把人的一切全都归于动物性的自然本能，就只能具有特定侧面的真理性，而不能不带有片面性。正是在这个角度上，鲁迅也曾批评过弗洛伊德的学说，但这与《补天》的写作根本是两码事，不能混为一谈。

女娲的创造不是带有特定实利性目的的创造，而是在闲暇中游戏性的自由创造活动；它的创造品不能满足自身的物质欲望，而只能满足自己的精神需要。这都使她的创造活动有类于艺术创作。也就是说，人，对于女娲，不是任何使用物品，而类似于艺术作品。

正是在上述意义上，鲁迅说《补天》意在用弗洛伊德的学说解释人和文学的缘起。

在《补天》中，主旋律是女娲的创造活动。

她的创造活动发源于她的性欲本能的骚动，以及由此造成的性苦闷。

在鲁迅笔下，性欲本能再也不是罪恶的、丑陋的、污秽的、可耻的、残破的、靡乱的、颓坏的、腐臭的东西了，在中国全部的历史上，它第一次成为崇高的、庄严的、辉煌的、灿烂的、伟美的、瑰丽的、强健的、奇警的东西了。

不论如何高的评价这种转变，也不为过分。

创造了人类的东西，能不是庄严辉煌的物事吗？

人类借以存在、繁衍、发展、完善的首要条件，为什么反被人类轻蔑、诬骂、歧视、践踏呢？这不是咄咄怪事吗？

在鲁迅笔下，它第一次被尊为人类的上帝，一个不以人为奴仆的上帝。

性本能的骚动把女娲从梦中惊醒，压抑中的性意识使她感到一种莫名的懊恼。她的性欲望渴求着满足，所以她感到有些不足，但性欲本能的苏醒也带给了她充裕的生命力，这过剩的生命力渴求着发挥，需要在创造性的活动中得到宣泄，所以她又“觉得什么太多了”。

她的充裕的生命力在和风的煽动下在宇宙间扩散开来，死的宇宙方始变成了活的宇宙。

宇宙有了生命，才有了美。

你看，这是一个何等美的宇宙呵！

> 粉红的天空中，曲曲折折的漂着许多条石绿色的浮云，星便在那后面忽明忽灭的䀹眼。天边的血红的云彩里有一个光芒四射的太阳，如流动的金球包在荒古的熔岩中；那一边，却是一个生铁一般的冷而且白的月亮。……
>
> 地上都嫩绿了，便是不很换叶的松柏也显得格外的嫩绿。桃红和青白色的斗大的杂花，在眼前还分明，到远处可就成为斑斓的烟霭了。

生命的活力更充溢于女娲的全身，使她的肉体成为美的标本，成为神秘的、美艳的、瑰丽的人的形象。

> 伊想着，猛然间站立起来了，擎上那非常圆满而精力洋溢的臂

膊，向天打一个欠伸，天空便突然失了色，化为神异的肉红，暂时再也辨不出伊所在的处所。

伊在这肉红色的天地间走到海边，全身的曲线都消融在淡玫瑰色的光海里，直到身中央才浓成一段纯白。波涛都惊异，起伏得很有秩序了，然而，浪花溅在伊身上。这纯白的影子在海水里动摇，仿佛全体都正在四面八方的迸散。

性的苏醒带来生命力，生命赋予大自然、赋予肉体以色彩、声音和活力，赋予了它们以美的形象。在生命的作用下，肉的和灵的、人的和自然的、艺术想象的与物质实体的，都融成了一个和谐的整体。

但是，女娲的生命力远不能在这自然扩散中得到充分的挥发，她仍然感到无聊，性本能的骚动使她不得安宁，她的自我要向四面八方迸散。正是在这自我扩张、自我表现的冲动中，她已经不自觉地进入了自己更紧张的艺术创造——人的创造的境界了。在这紧张的创造活动中，她的性苦闷得到了部分的宣泄，她感到了一种创造的喜悦，她以“未曾有的勇往和愉快”从事着不自觉的创造事业。

“阿阿，可爱的宝贝。”伊看定他们，伸出带着泥土的手指去拨他肥白的脸。

“Uvu，Ahaha！”他们笑了。这是伊第一回在天地间看见的笑，于是自己也第一回笑得合不上嘴唇来。

在创造中，她的性苦闷得到了宣泄，她的生命力得到了消耗，她感得了疲倦，躺在地上，她又昏昏睡去了。

天崩地坍的声音再次把她惊醒，她用尚未消耗殆尽的生命力，再一次进入了创造的境界，完成了补天的大业。在此之后，我们伟大的母亲，中华民族的始祖，人类的第一个伟大的创造者，永远停止了自己的呼吸。

鲁迅，为这个自然本能的化身，谱写着一曲壮美的颂歌。女娲就在这奇幻、恢宏的旋律中进行着空前伟大的创造。

对于女娲，创造就是一切。她在创造中只感到性苦闷得以宣泄的愉快。因为她对自己的创造物是不怀有任何目的的。

但鲁迅的苦闷却始于女娲的创造完成之时，但在女娲的全部创造活动中都感得了深深的苦闷。

因为他已经能够看到，女娲的创造物却成了女娲的敌人。

女娲的创造物被女娲这个自然本能、性本能的化身创造出来之后，却奇怪地以自己的生母为耻辱、为不洁了。他们举起了禁欲主义的大旗，要宣判女娲的“罪行”了。

在这里，我们难道感觉不到鲁迅对这些封建卫道者们的高度蔑视、愤意谴责吗?难道感觉不到他那无边的、广漠的苦闷心情吗?

他有多么深沉的苦闷，也就会有对封建卫道者们多么高度的轻蔑，多么尖刻的讽嘲。因为只有轻蔑和讽嘲才足以宣泄他内心受压抑的苦闷。

伊顺下眼去看，照例是先前所做的小东西，然而更异样了。累累坠坠的用什么布似的东西挂了一身，腰间又格外挂上十几条布，头上也罩着些不知什么，顶上是一块乌黑的小小的长方板，手里拿着一片物件，刺伊脚趾的便是这东西。

那顶着长方板的却偏站在女娲的两腿之间向上看，见伊一顺眼，便仓皇的将那小片递上来了，伊接过来看时，是一条很光滑的青竹片，上面还有两行黑色的细点，比槲树叶上的黑斑小得多。伊倒也很佩服这手段的细巧。

“这是什么?”伊还不免于好奇，又忍不住要问了。

顶长方板的便指着竹片，背诵如流地说道：“裸裎淫佚，失德蔑礼败度，禽兽行。国有常刑，唯禁!”

女娲对那小方板瞪了一眼，倒暗笑自己问得太悖了，伊本已知道和这类东西扳谈，照例是说不通的，于是不再开口，随手将竹片搁在那头顶上面的方板上，回手便从火树林里抽出一株烧着的大树来，要向芦柴堆上去点火。

我认为，这是一段绝妙的描写！

鲁迅把封建禁欲主义，把那些假道学者，推到“人之母”面前来接受审判了。在这里，它们的全部的荒谬性全都暴露出来了，它们的渺小一下子得到了入木三分的刻画。鲁迅对他们的最深刻的蔑视、最大的愤慨，都在这奇妙的对比中得到了充分的体现。我还认为，鲁迅行笔至此，心情是最轻松的，因为他被封建传统压抑下的苦闷心情，在这里已经得到了象征，得到了宣泄。

在这里，我的观点与鲁迅的说法可能有些抵触。

鲁迅在谈到《补天》的创作过程时说：“不记得怎么一来，中途停了笔，去看日报了，不幸正看见了谁——现在忘记了名字——的对于汪静之君的《蕙的风》的批评，他说要含泪哀求，请青年不要再写这样的文字。这可怜的阴险使我感到滑稽，当再写小说时，就无论如何，止不住有一个古衣冠的小丈夫，在女娲的两腿之间出现了，这就是从认真陷入了油滑的开端。油滑是创作的大敌，我对于自己很不满。”（《故事新编·序言》）类似的话也出现在另一篇文章中：“例如我做的《不周山》，原意是在描写性的发动和创造，以至衰亡的，而中途去看报章，见了一位道学的批评家攻击情诗的文章，心里很不以为然，于是小说里就有一个小人物跑到女娲的两腿之间来，不但不必有，且将结构的宏大毁坏了。”（《南腔北调集·我怎么做起小说来》）

有些同志据此断定这段描写是不必有的，是失之于“油滑”的。我认为，仅就鲁迅本人的态度，至少可以说，他也是怀有矛盾心情的。例如，他曾在致黎烈文的一封信中说：“《故事新编》真是‘塞责’的东西，除《铸剑》外，都不免油滑，然而有些文人学士，却又不免头痛，此真所谓‘有一利必有一弊’，而又‘有一弊必有一利’也。”[①]鲁迅一再说《故事新编》的小说“有些油滑”，但又始终未改或不能改其“油滑”，并且大有愈演愈烈之势。我认为，说鲁迅纯系自谦固有些牵强，说鲁迅断定是败笔也不能自圆其说。应该说鲁迅对此是持有矛盾心情的。

他的矛盾在于意欲保持原来构想的宏大结构和小说的前后风格的一

①鲁迅：《鲁迅全集》（第13卷），人民文学出版社，1981，第299页。

致性，而又觉刺卫道者一笔心情畅快。如若如此，我便认为不能同意鲁迅自己的判断。

应该看到，鲁迅从根本上便并非由于崇仰女娲的创造力而赞美她的创造伟业的，而主要是由于愤慨于封建传统思想之荒谬，才转觉需要创作《补天》的。在这种意识底蕴的推动下，鲁迅便不能将笔触仅仅停留在女娲创作活动的描写上，也就是说，他不可能将宏大的结构和庄严的主题贯彻到底。女娲的庄严创造的主题必将导向封建卫道者的可笑叛离的主题相连接，辉煌壮丽的笔调必然向轻佻滑稽的笔调进行过渡，同时这也是鲁迅对中国古代传统的基本情感态度。不如此，反而会给《补天》带来单薄感。胡梦华对汪静之所作情诗的攻击，恰好拨亮了鲁迅创造女娲形象的原发性动机。鲁迅之能在这个细节描写中感到畅快，也恰恰证明鲁迅在这里有不吐不快的苦闷。而就小说自身来说，前此的道士的愚妄、颛顼和共工的争权夺利，虽也与女娲的创造精神形成了对照，但其对照若脱离开这个细节，便不具有直接的对比意义，因为正是在这个细节里，卫道者的禁欲主义与女娲性本能的辉煌伟力才构成了直接的尖锐对立。它自然地成了整篇小说的最亮的光点，有它的存在，前面的关于道士的描写和颛顼共工的表现才有可能获得根本性的说明。总之，我不认为它是“油滑”的败笔，而认为是精妙的描写。

真正的败笔在接下去的一个自然段：

> 忽而听到呜呜咽咽的声音了，可也是闻所未闻的玩意，伊姑且向下再一瞟，却见方板底下的小眼睛里含着两粒比芥子还小的眼泪。因为这和伊先前听惯的“nga nga”的哭声大不同了，所以竟不知道这也是一种哭。

这一节直接附会了胡梦华“含泪哀求”的话，但胡梦华的“含泪哀求”只是一种对汪静之的威压手段，意在向广大读者表示自己卫道的忠诚和批评的公正，转用于小说中的卫道者身上，则成了他们真诚的痛苦和无可奈何的可怜相。这赋予了他们一种值得可怜的意味，不是加强反而削弱了讽刺力量，反而显得女娲有些强横。所以我认为它是真正的败笔。

那些卫道者有可能表现出虚假的热诚，但真正的痛苦是没有的。

如上所述，只有叙述了禁欲主义者对女娲的亵渎之后，我们才有可能分析道士与颛顼、共工等“小东西”们的存在根据以及与女娲的对照意义。

在这时，我们必须在一个更根本的意义上说明创造的本质了。

人类的创造性的源泉何在呢？是不是鲁迅对女娲的描写只是艺术化的需要而不能上升为真实的哲理性认识呢？

我认为，鲁迅的描写不是随意的，对此，他有更根本的考虑。

人类的创造性常常以理智的形式表现出来的，但它的最根本的原因却是人的各种本能欲望。没有任何欲望的人，是不会进行创造性活动的。它是人类不断发展、不断前进、不断创造的永不枯竭的源泉。

封建的禁欲主义道德，遏抑了人的本能欲望，同时也意味着遏抑了人们的创造生命。

那些道教之徒与女娲的对照意义何在呢？他们也是在自然欲望的否定中失去了任何创造能力的人。他们不再进行任何创造性活动，企图在奴性乞求中博得女娲的欢心，得到女娲的同情，受到上苍的保护，赐给他们所希望得到的一切。他们的迷信，他们的求仙修道，他们的寻访仙山和不死之药，都是萎缩了创造力的表现。

那些以颛顼、共工代表着的封建政客、军阀和野心家的人们，同样也是不再具有创造能力的人。他们攻城略地、争权夺利、残酷杀戮、抢占地盘，瓜分着、掠夺着女娲创造的世界。

儒教、道教和这些封建的政治野心家们，组成了中国的封建传统。他们被女娲创造出来，却返转来亵渎了女娲；他们是自然本能的产物，却诬自然本能为下流。

女娲死了，但他们踧扈着。

鲁迅感到苦闷。

《补天》就是这苦闷的象征。

原载《名作欣赏》1986年第4期

精神“故乡”的失落

——鲁迅《故乡》赏析

鲁迅的《故乡》中写了三个“故乡”：一个是回忆中的，一个是现实的，一个是理想中的。第一个是“过去时”的，第二个是“现在时”的，第三个是“未来时”的。小说突出描绘的是现实的故乡。

（一）回忆中的“故乡”

“我”回忆中的故乡是一个带有神异色彩的美的故乡。

它的“美”，我们至少可以从以下几个方面感受得出来：

1.它是一个五彩缤纷的世界

这里有“深蓝”的天空，有“金黄”的圆月，有“碧绿”的西瓜，少年闰土有一副“紫色”的圆脸，脖子上戴着“明晃晃”的“银白”色项圈，海边有五色贝壳，“红的绿的”都有，鬼见怕也有，观音手也有，还有各种颜色的鸟类：稻鸡、角鸡、鹁鸪、蓝背……在这里，没有一种色彩不是鲜艳的，明丽的，任何两种色彩之间的对比都是鲜明的，它们构成的是一幅“神异”的图画，一个五彩缤纷的世界。

2.它是一个寂静而又富有动感的世界

当“我”记起童年时的“故乡”，浮现在脑海里的首先是深蓝的天空、金黄的圆月、海边沙地上的碧绿的西瓜，整个大自然是那么静谧，那么安详，但在这静谧的世界上，却有着活泼的生命。这活泼的生命给这个幽静的世界带来了动态的感觉。“一个十一二岁的少年，项带银圈，手捏一柄钢叉，向一匹猹尽力的刺去，那猹却将身一扭，反从他的胯下逃走了。”“月亮地下，你听，啦啦的响了，猹在咬瓜了。你便捏了胡叉，轻轻地走去……”它幽静而不沉闷，活泼而不杂乱。静中有动，动中有静，和谐自然，是一个令人心旷神怡的世界。

3.它是一个辽阔而又鲜活的世界

“我”回忆中的“故乡”是一个多么广阔的世界呵！这里有高远的蓝天，有一望无垠的大海，有广阔的海边的沙地。但在这广阔的天和地之间，又有各种各样的人和事物，有活泼的少年闰土，有猹、獾猪、刺猬，有稻鸡、角鸡、鹁鸪、蓝背，有五彩的贝壳，有金黄的圆月，有碧绿的西瓜……这个世界广阔而又鲜活，一点也不狭窄，一点也不空洞。

我们可以看到，“我”回忆中的“故乡”并不仅仅是一个现实的世界，同时更是一个想象中的世界，是“我”在与少年闰土的接触和情感交流中想象出来的一幅美丽的图画。它更是“我”少年心灵状态的一种折射。这颗心灵是纯真的、自然的、活泼的、敏感的，同时又是充满美丽的幻想和丰富的想象力的。它没有被“院子里高墙上的四角的天空”所束缚，而是在与少年闰土的情感交流中舒展开了想象的翅膀，给自己展开了一个广阔而又美丽的世界。

那么，少年“我”的这个广阔而又美丽的世界是怎样展开的呢？是因为两颗童贞的心灵的自然融合。少年“我”是纯真的、自然的，少年闰土也是纯真的、自然的。他们之间的关系不是用封建礼法关系组织起来的，而是用两颗心灵的自然需求联系起来的。少年闰土不把少年“我”视为一个比自己高贵的“少爷”，少年“我”也不把少年闰土视为一个比自己低贱的“穷孩子”。他们没有人与人之间的不平等的观念。他们之间的情感交流是畅通无阻的，是没有任何顾忌和犹豫的。我们重新读一读他们之间的对话，就可以感到，他们之间是想到什么便说什么的，想到哪里就说到哪里的。他们不是为了讨好对方而说，也不是为了伤害对方而说，而是说的双方都感兴趣的话。两个人的心灵就在这无拘无束的对话中融合在一起了，也在这融合中各自都变得丰富了。少年闰土来到城里，“见了许多没有见过的东西”；少年“我”通过与少年闰土的谈话，也像看到了过去自己从来没有看到过的世界。

总之，“我”回忆中的“故乡”是一个美好的世界，这个世界实际是少年“我”美好心灵的反映，是少年“我”与少年闰土和谐心灵关系的产物。但是，这种心灵状态不是固定的，这种心灵关系也是无法维持久远的。社会生活使人的心灵变得更加沉重，使人与人之间的关系变得复杂起来。当成年的“我”重新回到“别了二十余年的故乡”时，这个回忆中的“故乡”就一去不复返了。在这时，他看到的是一个由成年人构成的现实的“故乡”。

（二）现实的“故乡”

现实的“故乡”是什么样子呢？我们可以用这样一句话概括我们对这个“故乡”的具体感受：它是在现实社会生活的压力下失去了精神生命力的“故乡”。

这时的“故乡”是由三种不同的人及其三种不同的精神关系构成的。

1.豆腐西施杨二嫂

西施杨二嫂是一个可笑、可气、可恨而又可怜的人物。

她为什么可怜呢？因为她是一个人。一个人是需要物质生活的保证的。当一个人无法通过自己正常的努力而获得自己最起码的物质生活保证的时候，为了生命的保存，就要通过一些非正常的、为人所不齿的手段获取这种保证了。在这个意义上，她是值得同情的。她原来是开豆腐店的，为了豆腐店能够赚到更多的钱，她擦着白粉，终日坐着，实际上是用自己的年轻的美来招徕顾客，“因为伊，这豆腐店的买卖非常好”。“美”，在豆腐西施杨二嫂这里已经不再是一种精神的需要，而成了获取物质利益的手段。物质实利成了她人生的唯一目的。为了这个目的，她是可以牺牲自己的道德名义的。当自己的青春已逝，美貌不再的时候，她就把任何东西都拿来当作获取物质实利的手段了。她的人生完全成了物质的人生，狭隘自私的人生。这样一个人，亲近的只是物质实利，对别人的感情已经没有感受的能力。在这类人的感受里，“利”即是

"情"，"情"即是"利"。"利"外无"情"，天地间无非一个"利"字。她感受不到别人的真挚的感情，对别人也产生不了这样的感情，"感情"也只成了捞取好处的手段。她的眼里只有"物"，只有"利"，只有"钱"，而没有"人"，没有有感情、有道德、有精神需要的人。在这个世界上，她是能捞就捞，能骗就骗，能偷就偷，能抢就抢。但人类社会是在相互关联中存在和发展的，人类为了共同的生存和发展，需要心灵的沟通，需要感情的联系，需要道德的修养，需要精神品质的美化。像豆腐西施杨二嫂这样一个毫无道德感的人，时时刻刻都在做着损人利己的勾当，是不能不引起人们的厌恶乃至憎恨的。所以，她本人命运的悲惨，她是可怜的，而其对别人的态度，她又是可气、可恨的。她的可笑在于长期的狭隘自私使她已经失去了对自我的正常感觉。她把虚情假意当作情感表现，把小偷小摸当作自己的聪明才智。她是属于世俗社会所谓的"能说会道""手脚麻利""干净利索""不笨不傻"的女人。但在正常人眼里，她这些小聪明、小把戏都是瞒不了人、骗不了人的。所以，人们又感到她的言行的可笑。人们无法尊重她、爱戴她，甚至也无法真正地帮助她。她是一个令人看不起的人。如果说少年"我"和少年闰土的一切言行的总体特点是自然、纯真，豆腐西施杨二嫂的一切言行的总特点则是"不自然""不真挚"。在她这里，一切都是夸大了的，是根据自己的实利考虑变了形的。她一出场，发出的就是一种"尖利的怪声""突然大叫"，这是她不感惊奇而故作惊奇的结果。她的面貌特征也是在长期不自然的生活状态中形成的，她一生只练就了一个"薄嘴唇"，"能说会道"，脸相却迅速衰老下来，只留下一个"凸颧骨"，没有了当年的风韵。她的站姿也是不自然的，故意装出一副不可一世的样子，实际上她早已失去了自己的自信心，失去了做人的骄傲，但又希望别人看得起她，尊重她。她对"我"没有怀恋，没有感情，但又故意装出一副有感情的样子。她能说的只有"我还抱过你咧!"这样一个微不足道的事实，但却把这个事实说得非常严重，好像这就对"我"有了多么大的恩情，好像"我"必须对她感恩戴德，牢牢记住她的重要性。她不关心别人，因而也不会知道别人的生活状况，不会了解别人的思想感情。她通过自己的想象把别人的生活说得无比阔气和富裕，无非是为了从别人那里捞取更多的好处。

豆腐西施杨二嫂体现的是“我”所说的“辛苦恣睢而生活”的人的特征。她的生活是辛苦的，但这种辛苦也压碎了她的道德良心，使她变得没有信仰，没有操守，没有真挚的感情，不讲道德，自私狭隘。

2.成年闰土

少年闰土是一个活泼可爱的孩子，是一个富有表现力的少年。“他的父亲十分爱他”，他的生命是有活力的，他的思想是自由的，他的心地也是善良的。“这不能，须大雪下了才好。我们沙地上，下了雪，我扫出一块空地来，用短棒支起一个大竹匾，撒下秕谷，看鸟雀来吃时，我远远地将缚在棒上的绳子只一拉，那鸟雀就罩在竹匾下了。什么都有：稻鸡，角鸡，鹁鸪，蓝背……”“现在太冷，你夏天到我们这里来。我们日里到海边捡贝壳去，红的绿的都有，鬼见怕也有，观音手也有。晚上我和爹管西瓜去，你也去。”“不是。走路的人口渴了摘一个瓜吃，我们这里是不算偷的。要管的是獾猪、刺猬、猹。月亮地下，你听，啦啦的响了，猹在咬瓜了。你便捏了胡叉，轻轻地走去……”“有胡叉呢。走到了。看见猹了，你便刺。这畜生很伶俐，倒向你奔来，反从胯下窜了，他的皮毛是油一般的滑……”在这些话里，跳动着的是一个活泼的生命。少年闰土较之少年“我”更是一个富于表现力的少年，是一个有更多的新鲜生活和新鲜感受要表达的少年。少年“我”的知识像是从书本当中获得的，少年闰土的知识则是从大自然中，从自己的生活实感中获得的。他生活在大自然中，生活在自己的生活中，他比少年“我”更像一个语言艺术家。他的语言多么生动，多么流畅，多么富有感染力啊！它一下子就把少年“我”吸引住了，并给他留下了至今难以磨灭的印象。但这个富于生命力和表现力的少年闰土，到了现在，却成了一个神情麻木、寡言少语的人。“只是觉得苦，却又形容不出。”为什么他在少年时就能有所感而又形容得出，现在却形容不出了呢？因为“那时是孩子，不懂事”，但“不懂事”的时候是一个活泼的人，现在“懂事”了，却成了一个“木偶人”了。这是为什么呢？因为这里所说的“事”，实际是中国传统的一套封建礼法关系，以及这种礼法关系所维系着的封建等级观念。

维系中国传统社会的是一套完整的封建礼法关系，而所有这些封建礼法关系都是建立在人与人不平等的关系之上的。帝王与臣民，大官与小官，官僚与百姓，老师与学生，父亲与儿子，兄长与弟弟，男性与女性，都被视为上下等级的关系。他们之间没有平等的地位，也没有平等的话语权力，上尊下卑，“上”对“下”是指挥，是命令，是教诲，“下”对上是服从，是驯顺，是听话。闰土之所以说小的时候是“不懂事”，是按照现在他已经懂得了的礼法关系，“我”是少爷，他是长工的儿子，二者是不能平等的。“我”尊，闰土卑，他那时没有意识到自己的卑贱地位，在“我”面前毫无顾忌地说了那么多的话，都是极不应该的。但那时年龄小，可以原谅，一到成年，中国人都要遵守这样一套礼法关系。不遵守这套礼法关系，就被中国社会视为一个不守“规矩”、不讲“道德”的人了，就会受到来自社会各个方面的惩罚。闰土就是在这样一套礼法关系的教育下成长起来的，他是一个“老实人”，是一个讲“道德”的人。但一旦把这种礼法关系当成了处理人与人关系的准则，人与人之间的思想感情就无法得到正常的交流了，人与人的心灵就融合不在一起了。这就是在“我”和闰土之间发生的精神悲剧。“我”怀念着闰土，闰土也怀念着“我”，他们在童心无忌的状态下建立了平等的、友好的关系。这种关系在两个人的心灵中都留下了美好的、温暖的、幸福的回忆。“我”想到故乡，首先想到的是闰土，闰土实际上也一直念着“我”。“他每到我家来时，总问起你，很想见你一次面。”只要想到他和“我”在童年一起玩耍的情景，我们就能够想到，闰土的这些话绝不是一般的客气话。两个人重新见面时，“我”“很兴奋”，闰土也很兴奋：“脸上现出欢喜和凄凉的神情；动着嘴唇”，说明他心里颤抖着多少真挚的感情呵！但封建的礼法关系却把所有这些感情都堵在了他的内心里。形容不出来了，表现不出来了。

他的态度终于恭敬起来了，分明地叫道：

“老爷！……”

在这里，我们能够听到两颗原本融合在一起的心灵被生生撕裂开时所发出的那种带血的声音。闰土不再仅仅把“我”视为平等的、亲切的朋友了。他把“我”放在了自己无法企及的高高在上的地位上，他自己的痛苦，自己的悲哀，在这样一个高高在上的人面前已经无法诉说，无法表现，这个称呼带着一种“敬”，但同时也透脱着一种“冷”。在这种“冷”的氛围中，“我”的感情也被凝固在了内心里。两颗心灵就被这个称呼挡在了两边，无法交流了，无法融合了。所以“我”“打了一个寒噤”，知道两个人之间已经隔了一层“可悲的厚障壁”。《故乡》让我们看到，只有少年闰土和少年“我”的关系才是符合人性的，后来这种封建礼法关系不是人的本性中就具有的，而是在社会的压力之下形成的，是一种扭曲了的人性。人在自然的发展中不会把自己视为一个卑贱的、无能的人，像闰土这样一个人的封建礼法观念是在长期的强制性的压力下逐渐形成的。社会压抑了一个人的人性，同时也压抑了他的自然的生命，使他习惯了消极地忍耐所有外界的压力，忍耐一切精神的和物质的痛苦。那个手持胡叉向猹刺去的闰土是多么富有朝气，富有生命的活力呵！是多么勇敢呵！但封建的礼法关系逐渐压抑了他的生命力，使他在一切困苦和不幸面前只有消极地忍耐。只有意识到闰土已经没有了少年时的旺盛的生命力，我们才能够理解，为什么“多子，饥荒，苛税，兵，匪，官，绅”能够“苦得他像一个木偶人了”。他已经没有反抗现实的不幸的精神力量。他把所有这一切都视为根本不能战胜的。他只能承受，只能忍耐，他尽量不去思考自己的不幸，尽量迅速地忘掉自己的困苦。他不再敢主动地去感受世界，思考生活、思考自己。久而久之，他的思想干瘪了下去，他的感受力萎缩了下去，他的表现力衰弱了下去，他的精神一天天地麻木下去，他已经成为一个没有感受力、没有思想能力和表现能力的木偶人。只有宗教还能给他带来对未来的茫远的、朦胧的希望。他的精神已经死亡，肉体也迅速衰老下去。成年闰土体现的是“我”所说的“辛苦麻木而生活”的一类人的特征。这些人是善良、讲道德、守规矩的人。但传统的道德是压抑人的生命力的。他们在封建道德的束缚下丧失了生命的活力，精神变得麻木了。

3.成年“我”

“我”是一个现代知识分子，他在自己的“故乡”已经失去了存在的基础，失去了自己的精神落脚地。他像一个游魂，已经没有了自己精神的“故乡”。

中国古代的知识分子是官僚地主。在经济上是地主，在政治上是官僚，是有权有势的阔人。但现代的知识分子是在城市谋生的人，他已经没有稳固的经济基础，也没有政治的权力。在豆腐西施杨二嫂的心目中，值得惧怕和尊敬的是放了“道台”，“有三房姨太太”，出门坐“八抬的大轿”的“阔人”。现在“我”不“阔”了，所以也就不再惧怕他，尊重他，而成了她可以随时掠夺、偷窃的对象。他同情豆腐西施杨二嫂的人生命运，但豆腐西施杨二嫂却不会同情他。他无法同她建立起精神的联系。他在她那里感到的是被歧视、被掠夺的无奈感。闰土是他在内心所亲近的人物，但闰土却仍然按照对待传统官僚地主知识分子的方式对待他，使他无法再与闰土进行正常的精神交流。他在精神上是孤独的。他寻求人与人之间的一种平等关系，但这种关系在现在的“故乡”是找不到的。总之，现实的“故乡”是一个精神各个分离，丧失了生命活力，丧失了人与人之间的温暖、幸福的情感关系的“故乡”。

（三）理想中的“故乡”

回忆中的“故乡”是美的，但却是消失了的、回忆中的、想象中的、不那么“真实”的，因为它只是在少年童贞心灵感受中的“故乡”，而不是一个承担着生活压力和社会压力的成年人感受中的故乡。这种童贞的心灵是脆弱的，是注定要消失的。少年可以不承担物质生活的压力，不必养家糊口，也不必介入到成人的社会关系之中去。但人注定是要从少年成长为成年人，成年人注定是要独立谋生的。所以成年人眼中的“故乡”才是一个更重要的也更真实的“故乡”，因为它不但决定着成年人的命运，同时也决定着一代一代孩子们的前途。但是，这个现实的“故乡”却是痛苦的，缺乏生命力量的，缺乏发展的潜力的。豆腐西施杨二嫂用自己的自私狭隘、用自己物质实利的欲望腐化着“故乡”的精神，瓦解着“故乡”的前途，闰土则用自己的忍耐维持着现实的苦难，使现实的一切不可能向着美好的前途转化。但是，我们不能不希望“故乡”有一个美好的前途，不能不产生改变现实的“故乡”的愿望。这不但因为它毁灭了自己回忆中的那个美好的“故乡”，更因为现实的“故乡”决定着一代又一代故乡人民的命运。

真正的理想不是凭空设计出来的，也不是别人告诉自己的。我们常常这样认为，但那不是一个人的真正的理想。那样的“理想”对一个人的精神发展起不到重要的作用，因为它无法深入到一个人的心灵深处去，是一个人可有可无的东西，一遇困难他就会轻易放弃它。一个人的真正的理想是在自己不同生活感受的差异中产生出来的，是从对现实生活状况和社会状况的不满中产生出来的。具体到《故乡》中来说，“我”有一个回忆中的美好的“故乡”，也有一个令人感到痛苦的现实的“故乡”。前一个是美好的，但却不是“故乡”的现实，不是全体“故乡”人民实际生活中的“故乡”。而现实的“故乡”却是令人难以忍受的。“我”就很自然地产生了一种希望，希望现实的“故乡”也像回忆中的“故乡”那么美好，希望现实的“故乡”中的故乡人也像回忆中的“故乡”中的少年闰土那么生意盎然、朝气蓬勃，像少年“我”与少年闰土那样亲切友好、两心相印。但是，现在的“故乡”已经成了现在这个样子，现实是无法改变的，改变的只能是未来，在这时，“我”就有了一个理想的“故乡”的观念。只有这种理想，才是“我”的最真切的理想，因为它是从自我的生活感受、社会感受中自然形成的，是从自己心灵深处升华出来的。这种理想一旦产生，“我”就永远不会放弃它。“我希望他们不再像我，又大家隔膜起来……然而我又不愿意他们因为要一气，都如我的辛苦辗转而生活，也不愿意他们都如闰土的辛苦麻木而生活，也不愿意都如别人的辛苦恣睢而生活。他们应该有新的生活，为我们所未经生活过的。”这就是“我”对故乡的理想。

这个理想能够不能够实现呢？“我”没有给人做出明确的回答。实际上，任何的理想都是无法做出确定无疑的回答的。因为“理想”是要人去具体地实现的，是要很多人的共同努力才能实现的，而人又是变化着的，并且是有各种不同的发展变化的可能的，这就使任何一个人任何一种理想都难以得到确定无疑的实现。但“我”的理想又绝对不是没有实现的可能的，因为人类自身永远存在着向上追求的力量。在《故乡》中，那就是水生和宏儿的友谊。它像少年闰土和少年“我”的关系一样，也是脆弱的，也是可以瞬时即逝的，但他们到底还没有被社会压榨成像成年闰土、成年“我”或豆腐西施杨二嫂这样的人物，他们是有可能变得比现在的人们更好、更有朝气、更有美好的心灵的。

我想：希望本无所谓有，无所谓无的。这正如地上的路：其实地上本没有路，走的人多了，也便成了路。

也就是说，谁也不能断定一种理想能不能最终得到实现，关键在于有没有人去追求，有人去追求，有更多的人去追求，就有希望；没有人去追求，或者只有极少的人去追求，就没有希望或没有更大的希望。

作者没有给我们做出美好未来的许诺。所有关于未来的许诺都是虚幻不实的。他让我们去追求，去追求美好未来，去创造美好的未来。

在《故乡》中，三个“故乡”的关系是：

过去	现在	未来
少年闰土	成年闰土	
少年“我”	成年“我”	
豆腐西施	杨二嫂	
	少年水生	成年水生
	少年宏儿	成年宏儿
回忆中的“故乡”	现实的“故乡”	理想中的“故乡”

（四）“故乡”与“祖国”的同构

真正好的文学艺术作品，是有对自身的超越力量的。也就是说，它写了一些人、一些事，但表现的却不仅仅是这些人、这些事。它能使我们感受到更多、更大、更普遍的东西。它只是一个发光体，但这个发光体所能够照亮的范围却是无限广大的。在这里，我们首先应当看到，《故乡》具体描绘的是“我”回故乡时的见闻和感受，但表现的却不仅仅是这些。什么是“故乡”？“故乡”就是一个人曾经生活过的地方，特别是儿时生活过的地方。但这个“故乡”的范围却是可大可小的。在杭州，绍兴就是鲁迅的故乡；在北京，浙江就是鲁迅的故乡；而到了日本，中国就是鲁迅的故乡。在这时，“故乡”和“祖国”就成了同一个概念。所以，在有的民族的语言里，“故乡”和“祖国”是同一个词。第一个字母大写就是“祖国”，第一个字母不大写就是“故乡”。也就是说，《故乡》具体写的是“故乡”，但它表现的却是鲁迅对“祖国”的感受和希望。

在我们的观念里，“故乡”好像只是一个物质的存在，好像一个人对自己故乡的热爱是天然的，是一种责任，一种义务，是不会改变也不应当改变的。实际上，“故乡”对于每一个人都是时时变动着的精神的实体，它是在一个人与它的精神联系中逐渐形成和发展的。在《故乡》中，“我”与“故乡”的精神联系首先是由于有了少年“我”与少年闰土的友好和谐的关系，在这时，“故乡”在他的观念中是美好的、亲切的，但当他再次回到“故乡”，这种精神联系淡漠了，“故乡”的观念就变化了，在这时，他对“故乡”的现实是厌恶的、反感的。但“我”到底是曾经与故乡人有过亲密的情感联系的，他无法忘却自己记忆中的那个美好的故乡，无法对故乡人的痛苦生活采取完全冷漠的态度，所以他希望自己的故乡好起来，希望自己故乡的人有一个美好的前途。不难看出，这表达的也是鲁迅对自己祖国的痛苦的爱。鲁迅的生命是在自己的祖国成长发展起来的，他曾经在自己的祖国感受到爱，感受到人与人关系中的温暖。但当他离开自己的童年，作为一个成年人进入了社会，有了更广阔的生活视野和社会视野，经历了人生的艰难，看到了中国社会的落后和破败，感受到了中华民族在现代世界的痛苦命运和严重危机，感到了中国人民生活的艰难和命运的悲惨时，他对“祖国”的感受发生了根本的变化。他的精神中的“祖国”失落了，物质“祖国”虽然存在着，但在这个“祖国”中却再也找不到自己精神的归宿。这时的“祖国”，主要是由两种人组成的。一种是像豆腐西施杨二嫂一样只有物质欲望的中国人。他们没有信仰，没有道德，没有固定的操守，极端狭隘自私。他们虚情假意，把任何一个人都视为自己掠夺、沾光的对象，对人没有真挚的感情，关心的只是个人眼前的物质实利。他们没有“别人”的观念，更没有“祖国”的观念，他们是社会腐败、人与人关系混乱的精神根源。中国物质文化的落后更加重了部分中国人对单纯的物质实利的关心，加重了这些人的狭隘和自私。他们是中国社会中的一些“不老实”的人。但像成年闰土这样的“老实人”，又是被中国传统宗法伦理道德严重束缚着的人。他们已经没有旺盛的生命力量，没有争取自己美好前途的奋斗意志和智慧才能。他们消极地忍受着生活的重压。两种人有能力的不讲道德，讲道德的没有能力，彼此没有起码的同情和理解，更没有团结奋斗的精神。他对这样一个“祖国”不能不感到严重的失望。但这种失望又是在关切着它的时候产生的。豆腐西施杨二嫂没有失望的感觉，因为她并不关心自己的祖国；闰土也已经感觉不到对社会、对祖国的失望，因为他只有在忘却中才有刹那的心灵的平静。“我”已经没有正视现实的勇气，正是这种失望，使“我”产生了对祖国未来的理想，并切实地思考着祖国的未来。鲁迅的“爱国主义”不是虚情假意的“爱国主义”，也不是狭隘自私的“爱国主义”，而是通过对“祖国”现实命运的切实关心、对祖国前途的痛苦思考体现出来的。

假若我们把鲁迅的《故乡》提高到对“祖国”前途和命运的关切的高度来体验、来感受，那么，《故乡》与我们当代的读者也就有了密切的精神联系。一个民族、一个社会，都是在发展过程之中的，人的成长也是缓慢的、曲折的。童年的梦都是美的，成年人的发展则是受到社会人生的严重制约的。每个人都必须获得物质生活的保证，但物质利益随时都可以把大量的社会成员变成一些不讲道德、没有感情、狭隘自私、损人利己的人，他们在任何历史条件下都会成为腐化社会、破坏人与人和谐关系的力量，而人与人的社会竞争又会把社会不平等的关系保持下来，压抑广大社会群众的生存意志和奋斗意志，使之成为像成年闰土那样精神麻木的木偶人。既不成为豆腐西施杨二嫂那样的人，也不成为成年闰土那样的人并不是那么容易的。

人类发展的过程不也是这样的吗？一千年以后还会有豆腐西施杨二嫂这样的人，也会有成年闰土这样的人，有良知的知识分子还会像成年“我”一样在社会上找不到自己精神的归宿。《故乡》的意义将是常青的。

（五）悠长的忧，悠长的美

即使在鲁迅小说里，《故乡》的美学风格也是独树一帜的。《狂人日记》有压抑的愤懑，它像一颗颗连发的炮弹一样把自己对传统伦理道德的愤懑发射出去。它是对整个中国旧有文明、旧有文化的总攻击，打的是阵地战。这里只有反抗，没有留恋；只有愤懑，没有忧郁。《孔乙己》是写一个人物的命运的，这里有同情，也有讽刺。作者同孔乙己是保持着一定思想感情的距离的。作者从来没有也不会与孔乙己这样的知识分子建立起像同少年闰土那样的亲密无间的感情联系，这样的感情联系是只有在完全平等的基础上才有可能产生的。孔乙己的等级意识把别人的这种感情关在了自己的心扉之外，不但他自己产生不了这种感情，就是别人也无法产生对他的这种感情。他对孔乙己的同情只是一个人对一个人的同情，一个中国知识分子对另一个中国知识分子的同情，除此之外没有完全个人化的因素。《孔乙己》完成的只是一个简短的记事，一个人一生命运的“报导”。它简洁得有些冷峻，短小得有些愤懑。《故乡》则不同了。作者对“故乡”的感情不仅仅是人与人之间一般的感情，同时还是带有个人色彩的特殊感情。在对“故乡”没有任何理性的思考之前，一个人就已经与它有了“剪不断，理还乱”的精神联系。童年、少年与“故乡”建立起的这种精神联系是一个人一生也不可能完全摆脱的。后来的印象不论多么强烈都只是在这样一个基础上发生的，而不可能完全摆脱开这种感情的藤蔓。具体到《故乡》这篇小说中来说，“我”对“故乡”现实的所有感受都是在少年时已经产生的感情联系的基础上发生的。“我”已经不可能忘掉少年闰土那可爱的形象，已经不可能完全忘掉少年时形成的那个美好故乡的回忆。此后的感受和印象是同少年时形成的这种印象叠加胶合在一起的。这就形成了多种情感的汇合、混合和化合。这样的感情不是单纯的，而是复杂的；不是色彩鲜明的，而是浑浊不清的。这样的感情是一种哭不出来也笑不出来的感情，不是通过抒情的语言就可以表达清楚的。它要从心灵中一丝一丝地往外抽，慌不得也急不得。它需要时间，需要长度，需要让读者去慢慢地咀嚼、慢慢地感受和体验。这种没有鲜明色彩而又复杂的情感，在我们的感受中就是忧郁。忧郁是一种说不清、道不明的情感和情绪，是一种不强烈但又轻易摆脱不掉的悠长而又悠长的情感和情绪的状态。《故乡》表现出来的是一种忧郁的美，忧郁是悠长的，这种美也是悠长的。

“悠长”是《故乡》整篇小说谋篇布局的特点。可以说，小说所要表现的无非是“我”重回故乡的见闻和感受，但这种感受是无法脱离开原来对“故乡”的印象和感受的。小说一开始，并没有直接进入对现实“故乡”的描写，而是用较长的篇幅写了路上的感受和这次回故乡的缘由。回到“故乡”后仍然没有直接进入对故乡现实的刻画，而是由母亲的话引起儿时的回忆，用更长的篇幅记叙了儿时与少年闰土的交往。这些描写都表现出了一种不急不躁的作风和态度。作者并不急于进入现实见闻的描写，他一寸一寸地接近它，半步半步地接近它，而不是一步就跨入小说的中心。在这个过程中，作者酝酿的是一种情绪，一种基调，它渐渐使读者的心灵进入到“我”回“故乡”时的心境中去，因为只有这样，才会像“我”那样感受现实的见闻。离开“故乡”的描写同回“故乡”的过程的描写有着相同的特点。作者没有急于结束这篇小说，而是比较详尽地记叙了离开故乡时的情景和心情。有一个外国学者认为，《故乡》结尾时的议论是不必要的。我认为，这结尾时的议论不仅仅是要表达某种思想认识，它更是一种抒情的必要。如果说开头部分给人以身未到“故乡”而心已到“故乡”的感觉，这里给人的则是身已离“故乡”而心尚未离“故乡”的感觉。整篇小说像一座弧形的桥梁，前边是一段长长的拱桥，中间是主桥，后边又是一段长长的拱桥，弧度很小，但桥身很长，给人产生的是悠长而又悠长的感觉。在这个过程中流动着的是越来越浓郁的忧郁的情绪。直到结尾，这种忧郁的情绪仍然是没有全部抒发罄尽的。鲁迅没有给读者一个确定无疑的结论，没有指明“故乡”的或悲或喜的固定前途。“故乡”的前途仍然是一个未知数，一个需要人自己去争取的未来。它把人们对“故乡”的关心永久地留在了人们的心中，把对“故乡”现实的痛苦感受永久地留在了人们的心中。人们没有在结尾时找到自己心灵的安慰，它继续在人们的心灵感受中延长着，延长着，它给人的感觉是悠长而又悠长的，是一种没有尽头的忧郁情绪，一种没有端点的历史的期望。

这是一种忧郁之美。这种忧郁的美感不仅表现在小说的谋篇布局上，还表现在它的语言特色上。小说开头和结尾的语言带有明显的抒情性，它们把中间的小说叙事置于了一个封闭的抒情语言的框架中，为其中的叙事谱上了忧郁的曲调。小说中唯一欢快的语调出现在对儿时回忆的描写中，但它接着就被对“故乡”现实描写的低沉空气驱散了，剩下的只是一种忧郁和感伤。在前后两段的描写中，句式是悠长的，虽有起伏，但造成的不是明快的基调。它们像飞不起来的阴湿的树叶子，一片一片，粘连在一起，你压着我，我压着你，似断又连，都有一种悠长而又沉重的感觉。

我所记得的故乡全不如此。我的故乡好得多了。但要我记起它的美丽，说出它的佳处来，却又没有影像，没有言辞了。仿佛也就如此。于是我自己解释说：故乡本也如此，——虽然没有进步，也未必有如我所感的悲凉，这只是我自己心情的改变罢了，因为我这次回乡，本没有什么好心绪。

整整这一段，还是没有说清过去的故乡到底是不是比现在美丽，实际上这两种感觉已经叠合在一起，怎么分也分不开了。它造成的只是一种忧郁的心情，而不是任何一个明确的结论。它的语言也和这种心情一样，没有跳跃性，你牵着我，我牵着你，似有停顿，又停不下来，整整这一段似乎只是一个句子，把“我”那种忧郁的心情很好地传达了出来。

忧郁是一种悠长的情绪，又是一种昏暗的、阴冷的、低沉的情绪。整个《故乡》的色调，也是昏暗的、阴冷的、低沉的。时候是“深冬”，天气是“严寒”的、“阴晦”的，刮着“冷风”，声音是“呜呜”的，看到的是“萧索的荒村”。即使结尾处那些议论性的语言，也带着昏暗的色彩、阴冷的气氛和低沉的调子。它不是痛苦的怨诉，也不是热情的呼唤；不是绝望的挣扎，也不是乐观的进取。一切都是朦胧的、模糊不清的。如果说红色是热情的，蓝色是平静的，绿色是清凉的，黑色是沉重的，灰色就是丰富的、复杂的。它是多种色调的混合体。它包含着所有色调，而又没有任何一种色调取得压倒的优势。忧郁就是这样一种复杂的情绪。忧郁是灰色的，《故乡》的主色调也是灰色的。

2000年9月4日于北京师范大学中文系

原载《语文教学通讯》2000年第21期、第22期

自然·社会·教育·人

——鲁迅《从百草园到三味书屋》赏析

一

鲁迅的《从百草园到三味书屋》是一篇回忆散文。所谓“回忆散文”，我认为至少有两个因素是不能忽略的：其一是对于往事的记忆，其二是现在对往事的感受。往事，并不都能留在作者的记忆里，大量的往事是早已被忘却了的，为什么独有这些还留在作者的记忆里，还能如此鲜明地呈现在作者的脑海里呢？这说明这些往事较之所有已经忘却的往事在事发的当时就已经深刻地影响了作者，或者给予过他意外的惊喜，或者给予过他意想不到的痛苦，或者使他产生过浓厚的兴趣，或者使他感到过厌恶或厌倦。虽然随着时间的流逝，这些情绪都已经没有当时的强烈，甚至在现在的心境中已经发生了各种色调的变化，但在当时，一定是格外深刻的。从写作的角度来说，作者的记忆就是一种自然的选材方式，通过记忆的过滤，作者已经把那些对自己的心灵没有影响或极少影响的事情或事情的细节排除在外，留下的就是那些曾经深刻地影响过作者心灵的事情或事情的细节了。所以，对于一篇回忆散文，假若它没有使我们感到过于的张扬或过于的拘谨，没有使我们产生虚假感或遮掩感的话，我们就得细细体味其中的事情以及各个细节对作者当时心灵的影响。这种影响不可能是单纯的，不可能仅仅用一种理性的语言就可以完全表达清楚，但这种影响却一定是存在的，并且一定是十分深刻的。

回忆散文写的是往事的回忆，但却不仅仅是往事的回忆，而同时是作者现在对往事的感受。每一个人都有很多往事的记忆，但他为什么只写出这件事或这些事，肯定是作者在写作的当时对这些往事有深刻的感受。对于过去的感受来说，这时的感受是二度感受，是对感受的感受。这个二度感受是在现实的背景上，在现在的文化心理的基础上产生的新的感受。回忆中的事情或事情的细节一定是有意义的，但并不是所有的回忆散文都是优秀的回忆散文，这就取决于散文作者现在对往事的感受的深度。与此同时，在写作上，各个细节取决于过去的记忆，但对于这些细节的组织和叙述则取决于作者表现现在更新的、更深刻的感受的需要。所以，对于回忆散文，我们必须同时在两个层面上都能感受到它的意义和价值，一是事情或事情的细节当时对作者的影响，一是作者现在对这种影响的感受或理解。

二

“我家的后面有一个很大的园，相传叫作百草园”。关于百草园的描写，不论是教师还是学生，都能感到是一段极其美丽的景物描写，但这里的百草园是不是一个我们平时所认为的真实的、客观的百草园呢？鲁迅在开头一段就动摇了我们的这种想法。在成年的“我”看来，“其中似乎确凿只有一些野草”。

既然“其中似乎确凿只有一些野草”，为什么“那时却是我的乐园”呢？

因为对于儿时的“我”，那是一个自由的世界，是一个自由嬉戏的场所。

在自由的心灵中，世界是美丽的，是魅力无穷的。

“自由”是什么？“自由”就是自己的心灵不受任何的约束、任何的限制，就是自己所有的感觉器官都不受任何约束、任何限制地自由活动着，外部的世界和心灵的世界进行着畅通无阻的交流，没有外和内的差别，没有天和人的界限，外部世界就在自己的感觉中，自己的心灵就在外部的世界中："碧绿的菜畦，光滑的石井栏，高大的皂荚树，紫红的桑葚"，一个个不同的事物、不同的形象，迅速地、不间断地呈现在"我"的视觉里，形象鲜明而突出，色彩各异，形状各异。外部世界的形象是跳动着进入"我"的眼帘的，"我"的心灵也就跳动在外部世界的不同事物上："鸣蝉在树叶里长吟，肥胖的黄蜂伏在菜花上，轻捷的叫天子（云雀）忽然从草间直窜向云霄里去了"，听觉、视觉一起活动着，声音、形象一起呈现着，动态的和静态的几乎同时被"我"所感知。我们感到了外部世界的丰富多彩和生动活泼，同时也感到了"我"的心灵世界的丰富多彩和生动活泼。这不是两个世界，而是一个世界，是心灵世界和外部世界融为一体的美的世界。"油蛉在这里低唱，蟋蟀们在这里弹琴"，在这里，"我"只能听到声音，但却看不到发出声音的油蛉和蟋蟀们的形体，这就招引"我"去寻找藏在草丛里、断砖下的这些昆虫，但翻开断砖，找到的却不一定是原来要找的油蛉和蟋蟀，反而可能是也在那些地方藏匿着的蜈蚣。这是一种意外的发现，一种在意外的发现中的意外的乐趣。"还有斑蝥，倘若用手指按住它的脊梁，便会啪的一声，从后窍喷出一阵烟雾"。多么奇异！多么有趣！"我"玩得多么专注、多么舒畅！没有父母的指导，没有教师的教诲，他对外部世界的兴趣自然地吸引着他去观察各种事物、认识各种事物，手脑并用，在不经意间，就获得了在教科书中根本无法获得的具体、细致的知识。"何首乌藤和木莲藤缠络着，木莲有莲房一般的果实，何首乌有臃肿的根"，他对不同事物的不同特征的把握是多么准确、多么细致呵！但这不是在教科书里学到的，不是由别人教会的，而是他自己的观察、自己的发现。在这种观察和发现里，他不会产生被动接受时的自卑和自馁，而是自然地增长着他感受世界、观察世界、认识世界的主动性和积极性。不是别人让他知道，而是他自己愿意知道。他要自己去看，去听，去触摸，去探索，去实验。"有人说，何首乌根是有像人形的，吃了便可以成仙，我于是常常拔它起来，牵连不断地拔起来，也曾因此弄坏了泥墙，却从来没有见过有一块根像人样。如果不怕刺，还可以摘到覆盆子，像小珊瑚珠攒成的小球，又酸又甜，色味都比桑葚要好得远"。一个多么忙忙碌碌的小家伙呀！但他忙得惬意、忙得愉快。

百草园是“我”的乐园，是“我”获得了无限乐趣的所在，这是“我”在童年时就感觉到的。但是，当作者重新回忆起这段往事的时候，他还不能不认识到，百草园同时也是他的一个知识的宝库，是他认识这个世界的开始。我们看到，就在这短短的一个自然段里，作者如数家珍般地叙述了多少种事物呵！菜畦、石井栏、皂荚树、桑葚、鸣蝉、黄蜂、叫天子、油蛉、蟋蟀、蜈蚣、斑蝥、何首乌、木莲、覆盆子，所有这些事物，都有鲜明的特点，都有神奇的色彩，都有旺盛的生命力量，它们共同组成了一个色彩缤纷、生机盎然的百草园。

这也是当时的“我”的心灵的写照。

三

百草园是一个自然的世界，但是这个自然的世界并不都是美好的，它同样隐伏着危险。

> 长的草里是不去的，因为相传这园里有一条很大的赤练蛇。

在过去，我曾把长妈妈讲给“我”听的美女蛇的故事仅仅作为一个封建迷信的故事来理解，认为它对“我”的影响是绝对有害的。我现在的认识发生了一些变化，我认为，要理解这个美女蛇的故事及其对“我”的影响作用，仅仅通过理性判断是不行的，必须通过“我”在当时的实际感受和对“我”的实际影响作用来分析。

在这里，我们首先应当提出的是：我们这个世界，包括我们所面对的自然世界，是不是完全美好的，对于人的生命的存在和发展是不是都是有益的，都是没有任何危险的？假若它不是完全美好的，对于人的生命、特别是弱小的生命不是没有任何威胁的，我们应该不应该让儿童知道这种危险性的存在，并且使他们知道如何自己保护自己呢？我认为，只要意识到这一点，我们就能够知道，长妈妈是在关心、爱护“我”的意识的支配下给“我”讲了这个美女蛇的故事的，是为了让“我”有一种自我保护意识，从而知道外部世界实际存在的危险性的。在具体分析这个故事的内容之前，必须看到，这个故事传达着长妈妈对“我”、对儿童、对弱小生命的自然的、朴素的、亲切的感情，是在与儿童的亲切交流中讲给“我”听的一个有趣的故事。所以，尽管这个故事让“我”体验到的是恐惧的情绪，但这个故事在整体上却有一种奇诡的美感，对“我”是充满魅力的，是“我”愿听和乐听的。这些故事对我们的成长有没有实际的作用呢？我认为，正是这样一些故事，使我们在还没有力量战胜一切危险的时候，自然地避免了人生中各种可能发生的危险，使我们在面临有可能发生危险的局面时，有所警惕、有所回避。待到我们长大成人，有了战胜危险的更大的力量，有了更多的现实经验，我们就知道这些故事是虚构的、想象的了，儿时的恐惧心理也慢慢地消失。这是一种艺术的教育，是用艺术的手段、用想象的故事传达人类各种人生感受和人生体验的方式，而不是作为死的知识、作为永远不变的教条生硬地注入人们的头脑的。它的形式在人类现实经验的丰富过程中能够自然地显现出它的虚幻性来，但它的寓言性质却永久地给人类提供着有价值的人生感受和人生体验的内容。我认为，我们对于长妈妈的美女蛇的故事，也应当这样感受和认识。

“长的草里是不去的”，这是“我”自觉自愿地遵守的规则，没有任何的勉强，没有不自由的感觉，因为这出于他本人的自我保护意识。

当我们回到美女蛇的故事本身，我们就会看到，鲁迅在这篇散文里，绝对没有否定社会教育，否定人类更加切实地认识世界、认识事物、认识各类人的本质属性的必要性，他提出的是怎样更有效地进行人的教育的问题，而不是要不要教育的问题；是掌握什么样的知识的问题，而不是要不要知识的问题。人类是爱美的，是向往美的，美是在人类直感、直觉中感受到的，而不是在理性的认识中认识到的。但是，正因为人类是爱美的，美是在直感、直觉中呈现出来的，所以很多害人、吃人的东西都用美来引诱人、陷害人。美女蛇就是以美的形式引诱人的一个蛇精，一个“人首蛇身的怪物”。“能唤人名，倘一答应，夜间便要来吃这人的肉的”。要识破这样的妖怪，只靠直感和直觉是不行的，必须有透过现象看到本质的理性认识能力。那个读书人没有这种能力，险些被美女蛇所害；而那个老和尚则能够看穿美女蛇的骗局，用法术制伏了美女蛇，救了这个没有经验的读书人。

> 结末的教训是：所以倘有陌生的声音叫你的名字，你万不可答应他。
>
> 这故事很使我觉得做人之险，夏夜乘凉，往往有些担心，不敢去看墙上，而且极想得到一盒老和尚那样的飞蜈蚣。走到百草园的草丛旁边时，也常常这样想。但直到现在，总还没有得到，但也没有遇见过赤练蛇和美女蛇。叫我名字的陌生声音自然是常有的，然而都不是美女蛇。

这里的议论，带有明显的幽默意味。幽默，都是兼有两层意思的。它表面上是对长妈妈故事的否定，而在更深层次上却是对它的肯定。美女蛇当然是不可能遇到的，但像美女蛇这样的人却是常常遇到的。对待美女蛇，可以用老和尚的飞蜈蚣，而对待像美女蛇这样的人，却是没有像用飞蜈蚣这样灵验的办法的。鲁迅一生经常受到所谓正人君子的围攻，他们打着维护公理、正义的旗号，对鲁迅进行的却是恶毒的人身攻击。这样一些人，也正像美女蛇一样，一旦提到你的名字，就是为了伤害你，一不小心，就会落入他们的圈套。这样一些人的存在，使人生变得十分险恶，使人无法轻易地相信人，必须对自己不了解的人有所警惕、有所戒备。所以，即使对于成年的鲁迅，长妈妈的故事也不是没有意义的。我们不能把这个故事仅仅理解为一个封建迷信故事，理解为对鲁迅思想的毒害。

四

最初的自然知识是在“我”与大自然的直接接触中获得的，最初的人生经验是在长妈妈这样的成年人所讲的民间故事中获得的，而最初的技能训练则是在闰土的父亲这样的成年人的指导下进行的。

> 薄薄的雪，是不行的；总须积雪盖了地面一两天，鸟雀们久已无处觅食的时候才好。扫开一块雪，露出地面，用一枝短棒支起一面大的竹筛来，下面撒些秕谷，棒上系一条长绳，人远远地牵着，看鸟雀下来啄食，走到竹筛底下的时候，将绳子一拉，便罩住了。

这是游戏，但也是一种实际技能的训练。在这里，有经验，有方法，有过程，有实际的操作，需要劳动也需要灵巧，需要细心也需要耐心，需要智慧也需要意志。“你太性急，来不及等它走到中间去”。对于儿童的身心，它是一种全面的训练。

一个活泼泼的儿童在一个活泼泼的世界上活泼泼地成长着——这就是我们从《从百草园到三味书屋》前半部分的描写中获得的整体印象。童年是美好的，因为童年是自由的。正是在这样一个意义上，他不能理解家里的人为什么要把他送进书塾里去，并且是全城中称为最严厉的书塾。但从成年的作者看来，那时的生活却不仅仅是快乐的，同时也获得了丰富的知识。自然的知识、人生的经验、实际的技能，都在充满趣味的游戏中得到了丰富和发展，身心是和谐的，求知欲是旺盛的。作者当然已经知道家里的人为什么要把他送进书塾去读书，但那不是从人的教育的角度出发的，而是从社会的功利目的出发的。仅仅从人的教育出发，把他从这样一个丰富多彩的世界里送到一个枯燥呆板的书塾中去读那些枯燥呆板的四书五经，实际是不合理的，是戕害了他的旺盛的求知欲望和活泼的生命力，而不是有助于他知识的增长。

童年的“我”感到的是游戏的乐趣，成年的作者重视的是人的教育。但在这个时期，二者是有机地融合在一起的。将这二者截然分开的是社会，是社会的功利主义目的。

五

> 中间挂着一块匾道：三味书屋；匾下面是一幅画，画着一只很肥大的梅花鹿伏在古树下。没有孔子牌位，我们便对着那匾和鹿行礼。第一次算是拜孔子，第二次算是拜先生。

对于刚刚上学的“我”来说，学校的一切也是新鲜的，所以他很清楚地记得这些细节。而对于成年的作者来说，这些细节却有着更为丰富的含义，因为这些细节，恰恰是社会心理的反映，凝结着当时人们对教育、对文化的理解和运用。

必须看到，中国文化中是有很多做戏的成分的。做戏，是做给别人看的；而自己，却别有目的。“尊孔”就是中国文化中演的一出大戏。“尊孔”应该是对孔子这个人的尊敬，是对孔子这个人的思想和品格的尊敬，并且自己也愿意成为像孔子这样的一个人。但中国社会的“尊孔”却不是这样。中国绝大多数的知识分子并不想成为孔子这样的一个人，并不想一生落拓，为实现自己的社会理想而奔波操劳。中国绝大多数知识分子的“尊孔”是因为学了孔子的书能够升官，能够发财，能够飞黄腾达、光宗耀祖，是为了个人的命运和前途。这实际上不是尊重孔子和他的思想人格，而是把孔子及其思想、人格作为自己升官发财的工具。鲁迅说：“孔夫子之在中国，是权势们捧起来的，是那些权势者或想做权势者们的圣人，和一般的民众并无什么关系。然而对于圣庙，那些权势者也不过一时热心，因为尊孔的时候已经怀着别样的目的，所以目的一达，这器具就无用，如果不达呢，那可更加无用了。在三四十年以前，凡有企图获得权势的人，就是希望做官的人，都是读‘四书’和‘五经’，做‘八股’，别一些人就将这些书籍和文章，统名之为‘敲门砖’。这就是说，文官考试一及第，这些东西也就同时被忘却，恰如敲门时所用的砖头一样。门一开，这砖头也就被抛掉了。孔子这人，其实是自从死了以后，也总是当着‘敲门砖’的差使的。”（《且介亭杂文二集·在现代中国的孔夫子》）正因为孔子在中国官僚、中国文人手里只是一块“敲门砖”，所以孔子这个人以及他的思想和人格，在他们的心目中实际上是不占有重要位置的，在他们心目中真正占有重要位置的是权势和禄位。家长让孩子上学，也不是为了让他们成为像孔子那样的人，也不是为了让他们学习孔子的思想和人格，而是为了让孩子读书当官，成为一个人上人，成为一个权势者。在三味书屋里，“没有孔子的牌位”，只挂着一张“画着一只肥大的梅花鹿伏在古树下”的画。“鹿”者，“禄”也，当官也，发财也；“肥大的鹿”，高官也，厚禄也；“伏在古树下”，“禄”在古书中也，“书中自有千钟粟，书中自有颜如玉”也。“没有孔子牌位”是不要紧的，但却不能没有这幅象征着升官发财的“画着一只肥大的梅花鹿伏在古树下”的画。

“我们便对着那匾和鹿行礼。第一次算是拜孔子，第二次算是拜先生”。这个“算”字用得很妙。拜的实际是学校和禄位，上学是为做官，所以拜学校也是拜禄位。尊重禄位、尊重权势，也就“算是”尊重孔子、尊重老师了。——若不想当官，还会尊重孔子、尊重老师吗？

家长让学生上学是为了做官，所以学校的教学就不必考虑儿童当下的兴趣和需要，只教给他们应付科举考试所需要的“知识”就够了。“我出世的时候是清朝的末年，孔夫子已经有了‘大成至圣文宣王’这一个阔得可怕的头衔，不消说，正是圣道支配了全国的时代。政府对于读书的人们，使读一定的书，即四书和五经；使遵守一定的注释；使写一定的文章，即所谓‘八股文’；并且使发一定的议论”。（《且介亭杂文二集·在现代中国的孔夫子》）儿童是不可能对未来的升官和发财感到真正的趣味的，当然也不会对四书五经感到真正的趣味。他们的求知欲望在这样的教育中不是得到鼓励和发展，而是受到了漠视和抑制。我们看到，在上学之初，“我”是有着强烈的求知欲望的，对老师也怀着由衷的尊敬，认为老师能够教给他长妈妈所不可能知道的更多的事情。但作为老师，却认为与四书五经无关的一切都是没有“用”的知识，他不但不回答学生提出的问题，反而认为学生主动提出问题是极不应该的，是“不学好”的表现，从而也严重挫伤了儿童学习的积极性，抑制了他们本能的求知欲望。在天真活泼的儿童看来，这大概也是一种“怪哉”的现象。

实际上，学生并不绝对地厌恶书本知识，“怪哉”的问题也是在书籍中记载着的，也是一种“书本知识”，但这样的“书本知识”却不被当时的学校教育所承认。在学校让学生学的，都是学生根本无法理解也无法感到趣味的枯燥乏味的高深讲章，是“仁远乎哉我欲仁斯仁至矣”，是“上九潜龙勿用”，是“厥土下上上错厥贡苞茅橘柚”，这是一些学生在自己的生活中根本不需要也无法理解的语言。

学生在读书中感觉不到趣味，就必然要到书籍之外去寻找趣味。所以，在先生读书入神的时候，他们就跑到外面去玩耍：

> 三味书屋后面也有一个园，虽然小，但在那里也可以爬上花坛去折蜡梅花，在地上或桂花树上寻蝉蜕。最好的工作是捉了苍蝇喂蚂蚁，静悄悄的没有声音。

这仍然是儿童游戏本能的体现，但这里的游戏较之“我”在百草园中的游戏已经带上了一点破坏性和残酷性。在那时的学校里，没有体育课、美术课、音乐课、手工课，没有自然科学知识的课程，没有课间休息，到校后就在教室里读那些深奥枯燥的经书，一直读到吃饭的时候才放学，稍有不慎，就会受到老师的训斥或体罚。学校的生活是十分枯燥的，没有任何自由，精神受到压抑。在这种情况下，一旦得到一点自由，学生就会贪婪地抓住它，满足自己压抑已久的求乐欲望，而不会顾忌自己行为的后果。他们“爬上花坛去折蜡梅花”，就是在这种迫不及待的心情下产生的占有欲的表现，具有一种破坏的性质，这与“我”在百草园里的情况是不同的。在百草园里，“我”没有这种迫不及待的心情，不会想到要把自己喜爱的事物占为己有，因而也不会轻易毁坏它们。在学校里，学生的精神受到压抑，身体受到摧残，并且把这一切都视为合理的，他们感觉不到成年人对自己生命的爱护和顾惜，他们对比自己更弱小的生命也就没有了爱护和顾惜之情，“捉了苍蝇喂蚂蚁”，就表现着他们对更弱小的生命的态度，带有一点残酷性。假若说“我”在百草园里的趣味是一种情趣，这时的趣味就带有一点恶趣的性质了。但是，这一切都是由于学校对儿童的禁锢，责任并不在儿童本身。在儿童本身，这些仍然只是他们活泼好动天性的表现，是可爱的，而不是可恶的。——假若连这点调皮精神也没有了，他们不就完全成为小绵羊了吗？

由于在读书中感觉不到趣味，所以他们读书时就没有任何主动性了。老师让读书，他们就放开喉咙读一阵，读的是什么，读得懂不懂，他们是无暇顾及的。待到老师读书读得入了神，他们就偷着做他们的小动作了：“有几个便用纸糊的盔甲套在指甲上做戏。我是画画儿……”在我们现在看来，前者是对手工技巧的爱好，后者是对绘画的爱好，都是应当受到鼓励的，但在那时的教育里，都只能“偷”着做，他们在这些方面的才能无法得到充分的发展，是可想而知的。

六

最后，我们得谈谈“先生”这个人物。

在“文化大革命”中，大家把鲁迅的《从百草园到三味书屋》视为对反动教育路线的揭露和批判，从而也把“先生”这个人物说成是忠实地执行了反动教育路线的一个反派人物。在当时，我曾写过一篇《如何正确评价〈从百草园到三味书屋〉中“先生”这个人物》，认为这个人物不是一个反派人物，而是鲁迅所尊重的一个“方正、质朴、博学”的老师。直至现在，我仍然坚持自己的观点。

在这里，我们首先要解决的是教育和教师关系的问题。

教育，是培养教育一代代儿童的，由教师实际担当着教育的任务。但教育的性质和任务却既不取决于受教育的少年儿童本身，也不取决于实际担当着教育任务的教师，而是取决于一个时代、一个社会对教育和文化的基本理解和运用。假如当时的社会就是以科举制度选拔人才的，假如学生的家长送学生入学读书就是为了自己的孩子能够通过科举考试获得一个更优越的社会地位，一个教师是不能不根据科举制度的要求来培养学生的。也就是说，教师在整个社会教育观念和教育体制面前是没有自己的主动性的，我们评价一个教师不能仅仅看他施行的是什么样的教育，还应该看到他怎样具体地施行了这样的教育。我认为，只要意识到这一点，我们就会看到，《从百草园到三味书屋》中的“先生”这个人物，对他的学生不是冷酷的，而是有着朴素的爱心的。这种爱心不可能不受到当时教育观念和教育体制的束缚，但我们仍然是能够感受得到的，对学生也有着潜在的影响作用。他对学生的态度在总体上是和蔼的，没有一副凶神恶煞的样子，学生也并不怎么害怕他。“第二次行礼时，先生便和蔼地在一旁答礼”，这使学生在他面前的心情是轻松的。总体说来，三味书屋的气氛是沉闷的，但却没有严重的压抑感，他和学生之间的关系很难亲切起来、活泼起来，但二者也没有严重的对立情绪。

“我”向他提出问题时他面有怒色，学生跑出教室玩要时他在书房里“大叫起来”，其目的仍然是为了让学生专心读书，他的学生从他的表现中感觉不到恶意，所以对他还是尊敬的。“他有一条戒尺，但是不常用，也有罚跪的规则，但也不常用，普通总不过瞪几眼，大声道：——‘读书!’”当时的社会和家长赋予了他这些权利，但他不但没有滥用这种权利，而且表现出了尽量不使用这种权利的愿望，这说明他对学生还是相当温厚的。更为重要的是，当时的教育不但束缚着学生，也束缚着教师。教师教的很可能正是自己不愿意教的，教师做的很可能正是自己不愿意做的，但在当时的社会教育观念和教育体制之下，教师却没有权力也没有能力按照自己的意愿进行教学活动。也就是说，教师也是受到它的压抑的。

> 铁如意，指挥倜傥，一座皆惊呢～；金叵罗，颠倒淋漓噫，千杯未醉嗬～

从寿镜吾先生入神地读着的这些文句我们可以感到，他内心也是有着自己的苦闷和不满的，但他在学生面前，却无法表达自己内心的真实情感。他和学生之间，同样隔着一层厚障壁，使他和学生的心无法相通。这是学生的悲剧，也是教师的悲剧，社会的教育观念和教育体制把他们的心灵隔在了两端。

我之所以特地提出对“先生”这个人物的态度的问题，是因为自然与社会、社会与教育、教师与学生之间的矛盾不仅仅在中国古代的私塾教育中存在，即使在现在甚至在未来的教育中仍然会长期存在，社会总是以自己所需要的思维模式或知识结构要求于学校教育，这种要求总是与儿童的自然需求和本能的求知欲望有所不同，教师总是不能不按照当时社会的教育观念和教育体制的要求具体地从事自己的教育活动，因而教师的要求与学生的愿望之间也总是无法取得完全的一致。二者的矛盾使教师在自觉与不自觉间就会限制学生的自由发展，将学生严重束缚在特定的教育目的上。这些矛盾只有在整个社会不断加强对儿童身心健康的关心和对儿童自然成长规律的认识的基础上才能得到相对完满的解决，单纯批评教师在具体教学活动中的缺点和错误，是不可能从根本上解决这些矛盾的。鲁迅在《从百草园到三味书屋》中描写的是这样一种社会教育现象，而不是对寿镜吾先生本人的批评。即使对这样一种社会教育现象，鲁迅也不是进行无情的批判和揭露，而是在委婉的叙述中点缀着轻松的幽默，发人深省却不愤激恚怒。在教学中，教师和学生共同面对这样一篇批评学校教育的回忆散文，假若仅仅强调学生受束缚的一面，而认识不到教师同样受到当时社会教育观念和教育体制的束缚，很容易造成学生与教师之间不应有的思想对立。只有正确阐释这篇回忆散文中对寿镜吾先生的描写，才能加强教师和学生的相互理解和同情，完善和发展我们的教育观念，改革我们的教育体制，求得我国教育事业的更大发展。

原载《中国需要鲁迅》，王富仁著，安徽大学出版社2013年版

学界三魂

鲁迅的《华盖集续编》中有一篇《学界的三魂》，说是中国的学界里有三种魂灵，一是官魂，一是匪魂，再一个就是民魂。他还说："惟有民魂是值得宝贵的，惟有他发扬起来，中国才有真进步。"

我不知道现在的"民魂"发扬得怎样了，但据我的感受，当前中国的学界里，仍然还有这么三种魂灵。既然是三种而不是一种，学界也就不"素净"、不"干净"，不论是什么"魂"，都感到不满意、不痛快，学界的斗争也就层出不穷、连绵不断。鲁迅虽然死了，无奈现在的人还没有完全忘掉他，他也就被裹在了这三种魂灵的大混战中，难得安宁。

中国知识分子好笼统地攻击"官"，但我认为，并不是所有的"官"的"魂"都是"官魂"。人类最初的"官"，倒是真正具有"民魂"的人。好多人在一起生活，不但与其他的群体会有矛盾、会有战争，就是自己人与自己人之间，也会有矛盾、有争斗，这时得有一个组织者、领导者，出来处理这些属于集体的事务，维护群体的利益。被认为最有能力也最受多数人爱戴的人，就被推举出来，成了当时的"官"。那时的"民"，平常只顾自己，只顾自己的"家"，而只有这些"官"，除了照顾自己之外，还得处理大家的事，还得关心着别的人。他们的"民"的观念最重，所以也是真正具有"民魂"的人。但是，大家需要"官"管理集体的事，就得给他"权"。这个"权"就是要服从他、顺从他，不能反对他。他有以群体利益的名义要求别人服从自己领导的权力。否则，他就起不到管理作用了。这个"权"区分了"官"和"民"，但也给了

“官”各种不同的方便。“官”也是“人”，他与其他人一样，也有七情六欲，也有各种摆脱不了的本能。“权”给了他处理群体事务的便利，也给了他“以权谋私”的便利。当“权”不仅仅能够以群体的利益处理群体之事的时候，当“权力”本身就成了一种价值、一种身份、一种争名夺利的手段的时候，“官”的自我意识就有了变化，他身上的“官魂”就浓了起来。有“权”就有“威”，有“威”才有“权”。“威权”就成了“官”的标志。在开始，“官”是为“民”办事的，所以他重视的是“事”的本身，他的“权”也只是“事”上之“权”。要做好一件事，总得彼此协调起来，“官”就是在做事时起协调作用的人。“事”做得好，群众就信赖他，做不好，群众就不再依赖他，他也就没有指挥别人的权力了。“官”的“事”是最不好办的，战争的时候他得领着打仗，他得冲锋陷阵，平时的时候他得想办法提高劳动效率，使群体的经济生活得到改善。但到权力意识发展起来，获得权力的人就不愿轻易放弃自己手中的权力了，权力就成了“官”的私有财产。而一旦权力成了“官”的私有财产，“官”的所有麻烦事就都可以靠权力来解决了。打仗的时候他让别人去冲锋陷阵，自己可以躲在最安全的地方；平时他可以征收“民”的赋税，让“民”尽量劳苦，自己倒可以尽情享乐。别人要是反对自己，他们就用手中的权力压制那些人。这样，“官”的便利越来越多，“民”的便利越来越少，“当官”成了一本万利的事情，不但当了“官”的怕失去“官”，即使没有当成“官”的也千方百计地想去当官。“官魂”也就不仅仅是“官”的“魂”，同时也成了很多“民”的“魂”，“民”中的“民魂”没能发展起来，反而逐渐蔓延出一种“官魂”来。阿Q算是地地道道的“民”了，但革命一来，他就做起了“官”梦。就是平时，只要遇不到实际的压迫，也是“官气”十足的。什么是“官魂”，就是不再把自己视为“做事的人”，而是把自己视为“管人的人”，别人必须服从自己的“管”，不服从，就是大逆不道，就是犯上作乱，就是“匪”，就是“盗”，就可以使用手中的权力压迫他们、杀戮他们。直至现在，我们仍然不能笼统地反对“官”，因为“官”是一种社会的需要。社会需要统一的组织和管理，就得有组织者和管理者，就得有“官”。但社会上又不能仅仅有“官”，仅仅由“官”说了算。因为既然“官”与“民”成了两个不同的阶层，这两个阶层就一定会有各自独立的利益和要求，其中的任何一个都不能代表全体。尽管“官”中也有“民魂”，但“官”中也有“官魂”，仅仅在“官”的中间，“民魂”的发展是比较困难而“官魂”的发展是比较容易的。有“官”就有“民”，有“官魂”也得有“民魂”。只有“民”有了“民魂”，才能把“官魂”限制在社会能够容许的范围，才能把权力限制在有效地处理集体之事、国家之事的范围，防止官僚集团权力的无限膨胀，防止官僚集团的腐化和堕落。所以鲁迅说“民魂”是最宝贵的，因为“民魂”不但能体现自己的意志和要求，还能保障官僚集团的清明纯洁，使整个社会都朝着进步的方向发展。

中国知识分子除了好笼统地攻击“官”之外，更好笼统地诅咒“匪”。实际上，正像最初的“官”的“魂”倒是“民魂”的体现一样，最初的“匪”也是“民魂”的体现。因为除了后来的世袭的“官”和“匪”之外的任何人，都不是生而为“官”或为“匪”的。他们在开始时都是“民”。当“民”把自己之中的个别人推到社会的组织者和管理者的位置上之后，这个人就成了“官”，在这时，“官”是“民”的代表，他的“魂”仍然主要是“民魂”。但是，当“官”的权力逐渐大了起来的时候，“官”的便利越来越大，“民”的便利越来越小，有些“民”就落到了走投无路的地步。其中的大部分人在默默地忍耐中丧生，而总有一些人不愿束手待毙，就铤而走险，走向了与官府对立的路。在“官”看来，他们就成了“匪”。实际上，这时的“匪”不但是从“民”中产生的，而且体现了“民”自求生存的需要。陈胜、吴广带领戍边的士卒到了大泽乡，误了行期，依秦律都要被斩首，他们只能揭竿而起，走向反抗官府的路。这时候，他们实际体现的是“民”自己的意志。“官”要活，“民”也要活，在“民”无法活下去的时候，就走上反抗的路。这条路是要拿着自己的生命去冒险的，虽然不能说只有这样的农民起义才是推动中国古代历史发展的动力，但中国知识分子也没有特别蔑视他们的理由。但是，“匪”与“官”既是对立的，又是相通的。“匪”推翻了“官”的统治，他们自己也就成了“官”，即使在为“匪”之时，也要由“民”供给衣食。他们不像“官”那样具有收取赋税的法定的权力，

"民"是不情愿给他们的，但他们又是非吃饭穿衣不可的，非要你供养他们不可的，你不愿给，他就得拿出点厉害来给你看看，这就是要"抢"。所以作为一种"民"看的"匪"，是有点可爱的。"民"不敢对抗官府，他敢！民豁不上自己的小命，他豁得上！但作为"官"看的"匪"，他就不那么可爱了。"官"手里还有个"法"，"法"还是有个分别的。即使"民"因违了"官"的意志而受到迫害，还有一个轻重缓急，还有一个表面的量"罪"施"刑"的问题，不至于一律砍头。"匪"就不同了，他们没有那么从容。他们是按照自己一时一地的需要、一时一地的心情对待"民"的，他们没有稳固的社会地位，今天能得到的明天就可能得不到了。所以他们不讲什么"规矩"，他们当下的需要就是规矩。他们没有时间讲"说服"，只能"压服"，拳头就是真理，枪杆子就是法律，心里一阵不痛快，就敢用"枪子儿"崩了你，并且你是无处为自己申冤叫屈的。正像鲁迅在《灯下漫笔》中所说的，"民"在"官"的统治下，一般还能做稳奴隶，而在匪盗横行的时候，是连奴隶也做不稳的。但是，"官"祸像旱，"匪"祸如淹。"官"祸一大片，"匪"祸一条线。"官"多"匪"少（"匪"一旦多于"官"，"匪"就成了"官"，"官"就成了"匪"了），"民"受"匪"祸是一时的、偶然的，"官"的祸是想逃脱也逃脱不了的。所以"民"尽管怕"匪"，但在走投无路的时候，对"匪"就生了羡慕之情，"匪魂"也就在"民"中有了市场。"匪魂"是什么样子的呢？"匪魂"就是不分青红皂白地消灭一切自己看着不顺眼的人和事物。一切按自己一时的好恶，没有一个超于自己一时好恶的一贯的标准。正像鲁迅所说，他们的思想"没有线索可寻"，像李逵一样，抡着板斧一路砍去，只顾自己的痛快，不问砍的是谁，为什么砍，砍的后果如何。"砍"就是一切。"匪"只有眼前的利益，过了这个村，就没有这个店了，有威就施，活一天就痛快一天。什么人类，什么群体，什么未来，对于他们都是毫无意义的事情。别人不认为这是他们的责任，他们也不必为这一切负责。总之，"匪"是从"民"中产生的，在开始时体现的是"民"在走投无路情况下自谋生路的需要，是"民魂"的一种表现形式。但一旦为"匪"，他们身上就有了"匪"气，这是在他们特定的生存方式中不能没有的。在中国古代社会中，"官"

有“官魂”，“匪”有“匪魂”，但“民”却没有“民魂”，即使有，也不主要存在于“民”中，而是散见在“官”和“匪”中。他们有时把自己的希望寄托在“清官”的身上，有时把自己的希望寄托在“义匪”（侠客义士）身上，至于自己如何保障自己的合法权利，他们是没有办法的。为什么中国古代的“官”有“官魂”“匪”有“匪魂”，而独独“民”无“民魂”呢？因为“魂”的产生得有一个必不可少的条件，那就是得有能把彼此联系起来的一种方式。在中国古代社会上，“官”是有组织的，“匪”也是有组织的，独独“民”没有自己独立的组织形式。“民”作为群体是在“官”的管理之下的，是通过“官”组织在一起的。没有了“官”，他们就是各自分离的了。而“官”是不可能不以“官”的根本利益为前提的，尽管他也要为“民”办事，但到触及“官”的根本利害关系，他就要牺牲“民”的利益、维护“官”的权力地位了。即使包拯，即使海瑞，也不会容许你犯上作乱，即使像宋江、林冲那样被逼上梁山的也不行。中国古代的家族制度起到的不是把“民”联系起来的作用，而是把“民”割裂开来的作用。但是，任何一个民族、任何一个社会，都是“民”为多。“官”是少数，“匪”也是少数，“民”无魂，就等于民族无魂、社会无魂。民族无魂、社会无魂，这个民族、这个社会是无论如何也无法发展、无法进步的。名义上发展了、进步了，也可能实际上是萎缩了、退步了。因为衡量社会进步和退步的标准先就不是以“民”的标准建立起来的。“天下太平”了，官吏的政权更稳固了，在“官”认为是进步了、发展了，可能“民”的自由就更少了，在“三纲五常”的律令下被杀、被关的冤死鬼就更多了；“天下大乱”了，“匪”的活动余地更大了，在“匪”认为形势大好、社会进步了，而“民”的生活可能更艰难了。没有一个“民”的独立愿望和要求的标准，没有“民魂”，到底什么是进步，什么是退步，什么是好，什么是不好，都是很难说清的。所以，有“官魂”，有“匪魂”，也得有“民魂”。

什么是“民魂”呢？首先，“民魂”不是为了做官的，也不是为了为匪的，而是为了作为一个普通的社会成员在这个世界上求生存、求发展的。只有作为普通社会成员的“民”的自由活动的空间扩大了，生存和发展的机会增多了，自己进行独立选择的权利提高了，整个民族、整个社会才算有了进步、有了发展。“官魂”和“匪魂”都要求别人绝对地服从自己、拥护自己、支持自己，认为自己有规范别人、指挥别人乃至决定别人生死的权力。“民魂”则不能这样，它不把自己的意志作为宇宙的意志、世界的意志和全民的意志。既然是“民”，他就没有这样的权力，也没有这样的能力。但他却有为自己的生存和发展表达自己的意志和愿望的权利，有为实现自己的生存和发展进行努力的权利。他就用这样的权利把“官”限制在为有效地管理和组织社会而使用政治的权力的范围中，把“匪”限制在仅仅为维护个人生存和发展的权利而与官府为敌的范围中（这时他可能还是“匪”，因为他不再受到社会法律的保护，也不再以社会的法律约束自己，他们是鲁迅所说的“官”之所谓“匪”）。“民”永远不会完全地做到这一点，但却永远不能放弃这种努力。没有这样一种意识，没有这样一种努力，他们就等于把左右社会的权利完全让给了“官”和“匪”，他们的生存空间就会越来越小，社会的腐败（主要由“官”的堕落所引起）和社会的动乱（主要由“匪”的势力的发展引起）就会愈益加强，从而使“民”堕入更加深重的灾难之中去。中国的这种“民魂”首先是在现代知识分子中孕育出来的。这一方面因为科举制度的废除，把大量中国的知识分子排斥到了普通社会公民的地位上，一方面因为民族的危机和西方文化的影响。知识分子通过文化的交流可以形成一个独立的群体，这个群体既不是“官”，也不是“匪”；既没有“官”的合法的政治权力，也没有“匪”的非法的政治权力，而是“官”“匪”之外的一些普通的社会成员。但他们从事的又是于整个现代社会有益的一些社会事业。那时其他社会阶层由于文化的落后还无法形成一个相互联系的群体，还处在一盘散沙的状态。“民魂”就在中国现代知识分子阶层首先产生出来。而鲁迅就是更集中地体现了这种“民魂”的一个中国现代知识分子。

我们说鲁迅是集中体现了中国的“民魂”的一个中国现代知识分子，并不是说“民魂”仅仅表现在他的身上，也并不是说他给人民制定了什么“人民守则”，而是他的人生选择和在这样一种选择中的感受和体验，更是一个有独立意志和追求的普通社会成员的感受和体验。在20世纪初的中国，有三个人物是值得重视的，一是孙中山，二是胡适，三是鲁迅。孙中山是开创了中国现代革命传统的一个中国知识分子，后来的陈独秀、李大钊、瞿秋白、毛泽东都是这种革命传统中的杰出人物。毫无疑义，孙中山的三民主义是体现了中国人民的愿望和要求的。但孙中山主要是一个革命家，他像一切革命家一样经历了一个由“匪”（当时“官”之所谓“匪”）到“官”的身份的变化，他的三民主义主要还是一种革命的理论，而不是他的人生经历和人生体验。他体现的是一个现代革命家的精神气质，是革命之“魂”。革命是伟大的，革命之“魂”是重要的，但革命只是社会历史发展过程中的一个特殊环节，历史不能天天革命，“民”不应反对体现人民要求的革命，但也不是在任何情况下都要革命，都要用暴力摧毁现有的政权机构。对“民”更具有关键意义的是，如何在和平的条件下求得自己的生存和发展，求得自己的合法权利。胡适是五四新文化运动的先驱者，是中国现代学院派文化的奠基人，中国现代所有在学术研究中有所贡献的知识分子都可以被纳入这种传统中来理解、来分析。他的文化活动毫无疑义也是体现了中国社会的要求的，他反对把文言文作为贵族的语言，而把白话文作为启蒙民众的语言、作为现代社会的统一的语言形式，就是“民”的意识的反映，就是一种“民魂”。但在现代学院派文化获得了社会的承认之后，胡适就主要转入了学理性的学术研究，他没有把中国知识分子“说”的权利提高到最高度，他和“官”虽然有矛盾，但却始终保持着一种笑眯眯的关系，而这种关系并不是每个“民”都应保持住、都能保持住的。因而他的人生经历和人生体验也没有在更高的程度上体现出一个“民”的独立性。在这里，不是说谁更伟大、谁不伟大的问题，伟大的问题是要在一个标准下来进行衡量的。作为一个革命家，鲁迅当然不如孙中山伟大；作为一个教授、一个学院派知识分子，鲁迅当然不如胡适伟大。但这并不说明鲁迅没有自己独立的价值和意义。在体现中国现代社会“民”的独立性上，鲁迅是最为突出的。他不是“匪”，他的指向目标始终不是要推翻一个政权，不是在推翻了旧政权、自己夺得了权力以后再施展自己的宏图大志。但他也不是“官”，他始终不是现实政权的维护者，不想通过这种维护行动把自己提高到政治权力的地位上去。他走的是一个普通的知识分子的道路，一个一般的社会公民的道路。他始终是以一个独立的社会成员的身份说话的，是以一个社会公民的身份说话的。他说的是自己要说的话，而不是任何别人命令他说的话。他说话的方式是他自己觉得满意的方式，而不是仅仅让别人满意的方式。一个普通的公民不能对什么都那么严肃、那么正襟危坐，他不是“官”，他的话不是法律，不必那么战战兢兢、那么规规矩矩。他说的话是给人听的，不是让人服从的，所以不必打官腔、摆官架子。但他也不能对什么都不严肃、不正经。一个社会公民得在社会上混饭吃，社会的安定不安定、自由不自由、民主不民主、社会各项事业的发展不发展，与一个普通的社会成员关系更大。“官”和“匪”都可以不依靠这些，只有“民”离不开它们。这关系到他们实际的人生，他们不能不严肃对待，不能把所有这些都当儿戏。中国知识分子好重视什么观点、什么方法、什么派、什么流，受了哪个大人物的影响，得了哪个机构的褒奖。但我认为，这种说话的方式对我们更重要。我们都成了“民”，得有“民魂”。鲁迅的著作至少能使我们感受到这种属于“民魂”的东西。别人的著作也有，但我总觉得还不像鲁迅著作那么强烈、那么鲜明。

“五四”以后，有了个知识分子阶层，有了个“学界”，这个“界”里的人大都成了“民”。但是，“民”在中国古代虽然被捧得很高，实际上是没有自己的“魂”，没有自己的“文化”，因而也没有自己的身份的。有身份有地位的是“官”，所以很多中国现代知识分子并不愿意认识到自己已经降而为“民”，已经是在社会上从事具体的文化创造的知识分子，他们仍然自觉不自觉地把自己置身于“官”的地位上，以为自己有责任、有义务为“国”为“民”捍卫道统、维护皇权。中国古代知识分子是为了做官的，他们接受的文化是当官的文化。这个“官魂”还是难散的，并且从这个“学界”也确实可以转入“官界”，有点“官魂”比没有“官魂”对自己的发展更有好处。所以，从整体看中国学界平民化了、社会化了，但从一个个中国知识分子看，中国学界还是“官魂”弥漫的。如上所述，“官”是社会的一种需要、一种职业，对“官”是不能笼统地否定的，“官”而有点“官魂”，也没有什么大不了的，只要他不发展到“以权谋私”的地步，还在尽着他的为“官”的责任，原是无可厚非的。“官”到底还在做着“官”事。而在“学界”里，做的是

“学”事。“学”事是与“官魂”格格不入的。有“官魂”的人总是把自己放在管人的人的地位上，总是把自己定位为一种固定不变的原则的维护者，岂不知“民”的生存和发展是不能仅仅依靠已有的教条的。“民”首先需要的是自由活动的空间，是在现有条件下进行独立人生选择的自由性。中国知识分子也不例外。“民”没有“官”和“匪”的权力和武力，他们首先依靠的就是自由民主的社会氛围和社会原则，需要社会的广泛理解和同情，即在他们的时空条件下理解他们言行的意义和价值。而有“官魂”的人恰恰是不懂得如何理解人、感受人的。他们习惯的是用一种固定不变的标准评价人、衡量人。这样一些知识分子好像从来不知道怎样作为读者阅读作品，不懂得像读小说那样读小说，像欣赏诗歌那样欣赏诗歌，像看戏那样看戏，像阅读学术著作那样阅读学术著作，而是把一切都看作实现政治目的的手段和工具。他们把所有有创造力的知识分子都视为政治上的敌人，视为“匪”。他们自己崇拜“官”、羡慕“官”，从心眼里想当“官”，以为别人也一定是这样，似乎所有人都在天天为着夺取权力而呕心沥血。他们把文化与政治的差异变为二者的绝对对立，并对广大知识分子的正常文化活动构成了严重的威胁。但学界的“官魂”到底仍然是一些“民”的魂，他们自身并没有实际的政治权力，他们总是希望用政治家的政治权力实现压倒自己的文化对手的目的，这有时是成功的，但有时也是不成功的。政治家还有政治家自己的事，不能老是跟在他们的屁股后面为他们的荣辱卖力气。现代社会对现代文化的需要到底在增长着，甚至连政治家也不能完全无视这种需要。当“官魂”失去了权力的支持，它就没有力量了，“学界”的自由度就相对大一点。在这时，“民魂”活跃起来，“匪魂”也活跃起来。在开始，“匪魂”与“民魂”还是掺和在一起的，“匪魂”也是“民魂”的一种表现形式。他们都需要自由，都要在社会上求得自己的生存和发展，并且他们从事的都是有益于现代社会的一些社会事业。彼此有差异、有矛盾，这也是十分正常的。“民”也不是一个模子里倒出来的，哪能彼此一个样？但是，“学界”又是有个“名”和“利”的问题的。开始大家都有点怕“官”，怕“官魂”十足的人，希望给自己更大的自由，这个“名”和“利”的问题并不那么重要，现在相对自由了，这个“名”和“利”的问题就显豁起来。“民”也要在社会上混饭吃，也不能完全忽视“名”和“利”，但他们不是“官”，不能以权谋私，不是“匪”，不能争“名”夺“利”。他们反对“官魂”的“道统”，但却不能无视正常的游戏规则或从业道德。“匪”可就不同了，他们反对“道统”，也反对所有的“规则”、所有的社会道德。“我自私，谁不自私？我下流，谁不下流？”他就用这种战法亵渎掉社会上所有有价值的东西，从而也把“民”踩在自己的脚下。在他们眼里，“官”和“民”都不是什么好东西，都是一些假道学、伪君子，什么社会、什么人类、什么进步、什么发展，都是拿来骗人的。捞得到的就是英雄，捞不到的就是狗熊，人生就是这几十年，能痛快就痛快。别人怎么样，干我屁事？鲁迅反抗“官魂”的压迫，自然被“官魂”所忌恨。但到他因反对“官魂”的压迫而成了名人，也就自然成了“匪魂”亵渎的对象。但细细想来，这也实属正常。社会总是无法统一的，总是有矛盾的。有“民”就有“官”，有“官”就有“匪”，“民”在“官”“匪”“民”三者之中是最没有力量的一个阶层，“民魂”自然也就不会痛痛快快地生长起来。喜欢鲁迅的人总是希望中国所有的人都喜欢鲁迅，都只说鲁迅的好话，那可能吗？

原载《收获》2000年第3期

语言的艺术

——鲁迅《青年必读书》赏析

一

“杂文”属于不属于文学，大概至今还是一个有争议的问题。我认为，这个问题本身并不那么重要，重要的仅仅在于文化的传承问题。如果中国的思想史家将鲁迅杂文像《论语》一样作为中国思想史的经典著作之一加以研究并代代传承下去，我们中国现代文学研究者不将其作为文学研究的对象其实也没有多大的关系。现在的关键在于，除了我们中国现代文学研究者之外，并没有任何一个研究领域将其作为重点的研究对象，而我们又是认为杂文、特别是鲁迅杂文对于中国现代文化的发展不是可有可无的，不是没有加以研究并代代传承下去的必要的，杂文就作为中国现代文学史的一个内容被传承下来，也成了我们中国现代文学研究者的一个重要的研究对象。

仅就我个人的观点，我还是将“杂文”作为“文学作品”而不是作为“论文”来看的。这里的原因很简单，就是“杂文”是“语言的艺术”而不是“语言”本身的直接运用，而“语言的艺术”就是文学。什么是“语言”？“语言”首先是指称的，而不是表现的，它指称一个具体的对象，是这个对象的语言符号。松树就是松树，柳树就是柳树，它不是指称的任何一个其他的对象。将这些单词按照一定的语法规则结合起来就能表达一个更加完整的意思，但这个“意思”也是指称性的，是指的某个确定的意思。读者或听众只能按照这个意思接受和理解这句话，而不能将其理解为别的意思。一个词语可以是抽象的，名词中有抽象名词，一个句子表达的意思也可以是抽象的，是一种抽象的观念、理念，但它仍然是指称性的，就整体而言，它只是自己的“所指”，而不是自己的“能指”。中国语言中的“道”可谓是抽象之至了，但它仍是指称“道”的，而不是指称的“道”之外的某个别的事物。运用“语言”可以写成文章，写成一部皇皇巨制，其中可以包括很多很复杂的思想，但这些思想也都是有确定性的，因而也只指这种思想而不指其他的思想。仅就其中的一个思想，都是单义的，而不是多义的。

“语言”这种事物，有一个怪异的特征，即它本来就是一种艺术，像我们上面所说的“语言”倒是人类有了理性之后从“语言的艺术”中抽象出来的。所以不论在西方文化史上，还是在中国文化史上，都是先有文学，后有理论。在西方，首先出现的是神话、史诗和戏剧，然后才产生了像苏格拉底、柏拉图、亚里士多德这样的哲学家、思想家；在中国，也是先有神话传说和《诗经》里的诗，然后才有像老子、孔子、墨子这样的思想家。直至现在，“语言”这个概念还只是在那些语言学家的观念中的一种存在，这样的“语言”也更多地被运用于那些哲学家、理论家的文章或著述中，是他们理性地把握事物的一种方式。我们平常人所说的话，倒更是一种“语言的艺术”，是带有文学性的，是“言语”，而不是纯粹的“语言”。因为“语言”本身就是一种人的创造，是人意指事物的一种符号，而任何事物又都是首先在人的直观感受、直感印象或回忆、想象中呈现出来的，因而语言的符号就不仅仅是指称性的，同时还是表现性的，不但有其“所指”，而且有其“能指”。在这个意义上，松树不仅仅是松树，柳树也不仅仅是柳树，松树是坚贞的，柳树是灵活的；松树是个硬汉子，柳树是个温柔的女性，都是有多种意味的浑融整体，并且越是更多地出现在自己的经验世界中，其意味越是浓郁，含义越是丰富。与此同时，语言符号本身也是音和义的复合体，不是一种单质的存在，到了文字的语言，又有了“形”，成为形、音、义的复合体。其潜力就更丰富和巨大了。我认为，所谓“语言的艺术”，所谓文学，实际就是不但运用语言符号的所指、同时也充分利用其能指以将人对事物的感受和理解更充分地表达出来，而联系这些所指和能指意义的不再是固定的语法关系和逻辑推理程序，而是人自由创造出来的各种特异的节奏和结构形式。这种表达不仅仅是指称的，还是表现的；不是单义的，而是多义的；不是一个确定的结论，而是一种浑融的意义。“问君能有几多愁，恰似一江春水向东流”，这里已经不是对任何一个具有确定性的事物或理念的指称，它说的已经不是“一江春水向东流”这样一个事实，甚至也不再仅仅是作者的“愁”的心情，而是一种有万般滋味、千种变化着的复杂心情，并且这种感受也已经不仅仅属于该词的作者，同时也流到了读者的心中。它把一种用“语言”无法直接表达的意思表达了出来。

实际上，鲁迅的《青年必读书》也是这样的“语言的艺术”，是“文学”，而不是直接运用“语言”进行的“论说”。

二

1925年1月，《京报副刊》刊出启事，征求“青年爱读书”和“青年必读书”各十部的书目。所以，这个题目实际是一个“问题”，是《京报副刊》向像鲁迅这样的学界名流提出的一个需要回答的问题。显而易见，《京报副刊》的编者之提出这样一个问题，其意绝对不是为了为难像鲁迅这样的专家和学者，而是怀着尊敬和信任的态度向他们提出这样一个问题的，并且认为他们不但能够很轻易地做出自己的回答，而且他们的回答对于青年的读书以及青年的成长和发展肯定是有指导意义和实际帮助的。实际上，其他的专家和学者也确实按照编者的要求做出了自己的回答，开列了自己认为青年必读的书目。

这是《京报副刊》编者的期待，也是我们这些读者在阅读这篇文章时的期待。

但是，鲁迅并没有满足《京报副刊》编者的期待，也没有满足我们这些读者的阅读期待。

"从来没有留心过，所以现在说不出。"乍一听来，这个回答确实让人感到失望，也颇觉鲁迅辜负了《京报副刊》编者的美意。按照我们中国人向来的习惯，鲁迅这里的回答是有点不近人情的。但要从鲁迅一方面着想，我们也会产生另外一种感觉，也会感到鲁迅说的倒是一句更加实在的话、心里的话。为什么呢？因为大凡真正的读书人，真正爱读书的人，都是根据自己的兴趣和自己的需要读书的，并不关心别人或青年应该读什么书、不应该读什么书，更不会为了做青年的导师才去读书。所以鲁迅说"从来没有留心过"倒是读书人之常情，让人觉得自己对这个问题已经胸有成竹或认为自己能够做出正确的回答，反而是不合常理的。

在中国古代，是有过与"青年必读书"相似的问题的答案的，那就是宋明理学家为青少年规定的固定的教材："四书"（《论语》《孟子》《大学》《中庸》）和"五经"（《诗经》《书经》《礼记》《易经》《春秋》），并且这个"必读书目"也曾与鲁迅有过关系。鲁迅说："我出世的时候是清朝的末年，孔夫子已经有了'大成至圣文宣王'这一个阔得可怕的头衔，不消说，正是圣道支配了全国的时代。政府对于读书的人们，使读一定的书，即四书和五经；使遵守一定的注释；使写一定的文章，即所谓'八股文'；并且使发一定的议论。"（鲁迅：《且介亭杂文二集·在现代中国的孔夫子》）实际上，规定了人们的读书，也规定了人们的思想，起到的是束缚和禁锢人们的思想的作用。所以，鲁迅接着说："然而这些千篇一律的儒者们，倘是四方的大地，那是很知道的，但一到圆形的地球，却什么也不知道，于是和四书上并无记载的法兰西和英吉利打仗而失败了。"（鲁迅：《且介亭杂文二集·在现代中国的孔夫子》）

处在从中国古代文化向中国现代文化转换过程的鲁迅，重视的已经不是作为社会圣贤的人，而是各自的个性得到更加充分发展的人。当然，这样的人也要读书，也有一个选择读什么书的问题，所以《京报副刊》的编者征求"青年必读书"的书目至少在主观上并非为了束缚和禁锢青年的思想，但在这里，却有一个问题，即在鲁迅看来，对于现代的中国青年，还有没有一个离开各个青年的个性要求而"所有青年""必须"读而不能不读的书的问题，还有没有一个专家学者在不了解各个青年的个人兴趣和个人需要的情况下能够为“所有的青年”选择出一个“必须”读而不能不读的书的问题。特别应该指出的是，《京报副刊》的编者显然是在学校教育的固定教材之外而为青年提供阅读的书目的，它面对的是一般青年的自由阅读和青年学生的课外阅读，在这个范围中而又征求适用于所有青年的“必读书”，这不是一个值得思考的问题吗？为读书不多的青年开列阅读书目并不是没有必要的，但显而易见，这必须建立在对特定青年的特定兴趣和特定需要有所了解的基础上，并且是在特定专家和学者所熟悉和了解的范围之内。鲁迅也曾为许世瑛开过一个书单（参看鲁迅：《集外集拾遗补编·开给许世瑛的书单》），并且至今有人以此作为否定鲁迅《青年必读书》一文的正面价值的论据。实际上，这是完全不同的两码事。许世瑛是鲁迅好友许寿裳的儿子，是鲁迅十分熟悉的一个刚刚考入中国文学系的青年，并且是应许世瑛本人的要求而开列的。关于这件事，许寿裳曾有过十分详细的记载：

> 吾越乡民，儿子上学，必定替他挑选一位品学兼优的做开蒙先生，给他认方块字，把笔写字，并在教本面上替他写姓名，希望他能够得到这位老师品学的熏陶和传授。1914年，我的长儿世瑛年五岁，我便替他买了《文字蒙求》，敦请鲁迅做开蒙先生。鲁迅只给他认识二个方块字，一个是“天”字，一个是“人”字，和在书面上写了“许世瑛”三个字。我们想一想，这天人两个字的含义实在广大得很，举凡一切现象（自然和人文），一切道德（天道和人道）都包括无遗了。后来，世瑛考入国立清华大学——本来打算读化学系，因为眼太近视，只得改读中国文学系，请教鲁迅应该看些什么书，他便开示了一张书单……①

为许世瑛这个特定青年开列一个书单，以指导他在大学中文系的学习，鲁迅不但是有资格、有能力的，同时也是有义务、有必要的，但要

①许寿裳：《亡友鲁迅印象记·和我的交谊》，载《鲁迅回忆录》上册，鲁迅博物馆、鲁迅研究室、《鲁迅研究月刊》选编，北京出版社，1999，第286—287页。

为无主名、无分别的全体中国青年开列一个必读书目，那就俨然以青年的导师自居了。关于青年与导师的关系，鲁迅在此后写的《导师》一文中有更加明确的态度。在该文中，他首先指出，“青年”并不是一律的，而是各不相同的。“但青年又何能一概而论？有醒着的，有睡着的，有昏着的，有躺着的，有玩着的，此外还多。但是，自然也有要前进的。”（鲁迅：《华盖集·导师》）接着，他指出世间并不存在能够做青年的导师的人：“要前进的青年们大抵想寻求一个导师。然而我敢说：他们将永远寻不到。寻不到倒是运气；自知的谢不敏，自许的果真识路么？凡自以为识路者，总过了‘而立’之年，灰色可掬了，老态可掬了，自己却误以为识路。假如真识路，自己就早进向他的目标，何至于还在做导师。”（鲁迅：《华盖集·导师》）我之所以不惜篇幅将鲁迅这里说的话全部引用出来，因为时至今日，想做青年导师也自以为能够做青年导师的人不是更少了，而是更多了，因而他们对鲁迅的《青年必读书》也采取了一致的讨伐行动。实际上，只要重新读一读鲁迅的这些话，我们就会知道，鲁迅这里说的并没有什么难懂的地方，比那些自以为能够做青年导师的专家和学者的高头讲章更近人情，更是“人话”。如果认为鲁迅这里的话意在驳斥对方，难脱“强词夺理”的嫌疑，那么，我们还可以引出鲁迅关于自己所说的一段话来。他说：“倘说为别人引路，那就更不容易了，因为连我自己还不明白怎么走。中国大概很有些青年的‘前辈’和‘导师’罢，但那不是我，我也不相信他们。我只很确切地知道一个终点，就是：坟。然而这是大家都知道的，无须谁指引。问题是在从此到那的道路，那当然不只一条，我可正不知那一条好，虽然至今有时也还在寻求。”（鲁迅：《坟·写在〈坟〉后面》）所以，鲁迅的结论是：

> 青年又何须寻那挂着金字招牌的导师呢？不如寻朋友，联合起来，同向着似乎可以生存的方向走。你们所多的是生力，遇见深林，可以辟成平地的，遇见旷野，可以栽种树木的，遇见沙漠，可以开掘井泉的。问什么荆棘塞途的老路，寻什么乌烟瘴气的鸟导师！
>
> （鲁迅：《华盖集·导师》）

想到这些，我们就会感到，鲁迅对《京报副刊》编者征求的婉拒，恰恰能够引发读者对于“青年必读书”这个问题本身的思考。它不是没有意义的，而是意味深长的。它展开了一个更加广阔的思维空间。

但在当时，鲁迅对《京报副刊》编者活跃读书空气，引导读书风尚的好意还是理解的，也无意以自己的意见反对其他学者和教授开列自己认为青年应该阅读的书目的意图，所以鲁迅还是为这个问题留下了一个活口的。“所以现在说不出”，实际是一句并不以自己的“必无”否定别人的“必有”的婉转话：虽然以后我仍然可能“说不出”，但到底也有说出的可能，所以我也无法断定别人现在说得出还是说不出。

三

按照向来文章的“章法”，在“青年必读书”栏的“从来没有留心过，所以现在说不出”两句话，是正面回答《京报副刊》的征求的，是文章的标题所要求的主要内容，亦即是“紧扣主题”的，因而也是本文的“正文”，而“附录”栏中的一些话则只能是对“正文”的一些附带的说明或补充，是与主题没有直接关联的一些次要内容，因而也是不重要的。但是，在该文中，“正文”中的两句话却是对《京报副刊》的征求的婉拒，是没有回答的回答，因而其本身是没有实际内容的，是“无”。如果只有“正文”中的这两句话，它不但称不上一篇杂文，甚至也还不是一篇文章，因而它虽然处在“正文”的位置上却不是“正文”。而“附录”中的话却是板上钉钉的一些话，是有实际内容的，是“有”。正是因为有了这些话，这篇文章才成了一篇文章，这篇杂文才成了一篇杂文，因而它并不处于“正文”的位置，却是该篇杂文的“正文”。

在这里，我们可以看到，“青年必读书”的结构实际是对常见文章结构的一种颠覆，一种“反结构”。但这种“反结构”也是一种结构形式，只不过是鲁迅这篇杂文的独特的结构形式。这种结构形式利用与一般结构形式的差异而呈现出自己的特异性，同时也具有自己独立的结构功能。这种结构的功能是什么呢？具体到这篇杂文中，就是它扬弃了中国知识分子向来的读书为文的观念，而暗示了一种新的读书为文的观念。

中国知识分子向来的一种读书观念，就是到书中来寻求教诲、寻求启迪、寻求指导、寻求一种能够指引自己走向正确人生道路的正确思想理念的。在中国古代，这种正确的思想理念就是“道”，就是“理”。那些最早著书的“圣人”“先贤”则是最早悟了“道”、得了“道”的人，是首先懂得了人间“至理”的人。他们的书是载“道”的，讲的是人间“至理”，是没有错误的，是放之四海而皆准的普遍真理，是每一个人都必须遵从的思想信条和行为准则。后代的人，特别是少年和青年，都是无知的，他们的知识和才能，他们的思想和品德都是通过读书而获得的，他们通过读圣贤书而悟了“道”，知了“理”，成了知书达理之人。他们也要著书写文章，后来的人、特别是青少年也会读他们的书，并且通过他们的书成为知书达理之人，所以他们的书，他们的文，也必须是载“道”的，传“道”的，说的也必须是放之四海而皆准的真理，是每一个人都必须遵从的思想信条和行为准则，至少是与这些道理不相违背的。否则，就是贻误青年，害人子弟，祸国殃民，为人所不齿，所不许。对这样的人，人人得而诛之。但是，到了鲁迅这里，这种读书为文的观念发生了根本的变化。在纷至沓来的世界各种不同的思想学说和文学作品面前，鲁迅已经不认为哪一部书的作者就是圣人，就是完全正确的人；也不认为哪一个人的思想就是绝对正确的思想，就是放之四海而皆准的普遍真理。越是那些伟大的思想家，越是一些有个性的人，越是有不同于别人的思想追求和人生追求的人，其思想主张也与别人有着明显的差别；越是那些伟大的文学家，越是那些有着与别人不同的社会人生感受和体验的人，其作品也越是显现着与别人不同的思想风格和艺术风格。他们说的话，往往是别人不敢说或说不出的话，他们讲的故事往往是别人不敢讲或讲不出的故事。这是他们著书为文的原则，他们与读者立于平等的地位上，而不是为了教训读者的，不是为了指导读者的，而是为了与读者进行交流的，因而他们讲的也不是绝对的真理，不是无所不包的“道”。面对这样一些书，再将其作为自己的修身教科书显然已经不可能了，再将其视为放之四海而皆准的真理也已经不可能了。他们的话都是一些“人”的话，都是一些“个人”的话，而不是“神”的话、“圣人”的话。对于他们的话，首先不能当作对自己的教诲和指导，而必须首先将其当作作者个人的思想或感情，当作他们个人的话来倾听、来了解、来感受、来理解。他们感受过的人生不一定是自己曾经感受过的；他们思考过的问题不一定是自己思考过的。当倾听了他们的话，读了他们的书，自己没有感受过的人生也感受过了；自己没有思考过的问题也思考过了，自己的思想感情就比以前更加丰富了，自己的感受能力和思维能力就比以前提高了。一个读者永远不能期望其中的哪一本书或几本书就能够告诉自己应该知道的一切，永远不能期望读过哪一本或哪几本书就使自己懂得了人生的真谛、知道了自己应该走什么样的人生道路以及应该怎样走自己的人生道路。自己的一切仍然应该由自己去感受、去体验、去选择、去追求，读书仅仅能够丰富自己的感受和体验，丰富自己的思想和认识，提高自己独立选择、独立追求的能力和自觉性，而不能代替自己的一切。在这种读书观念的支配下，一个读者首先要承认别人说话的权利，尊重别人说话的权利，尊重别人真实地表达自己的思想感情的权利，说实话的权利，说真话的权利，尊重别人的思想的自由和想象的自由，既不能要求别人都是圣人、都是上帝，说的都是绝对正确的话，也不能要求别人说的都是自己爱听的话，想听的话。

鲁迅的这种读书为文观，显然不是中国多数人的读书为文观。当时《京报副刊》的编者向学界名流征求的“青年必读书”，实际就是能够对青年起到更直接的指导作用的书，就是能够指引青年走上一条所谓“正确的”人生方向、人生道路的书。因而也是具有普遍的指导意义的书。在鲁迅的观念中，这样的书是不存在的，因而他也无法完全按照自己的感受和体验为青年开出这样一个书目；如果迁就别人的观念勉强开出一个书目，则更不是他的本意。总之，在这个问题面前，鲁迅是没有按照自己的观念说出自己想说的话的自由性的：他摆脱了这个问题本身的困扰，实际也是摆脱了一种向来的读书为文的观念。

在“附录”中，鲁迅才找到了按照自己的观念说话的自由，因而贯彻的也是自己的为文的原则。

在这里，还要附带说明这样一个问题，即“正文”与“附录”的内在连接的问题。

表面看来，该文是由“正文”和“附录”这两个“答非所问”的截然不同的部分构成的，其中的转折十分明显，也非常突兀，在结构上好像是不统一的，好像很难将其视为一篇内容统一、结构完整、条理清晰的所谓“好文章”。我认为，在这里，一个关键的问题是如何理解鲁迅对《京报副刊》编者征求“青年必读书”活动的感受和理解。实际上，鲁迅对《京报副刊》的这个征求活动并不是绝对否定的，因为他分明知道《京报副刊》这次征求活动的本意只是为了开展青年读书的活动，活跃青年读书的气氛，培养青年爱读书、读好书的习惯，除了扩大《京报副刊》的社会影响和销路的自身目的之外，也不无爱护青年、关心青年成长的良好意图，鲁迅不同意的仅仅是它的提问题的方式。正是在这里，鲁迅与《京报副刊》编者的征求活动有了相互呼应的渠道，也引发了鲁迅说出自己意见的积极性。鲁迅也是爱护青年、关心青年的成长的，也是关心青年的读书问题的，并且有自己想说而尚未说过的一些话。在这个意义上，鲁迅拒绝的仅仅是《京报副刊》提出的这个问题，而不是《京报副刊》开展的这个活动。对于这个读书活动，鲁迅不是比其他的人更不理解，而是比其他人有更切近的理解；鲁迅的回答并不是不符合《京报副刊》编者的意图，而是在更根本的意义上满足着《京报副刊》编者的希望。所以，“正文”和“附录”是在关心青年读书的根本意向上紧密联系在一起的，是气脉贯通、浑然一体的。

四

> 但我要趁这机会，略说自己的经验，以供若干青年的参考——

在“附录”中，鲁迅说的不是对青年的教诲、教导或教训，而是“自己的经验”。

时至今日，鲁迅的《青年必读书》仍然几乎受到中国知识分子的集体性的否定，甚至连我们这些鲁迅研究者当不得不提到这篇杂文的时候，也不得不承认这篇杂文是有“片面性”的，是“偏激的”，但我们很少想到这样一些问题，即：1.一个人（包括鲁迅）有没有权利发表“个人的意见”，陈述“自己的经验”？2.一个人的“个人的意见”“自己的经验”是不是一定要符合当时流行的价值观念和价值标准？是不是一定要与当时占统治地位的意见或多数人的意见相同？3.如果一个人有权利发表“个人的意见”，陈述“自己的经验”，而一个人的“个人的意见”“自己的经验”又可以不符合当时流行的价值观念和价值标准，可以不同于当时占统治地位的意见和多数人的意见，那么，一个读者应该怎样看待和对待其与自己的意见相左的这种别人的“个人的意见”或“自己的经验”呢？

在“五四”之后，绝对否定一个作者有权发表“个人的意见”，陈述“自己的经验”的人已经很少了，但绝大多数的中国人却仍然认为自己有权用一种代表当时多数人意见的更大、更抽象的标准对别人的“个人的意见”或“自己的经验”做出直接的判断，并且以此断定别人的是非曲直乃至善恶美丑。在这样的批评中，批评者一定是以多数人的代表者自居的，而这些所谓的多数人一定是有一个共同信奉的“道”或“理”的，批评者一旦握住了当时多数人共同信奉的“道”和“理”，就将自己上升到了审判者的位置上，批评者就成了审判者，他所批评的对象除非发表的是与多数人的“意见”和“经验”完全相同的“意见”和“经验”（我们知道，这实际并不是真正意义上的个人的“意见”和“经验”），否则就一定会落到批评者所判定的“非道”“无理”（中国人常说的没有“道理”）的地位上。所以绝大多数的中国人虽然口头上承认别人可以发表“个人的意见”或“自己的经验”，但一个人如果真的发表了与当时大多数人不同的“个人的意见”或“自己的经验”，在中国社会上是很难得到别人的理解和同情的。在中国古代，有“文字狱”；在民国时期，有文化“围剿”；在“十七年”，有“革命大批判”；直至现在，绝大多数人仍然感到自己有讨伐“过激言论”的权利。

那么，对“个人的意见”“自己的经验”就不能提出质疑了吗？当然不是！但是，在这里，必须有一个不变的前提，即这种质疑必须建立在承认对方有发表“个人的意见”和“自己的经验”的权利的基础上。也就是说，不论我们是否同意别人的“个人的意见”“自己的经验”，我们的质疑都不应该导致对别人发表“个人的意见”、陈述“自己的经验”的权利的否定，因为我们批评对方的权利也是建立在这样一个基础之上的。否定了别人说话的权利，同时也否定了我们自己说话的权利，我们“质疑”的合理性也就不存在了。所以，对别人的“个人的意见”“自己的经验”能够提出的最基本的质疑是他必须将“个人的意见”“自己的经验”就当作“个人的意见”“自己的经验”，而不能将其直接当作“集体的意见”“集体的经验”。也不能直接将其当作别人的“意见”和“经验”。也就是说，他不能将“个人的意见”和“自己的经验”凌驾在“集体的意见”和“集体的经验”之上，也不能将其凌驾在“别人的意见”和“别人的经验”之上，不能强迫集体或别人必须接受或服从自己的“意见”和“经验”。在这里，我们可以看到，鲁迅在其《青年必读书》中的陈述是严密到无可再严密的，我们没有任何理由指责它是“片面的”“不全面的”。所以，当鲁迅受到当时一些人的无端指责的时候，鲁迅不无愤怒地反驳道：“我对于你们一流人物，退让得够了。我那时的答话，就先不写在‘必读书’栏内，还要一则曰‘若干’，再则曰‘参考’，三则曰‘或’，以见我并无指导一切青年之意。……”（鲁迅：《华盖集续编·聊答“……”》）不写在“必读书”栏内，就是并不是对青年的教诲、教导或教训，因而也并无强迫青年接受的意思；说的是“若干读者”，就是并不针对全体的青年，也并不确指青年中的哪些人，而是青年中那些能够理解鲁迅的“自己的经验”并从中受益的人；所谓“参考”就不是提供的确定的结论，不是让人消极地照搬和机械地服从，而是在了解并理解了鲁迅的“自己的经验”之后根据自己的实际情况做出适于自己的选择。也就是说，鲁迅是将“个人的意见”“自己的经验”严格地当作“个人的意见”和“自己的经验”的。在这里，它是无懈可击的。

对于“个人的意见”“自己的经验”的内容也是可以提出质疑的，但是，只要发表“个人的意见”“自己的经验”的人是将其作为“个人的意见”“自己的经验”发表的，并没有将其强加于人的意思，对其质疑的人也必须严格站在“个人”的立场上对其提出质疑，而不能自居于集体的或多数人的代表，或者自居于集体的或多数人信奉的一种抽象的理念的代表。这里的原因是不言自明的，即在同样一个社会共同体中的两个人对于这个共同体而言是有完全平等的权利的，其中任何一个人都有发表自己的意见的权利，而任何一个人也都没有代表这个社会共同体对另外一个人进行裁判的权利。在一个社会共同体中，只有受权执法的人有根据这个社会共同体制定的法律对违反社会法规的人进行审判的权利，他可以不理会受审者之所以违背社会法规的具体原因和理由而直接根据法规对违法者做出直接的裁判，其他任何一个人都没有这样的权利，并且法律是针对行为的，不是针对思想言论的。在思想言论中，任何人都只能代表个人，而不能代表社会共同体。所以，对于“个人的意见”“自己的经验”是可以提出质疑的，但必须站在“个人”的立场上，站在与被质疑者平等的立场上，而这种平等的立场就是能够相互了解、理解和同情的立场，这就要求质疑者对于被质疑者的“个人的意见”“自己的经验”首先要有充分的了解、理解和同情，首先要知道被质疑者为什么会产生这样的“个人的意见”和“自己的经验”，这是一个人对另外一个人的应有的尊重，也是一个人对另外一个人发表“个人的意见”“自己的经验”的权利的承认，否则，他就没有权利对对方提出质疑，也不知道怎样对对方提出质疑，因为“个人的意见”“自己的经验”的基本根据就在其产生的原因和过程中，而不在国家主义或多数主义的集体意志中，更不在质疑者个人的想象中。当质疑者真正了解、理解了被质疑者的“个人的意见”“自己的经验”的产生原因和生成过程，质疑者仍然有从两个方面对被质疑者提出质疑的可能性：其一是被质疑者形成自己的“个人的意见”“自己的经验”的根据只是自己一时的错觉，是没有事实基础的，因而其“个人的意见”“自己的经验”也是不可靠的；其二是被质疑者在形成自己的“个人的意见”“自己的经验”的过程中或表述过程中出现了错误，把原本不应形成的“意见”和“经验”当成了“个人的意见”和“自己的经验”。在这两种情况下，质疑者对被质疑者的“质疑”不但对于公众正确理解和对待被质疑者的“个人的意见”“自己的经验”有益，对被质疑者修正自己的错误以形成真正属于自己的“个人的意见”和“自己的经验”也是有益的，但在这种情况下，只要被质疑者并没有将“个人的意见”和“自己的经验”强加于人的意图，质疑者仍然不是审判者，仍然必须站在与被质疑者完全平等的立场上，仍然不能做出一副“得理不饶人”的姿态，而应当充分说明被质疑者之所以形成这样的“个人的意见”和“自己的经验”的错误之所在。这里的原因也是不言而明的，因为质疑者与被质疑者都不是圣人，都不是不会犯错误的人，相互的交流是为了共同思考一个与彼此都有关系的社会人生问题，而这种思考不论是对于质疑者还是对于被质疑者都是有益的，而不是为了压倒对方或者消灭对方。——文化上的斗争不是也不应该是人与人之间的你死我活的斗争。

遗憾的是，时至今日，那些对鲁迅的《青年必读书》怀着莫名的恐惧感和憎恶感的中国知识分子，却根本不想了解、理解，更不想同情地理解鲁迅之所以形成并发表这样的“个人的意见”和“自己的经验”的原因，而只想居于审判者的立场上直接对鲁迅的“个人的意见”和“自己的经验”进行审判。

五

我看中国书时，总觉得就沉静下去，与实人生离开；读外国书，——但除了印度——时，往往就与人生接触，想做点事。

中国书虽有劝人入世的话，也多是僵尸的乐观，外国书即使是颓唐和厌世的，但却是活人的颓唐和厌世。

我以为要少——或者竟不——看中国书，多看外国书。

少看中国书，其结果不过不能作文而已。但现在的青年最要紧的是“行”，不是“言”。只要是活人，不能作文算什么大不了的事。

这就是鲁迅在《青年必读书》中所说的“自己的经验”，也是至今被中国知识分子所诟病的一些话。

但是，只要我们不将其视为对全体中国青年的教诲、教导和教训，只要我们将其作为鲁迅“自己的经验”并从其产生的原因上试图了解和理解它，我认为，它实际是没有任何难以理解的地方的。

首先，鲁迅趁着《京报副刊》征求“青年必读书”的“机会”，说的虽然是“自己的经验”，但仍然是说给“青年”听的，不是说给章太炎、王国维、康有为、梁启超这些已经成为“国学大师”的人听的，也不是说给胡适、辜鸿铭、梁漱溟、黄侃这些当时已经成为文化名人的人听的，而是说给当时的知识青年听的，并且是关于“读书”的。在这里，就有一个问题，即“青年”为什么要“读书”？“读书”对于“青年”有什么实际意义？当然，“青年”也可以为了好玩而“读书”，为了升官发财而“读书”，为了长命百岁而“读书”，甚至可以为了争权夺利、钩心斗角、巧取豪夺、欺男霸女、谋财害命而“读书”，但所有这一切都与鲁迅没有关系，他也没有能力为其提供“自己的经验”。与鲁迅有关系而他又能为其提供“自己的经验”的“读书”，对于“青年”有什么意义呢？那就是“青年”可以通过“读书”而更多地了解人生、丰富自己的人生经验和人生知识，提高自己人生的自觉性，并以利于自我人生的改善。与此同时，对于当时这些知识青年，这样的人生应该是“实人生”，是社会人生，而不是虚幻的、像佛教文化讲的那种纯粹精神性的超世间的人生，因为当时多数的知识青年要进入现实的社会人生，“实人生”，而只有极少的人才会选择吃斋念佛的超世间的人生。这种人生既要吃饭、穿衣、结婚、生孩子，也要有相对充实的精神。用鲁迅在另外一篇文章中的说法就是“一要生存，二要温饱，三要发展”。（鲁迅：《华盖集·忽然想到（六）》）“我之所谓生存，并不是苟活；所谓温饱，并不是奢侈；所谓发展，并不是放纵。”（鲁迅：《华盖集·北京通讯》）在这里，还有一点是应该引起我们的特别的注意的，那就是鲁迅首先关心的是当下的这些“青年”，而不是已有的那些“书”；他是在为当下的这些“青年”介绍应该读的书，而不是像很多教授学者那样将自己认为重要的“书”介绍给现代的“青年”。——这二者是有严格区别的。

只要我们认为当今青年读书的意义是为了更多地了解人生，丰富自己的人生经验和人生知识，提高自己人生的自觉性，从而改善自己的人生，只要我们承认当今青年所面对的是“社会人生”，是“实人生”，那么，我们就不难理解为什么鲁迅说“我看中国书时，总觉得就沉静下去，与实人生离开”。只要我们对中国古代的书面文化有一个大致的了解，我们就会知道从春秋战国时期开始形成并逐渐繁荣发展起来的中国书面文化，不论是道家知识分子的书，还是儒家知识分子的书，都是让人“求适应”的：适应外部自然世界的要求，适应外部现实社会的要求。这样的文化不能不使人“沉静下去”，因为“适应”不需要人主动地去做什么，去争取什么，不需要改变外部的自然环境和社会环境，而是要使自己渐渐能够忍受外部世界给自己带来的不便，而在此基础上充分享受它给自己带来的利益和方便。这当然也不失为一种生活方式，但这种生活方式只适应于社会中的少部分人，即那些不用直接从外部自然世界取得物质生活保障的人。在这种情况下，大自然主要是自己感受、体验和欣赏的对象，即使现实社会，也是可去可留的生存空间，不必要求它一定适于人的生存和发展。实际上，在中国古代社会写书和读书的人，就是这些不用直接从外部自然世界取得物质生活保障的少数人，“沉静”对于他们不但是可能的，也是必要的。直至现在，多数学者在称道中国文化时仍然认为中国文化是崇尚“天人合一”的，但这种“天人合一”的精神境界却绝对不是所有的人都能够体验到的，那些必须以自己的力量承担自己的人生的人，在更多的情况下是无法将自己合并到“天”中去的。“天”不遂人愿，“地”不遂人愿，“社会”不遂人愿，“人”也不遂人愿，对于绝大多数人、特别是绝大多数青年倒是一个不变的实情。因为自然环境、社会环境固然有其自身的力量，它要求人要有适应自己的能力，但人也有其先天的欲望和要求，他无法适应自然环境和社会环境的所有要求。科举制度废除之后的中国当代知识青年，其情况发生了一个根本的变化。与其说他们的境遇与中国古代写书和读书的人更加接近，不如说他们的境遇与中国古代那些根本不写书、不读书的人更加接近。他们面对的已经不是一个永远可以保证他们的物质生活需要的富裕家庭，也已经不是一个永远可以保证他们的物质生活需要的官僚社会，而是一个必须以自己的力量牟取自己的生存和发展的现实社会。对于这样一个现实社会，仅仅像中国古代写书和读书的人那样“求适应”是不行的，仅仅盼望着“天”来与自己“合一”是不行的，仅仅满足于自己是一个“忠孝双全”的“君子”也是不行的。他必须得“做事”，必须得会“做事”，既要有适应外部自然环境和社会环境的一定的能力，也要有使外部的自然环境和社会环境更适于人的生存和发展的能力，即改善自然环境和社会环境的能力。得有点主动精神，有点创造能力，有点克服困难自求发展的能力。这样的社会人生，这样的“实人生”，是用自己的力量开辟出来的，不能仅仅依靠大自然的赏赐，更不能仅仅依靠当今皇上的恩宠，用自己的力量开辟自己生存和发展的道路，是现代中国青年无可逃避的历史宿命。显而易见，这样的人生知识和人生经验，在中国古代的书中是极难找到的：在道家的经典中难以找到，在儒家的经典中也难以找到。

为什么鲁迅说“读外国书……就与人生接触”“想做点事”呢？只要我们不是从“面子”上着眼，不是在任何情况下都只能说中国的“好话”，只能说外国的“坏话”，而是真正从关心当时知识青年成长和发展的角度，那么，这也是不难理解的。外国书，特别是西方文艺复兴以后的书，都有哪些呢？无非有这么三大类：一类是文学艺术的书，一类是社会科学的书，一类是自然科学的书。这三类书都是与社会人生、与“实人生”直接相关的：文学艺术是表现人生的；社会科学是研究社会的；自然科学是研究自然的。这些都是一些与社会人生直接相关的“书”，也都是一些“事”，是需要人来做的，并且是需要人不断做下去的。能够做这些“事”的人，得是一些“活人”，一些自己能够“想”、能够“说”，也能够“做”的人。在中国古代，儒家文化也是劝人入世的，也是讲世界大同的。但它一方面讲父慈子孝，一方面又维护父亲对儿子的绝对权力；一方面讲君慈臣忠、民忠，一方面又维护君主对臣民的绝对权力；一方面讲男欢女爱，一方面又维护丈夫对妻子的绝对权力，所以它的世界大同的理想只是一句空话，是根本无法接近的梦幻世界。儒家文化也是主张乐观向上、反对消极厌世的，但它的“存天理、灭人欲”的主张却从根本上摧毁了中国青年蓬勃向上的生命活力，一个连自己的自然欲望都被窒息了的人的“乐观”还能乐观到哪里去呢？而那些依恃权力、超越道德底线的无法无天、骄奢淫逸的人们的“乐观”就更是“僵尸的乐观”了。也就是说，依靠自己的力量谋求自己的生存和发展的西方人，也会遇到根本无法克服的困难，产生颓唐和厌世的情绪，并且也会成为西方一些思想学说或文艺作品的思想基调或情绪基调，但这仍然是一些有生命活力的人的颓唐和厌世，它与那些怀着空洞的理想而根本不能以自己的力量开辟仅仅属于自己的人生道路的人的消极悲观是根本不同的。中国人好说“看破了红尘”，一旦“看破了”，他就任什么崇高的东西都不去争取了。

自然鲁迅认为青年读书的意义主要在于丰富自己的人生知识和经验，主要在于能够接触人生，想做事，会做事；自然鲁迅认为读中国书“就沉静下去”，不想做事，也不会做事；自然鲁迅认为读外国书“就与人生接触”，“想做点事”，那么，鲁迅认为中国青年“要少——或者竟不——看中国书，多看外国书”，不也就是顺理成章的吗？

在这里，还有一个关键的问题，即鲁迅所说的“自己的经验”是不是真的是“自己的经验”的问题，亦即它是鲁迅根据“想当然”的推理而谎称“自己的经验”以应付当时青年的一些虚话、空话呢，还是确确实实是在自己亲身感受和体验的基础上对当时的青年说的“肺腑之言”呢？是仅仅为了显示自己的不同凡响而杜撰出来的一些惊人之语呢，还是切切实实从关心当时青年生存和发展出发而说的实在话、真心话呢？这个问题之所以重要，就因为它是感受、理解和评价一个语言文化作品的根本的尺度。我们可以很轻易地否定掉一部引经据典、罗列事实的皇皇巨著，如果它只是一些与作者的人生经验和思想认识无关的大话、空话和假话的话，但我们却不能否定一个婴儿的第一声啼哭，因为它体现了一个真实生命的存在，是这个活泼泼的生命的象征，是有真实的内涵和丰富的内容的。鲁迅说：“去年我主张青年少读，或者简直不读中国书，乃是用许多苦痛换来的真话，决不是聊且快意，或什么玩笑，愤激之辞。”（鲁迅：《坟·写在〈坟〉后面》）我认为，只要对鲁迅的思想和生平略有了解的人，都能够知道，鲁迅这里说的“自己的经验”，是有他前半生的人生道路和生命体验予以验证的，也是有他后半生的人生道路和生命体验予以诠释的，这就是一句真话比所有空话、大话、假话更有不可辩驳的力量的原因之所在。

鲁迅说：“孔孟的书我读得最早，最熟，然而倒似乎和我不相干。”（鲁迅：《坟·写在〈坟〉后面》）这个“不相干”，是他的“经验”，并且这个“经验”的真实性是不容置疑的，因为他确凿无疑的是离开了中国传统“读书做官”道路的一个知识分子。鲁迅说：“孔夫子之在中国，是权势者们捧起来的，是那些权势者或想做权势者们的圣人，和一般的民众并无什么关系。然而对于圣庙，那些权势者也不过一时的热心，因为尊孔的时候已经怀着别样的目的，所以目的一达，这器具就无用，如果不达呢，那可更加无用了。在三四十年以前，凡有企图获得权势的人，就是希望做官的人，都是读‘四书’和‘五经’，做‘八股’，别一些人就将这些书籍和文章，统名之为‘敲门砖’。这就是说，文官考试一及第，这些东西也就同时被忘却，恰如敲门时所用的砖头一样，门一开，这砖头也就被抛掉了。孔子这人，其实是自从死了以后，也总是当着‘敲门砖’的差事的。”（鲁迅：《且介亭杂文二集·在现代中国的孔夫子》）我们看到，不论是在事实上，还是在主观意图上，鲁迅都已经不是一个“权势者”，并且也不再想成为“权势者”，所以不但这“敲门砖”与他“不相干”，就是孔子的思想学说本身也与他没有了多大的关系。鲁迅说：“孔夫子曾经计划过出色的治国的方法，但那都是为了治民众者，即权势者设想的方法，为民众本身的，却一点也没有。”（鲁迅：《且介亭杂文二集·在现代中国的孔夫子》）“治国的方法”就是“治臣民”的方法，是从“君”的需要出发的，而不是从臣民的角度出发的，更不是从其中每个人的生存和发展的需要出发的。与中国传统文化不同，西方的近现代文化是由西方的知识分子创造出来的，并且不是为当时的执政者筹划的“治国的方法”，而是站在个人的立场上表达的自己对自然、社会和人生的感受、体验和认识，是“做事”的，而不是“治人”的；是为民众“做事”的，而不是“治民众”的，即使与政治有关的一切，也只是一些社会事业，并且是与其他社会事业完全平等的社会事业。“现在的外来思想，无论如何，总不免有些自由平等的气息，互助共存的气息……”（鲁迅：《热风·“圣武”》）鲁迅正是因为接触了西方文化，才离开了中国传统知识分子“修、齐、治、平”的思想理想——一种“治民众者”的理想，一种在“劳心者治人，劳力者治于人”（《孟子·滕文公上》）的思想基础上建立起来的思想理想。他的一生，想的不是怎样“经世治国”，不是怎样“治理民众”，而是怎样为社会“做事”，为民众“做事”：他的仙台学医“预备卒业回来，救治像我父亲似的被误的病人的疾苦，战争时候便去当军医，一面又促进了国人对于维新的信仰”（鲁迅：《〈呐喊〉自序》），是“做事”；他的弃医从文“提倡文艺运动”（鲁迅：《〈呐喊〉自序》），是“做事”；他的写小说“揭出病苦，引起疗救的注意”（鲁迅：《南腔北调集·我怎么做起小说来》），是“做事”；他的杂文“是匕首，是投枪，能和读者一同杀出一条生存的血路”（鲁迅：《南腔北调集·小品文的危机》），也是“做事”。

总之，只要我们不从自己的先入之见出发，而是从切切实实地感受和理解鲁迅、感受和理解鲁迅的人生道路和思想道路出发，我们就会感到，鲁迅在《青年必读书》中对当时的青年所告白的，不仅仅是“自己的经验”，甚至还是决定了鲁迅一生前途和命运的最关键、最重要的“经验”。用句中国老百姓说的话来说，他在这里对当时的青年说的是“掏心窝子”的话、真心话、良心话。仅此一点，我们就只有感受它、理解它的权利，而没有歧视它、否定它的理由。

六

鲁迅的《青年必读书》一经在《京报副刊》发表，立刻就招来了激烈的反对，这种反对其实是至今未息的，其理由大概也都没有什么两样：不客气的斥之为“卖国”，客气的斥之为“贬低中国文化”。

> 唉！是的！“看中国书就沉静下去，与实人生离开，读外国书，就与人生接触，想做点事”，所谓“人生”，究竟是什么的人生呢？“欧化”的人生哩？抑“美化”的人生哩？尝听说，卖国贼们，都是留学外国的博士硕士。大概鲁迅先生看了活人的颓唐和厌世的外国书，就与人生接触，想做点事吗？
>
> 哈哈！我知道了，鲁迅先生是看了达尔文罗素等外国书，即忘了梁启超胡适之等的中国书了。不然，为什么要说中国书是僵死的？假使中国书（是）僵死的，为什么老子，孔子，孟子，荀子，尚有他的著作遗传到现在呢？
>
> 喂！鲁迅先生！你的经验……你自己的经验，我真的百思不得其解，无以名之，名之曰：“偏见的经验。”[1]

---

①柯柏森：《偏见的经验》。作为鲁迅《集外集拾遗·聊答“……”》一文的“备考”收入《鲁迅全集》第7卷。

当我们作为一个读者直接阅读鲁迅的《青年必读书》这篇短文的时候，我们感到它是简单易懂、没有什么深奥的意义的，鲁迅只不过是对当时的青年说了他想说的话，只不过是觉得多读外国书对青年更加有益，并没有什么了不起的东西，甚至连他的话本身也未必那么在意，而恰恰是在它遇到这类猛烈攻击的文字时，只要我们仍然保留着一般读者那种自然朴素的心态，我们才能够感到，鲁迅的这篇杂文实际是包含着更多、更丰富的内容的。

在这里，我们首先感到，仅就鲁迅说了这么几句话，就暗示鲁迅是“卖国贼”，至少是有些过分的。在这里，就有了一个反差，即鲁迅即使说的话不是完全正确的，但到底是说的自己的话，没有倚势压人的意思，而对方倒是有一副咄咄逼人的姿态，好像鲁迅就不能说，至少不能这么说。

那么，这种反差是怎样出现的呢？显而易见，鲁迅发表的只是自己的意见，只是自己的感受和体验，“自己的经验”就是“自己的经验”，并没有一个更高的标准，所以也无法断定它是“正见的经验”还是“偏见的经验”，而它的反对者倒是有所倚恃的，倒是以为自己抱住了一条大腿、掌握了一个“更高的原则”的，正是因为他自以为掌握了这样一个“更高的原则”，所以他才能够判定鲁迅的“自己的经验”不是“正见的经验”而是“偏见的经验”。

这个“更高的原则”是什么呢？就是“爱国”。这里的“爱国”不是亲自上前线杀敌，也不是捐献出自己的钱买飞机、大炮，而是口头上的，文化上的。我们可以称之为“文化爱国主义”。这种“文化爱国主义”是有自己的标准的，那就是不能说中国文化的坏话，不能认为外国文化比中国文化好。鲁迅说“少看或不看中国书”“多看外国书”，是与这样一个原则直接相违背的，所以不论鲁迅说的是不是实话、真话，都是不能忍受的，都是鲁迅“不爱国”的表现。“不爱国”就是“卖国”——至少在“性质”上是如此。

我们看到，正是因为这位作者自以为站在了一个“更高的原则”上，所以他有了对鲁迅及其“经验”直接下判语的权利。实际上，当一个平常人表达对别人或别人的意见的看法时，一个最起码的要求就是要对别人和别人的意见有较之一般人更透彻的了解和理解，因为一个人根本无法对自己并不了解的对象做出自己的批评，更莫说是做出如此清晰的、斩钉截铁的否定性判断，但这位作者却认为没有必要了解和理解鲁迅为什么发表了这样的意见，而没有发表他认为不容置疑的正确的、合理的意见，所以尽管他说对鲁迅的“自己的经验”“真的百思不得其解”，他还是断定鲁迅的“自己的经验”不是“正见的经验”而是“偏见的经验”，并且是带有“卖国”的性质的。

但是，正是因为这位作者并没有了解和理解鲁迅及其“自己的经验”的意愿，所以他也进入了对鲁迅《青年必读书》理解的盲区、误区。在这时，也只有在这时，我们才能够感到，鲁迅本文的内容并不仅仅是甚至也主要不是要当时的青年“少看或不看中国书”“多看外国书”，亦即并不仅仅甚至也主要不是这个“结论”，因为鲁迅这样说是有条件的，是有前提的，那就是看中国书时“总觉得就沉静下去，与实人生离开”，而看外国书时“往往就与人生接触，想做点事”。在鲁迅的这篇杂文中，这个“条件”、这个“前提”实际比它的“结论”更重要，因为正是这个“条件”、这个“前提”才是鲁迅这样说而不那样说的原因；它的“结论”是可以变化的，但这个“条件”和“前提”却不能变化。为什么呢？因为它才是当今中国青年“读书”的真正价值和意义，是与当今中国青年的成长和发展密切相关的。也就是说，在鲁迅的观念中，当今的中国青年看什么书并不是最重要的，最重要的是要“与人生接触，想做点事”。而这是从当今中国青年的成长和发展出发的，所以归根结底，鲁迅关心的还是当今的中国青年，而不是“外国书”。而那位作者在声色俱厉地指斥鲁迅的时候，首先关心的却仅仅是鲁迅的那个“结论”，是“少看或不看中国书”“多看外国书”，至于鲁迅这个“结论”有没有前提条件以及前提条件是什么，并不是他关心的对象，因而他也并不重视鲁迅真正关心的是什么。如若如此，尽管他仍然不一定同意鲁迅那个“结论”，但至少不会将事情扯到“卖国”与“爱国”这类不相关的事情上去。

如果我们再往深处想一想，为什么这位作者更关心鲁迅的那个“结论”而没有感觉到鲁迅实际关心的是当今中国青年的成长和发展呢？这里的原因分明是因为他更关心的是鲁迅对“中国书”的态度，而不是鲁迅对当今中国青年的态度。从他的文字中，我们能够清楚地感到，他分明没有认真思考过当今的中国青年为什么需要读书，需要读些什么样的书，这些书对当今的中国青年会发生什么样的实际影响，以及这些影响对当今中国青年的成长和发展有无实际的意义等等这一系列的问题，而是一看到鲁迅对“中国书”持有大不敬的态度就激动起来。在这里，实际表现出的是两种文化观的不同：鲁迅和这位作者的关心都不在外国，而在中国，只不过鲁迅首先关心的是当今中国的青年，是人，是人的生存和发展，而这位作者首先关心的则是“中国书”，大而言之，就是“中国文化”。鲁迅的文化观是以人为本位的文化观，这位作者则是以“中国书”“中国文化”为本位的文化观，是“文化爱国主义”的文化观。

正因为这位作者首先关心的是“中国书”“中国文化”，首先关心的是人对“中国书”“中国文化”的态度，所以他也不再将“中国书”“中国文化”“外国书”“外国文化”作为当今中国青年的阅读和接受的对象来思考，而鲁迅首先关心的是当今的中国青年，是当今中国青年的生存和发展，所以不论是“中国书”“中国文化”还是“外国书”“外国文化”，在他的观念中，首先都是当今中国青年阅读和接受的对象。其“弃”其“取”都是以当今中国青年的实际需要为根据的。我认为，只要我们意识到这种差别，我们就会知道，鲁迅的《青年必读书》绝对不像它在“文化爱国主义者”的观念中那样“过激”和“片面”。在这时，也只有在这时，我们才能更加清楚地意识到，鲁迅所面对的当今的中国青年，绝对不再是也不应该再是中国古代那样的封建官吏的后备军，甚至也已经不仅仅是中国现代书斋知识分子的后备军，他们中的绝大多数人都要到社会上独立谋生，都要以自己的力量开辟自己的人生道路。中国的社会越发展，中国的教育越进步，中国的文化越普及，中国的青年越不能仅仅依靠中国古代《四书》《五经》中那套“修、齐、治、平”的大道理生活，越要有在当今的现实社会中求生存、求发展的能力，越是要有“做事”的能力。文化爱国主义者常常举出像章太炎、王国维、陈寅恪这些“国学大师”的榜样来否定五四新文化的传统，岂不知即使这些“国学大师”，在中国现当代社会也已经不是像孔子那样的“圣人”，不是像朱熹那样的“国师”，不是像中国古代官僚那样的为当今皇帝出谋划策的谋士、为皇权政治卖命卖力的工具。他们也是“做事”的，只不过他们做的是研究中国古代文化这件事。他们的研究，是在中国现代文化、现代教育体系中特定系科的专业研究，并且中国现当代的青年不能也不会都成为这样的“国学大师”——中国社会盛不下这么多的“国学大师”。鲁迅的《青年必读书》不是说给这些极少数的“国学大师”和准备做“国学大师”的青年听的，而是说给更广大的知识青年听的。对于这些更广大的正在成长着的当今中国青年，对于这些必须到社会上自求发展的当今中国的知识青年，鲁迅说：“最要紧的是‘行’，不是‘言’”“只要是活人，不能作文算什么大不了的事。”也就是说，成不了“国学大师”算什么大不了的事。正是在这个意义上，西方近现代表现社会人生的文学作品，研究社会问题的社会科学著作、研究自然科学的自然科学成果，不是对于他们有着更切近的性质吗？因为它们不是“维稳”的，而是“做事”的；“维稳”的要“沉静”，“做事”的要热情，鲁迅认为要“少看或不看中国书”“多看外国书”，其理由是看中国书“就沉静下去，与实人生离开”，看外国书则“与人生接触，想做点事”，不是顺理成章、理所当然的吗？有何“过激”之处，有何“片面”可言呢？

与此同时，鲁迅的《青年必读书》是不是像那些“文化爱国主义者”所担心的那样就从根本上否定了“中国书”和“中国文化”呢？在这里，我们首先必须意识到，鲁迅不但不是将“自己的经验”作为对当今青年的教诲、教导和教训而直接要求他们服从的，而且他面对的不是中国社会上的所有人，而只是当时的知识青年。中国社会上更多的中年和老年人，读什么书与不读什么书，鲁迅管不了也不想管，他的“经验”对他们不起作用；与此同时，鲁迅也不认为当今的青年当有了实际的人生经验，已经想做点事，因而也有了自己独立的思想追求和人生追求之后，就不必再看中国书、就不必研究中国文化，就一定不做“国学大师”；再者，有当时的青年，也有未来的青年，当未来的青年选择自己的阅读对象的时候，“中国书”的整体状况是怎样的，“外国书”的整体状况是怎样的，是不是看中国书仍然让人“沉静下去，与实人生离开”，看外国书就“与人生接触，想做点事”，也不在鲁迅《青年必读书》所涉及的范围之内。也就是说，在鲁迅的《青年必读书》中，完全确定的只有一点，即青年应该多看那些让自己“与人生接触、想做点事”的书，要少看或不看那些让自己“沉静下去，与实人生离开”的书。他没有宣判“中国书”“中国文化”死刑的权利，也没有宣判中国书、中国文化死刑的能力，与其说他认为两千年的中国文化传统太虚弱，不如说他认为两千年的中国文化传统太强大；与其说他认为当今的中国青年太容易背离两千年的中国文化传统而成为西方文化的附庸，不如说他认为当今的中国青年太容易成为两千年中国文化传统的奴隶而丧失自我、丢失个性、自闭自封而不思进取。

从“文化爱国主义者”的角度，鲁迅的《青年必读书》是有“全盘西化论”的嫌疑的，这恐怕是连我们这些鲁迅研究者也不得不承认它有“过激”倾向的原因。但是，我们恰恰没有看到，“全盘西化论”与“文化爱国主义”才是一对孪生兄弟，因为它们都是以“书”、以“文化”为本位的：“文化爱国主义”是以中国书、中国文化为本位的，全盘西化论是以西方书、西方文化为本位的，鲁迅则不同，他是以“人”为本位的。他在《青年必读书》中关心的是人，是当今的中国青年。这些青年是中国青年，不是外国青年；他希望中国青年要与人生接触，想做点事，是与中国的社会人生接触，为中国社会做点事，而不是到外国去与外国的社会人生接触，为外国社会做点事。在这里，外国书像是发动机，它发动起来的是中国青年的生命活力和追求热情，是在中国社会求取生存和发展的意志力量，并以自身的存在和发展带动整个中国社会的存在和发展。他并不认为西方人已经给中国社会、中国文化画好了一张社会蓝图，中国青年只要按照这样一张蓝图建设中国社会就万事大吉了。中国青年的路要靠中国青年自己来走，中国社会的事要靠中国青年自己来做，这与“全盘西化论”是风马牛不相及的。后来的事实也充分证明，鲁迅并没有成为陈序经“全盘西化论”和胡适“充分青年的西方化论”的追随者，他走的是一个中国知识分子的自己的路。

所有这一切，都是怎样呈现出来的呢？都是依靠鲁迅《青年必读书》这篇杂文的文本本身呈现出来的。在这里，我们可以看到，它虽然短小，但却不只是，甚至也主要不是一个判断，一个结论，不是仅仅告诉我们要“少看或不看中国书”“多看外国书”，而是一个具有自己的所指和能指的全部内容的“结构”。它是动态的，不是静态的，因而也是有自己的动能的，是在当今中国青年成长和发展需要的基础上并通过这种需要得出的一个具体结论。这里有三个环节：当今的中国青年、当今中国青年成长和发展的需要——“与人生接触，想做点事”、结论——“少看或不看中国书，多看外国书”。这三环是紧密相扣的，构成的是一个“思路”，而不仅仅是一个“观点”，其中任何一环都是不可或缺的，并且各有各的独立作用和意义，一环变环环皆变，不容人们对它做出任意的解释，尤其不容人们将其仅仅作为一个“结论”，一个“观点”；当我们将这个“结构”作为一个完整的“结构”固定下来并试图理解它和解读它的时候，这个“结构”又是具有自己的势能的。也就是说，只要我们不以自己的先入之见轻率地对其进行否定性的判断，只要我们愿意理解鲁迅为什么会有这样的“经验”，我们就会更切实地考虑当今中国青年的社会处境和文化处境，就会更切实地关心他们在这样的社会处境和文化处境中的命运和前途，就会更切实地考虑他们的实际需要，同时也会更切实地思考中国书、中国文化和外国书、外国文化。所有这一切都可以成为我们在自己的人生道路上不断感受和理解的“问题”，从而也会依靠自己的亲身感受和体验不断丰富这篇杂文的具体内容。我们甚至可以认为，它是一种新的人生观念、文化观念生成的基点，也是一些新人的思想出发点。与此同时，它又不是鲁迅强加给我们的，而只是以他“自己的经验”从我们自己的感受和体验中引发出来的。——鲁迅没有正面回答《京报副刊》编者提出的问题，但却以“附录”的形式超完满地回答了这个问题。

七

最后，我们还能看到，鲁迅《青年必读书》不但有着自身的完整性和谨严的结构，有着为论敌无法颠覆的思想力量。在这个角度上，它像一座城池，布局巧妙且严密，在其内部，有着简单、朴素、平和，甚至可以说是亲切的氛围。它有着鲁迅对当今青年的关心，有着鲁迅与当今青年略无隔阂的心态，有着鲁迅轻松乃至有点诙谐的口吻，因而也是为外力所难以攻破的。但与此同时，它作为一个完整的结构，又取着明显的对外攻击的姿态。不是八面玲珑的，不是没有棱角的。实际上，它的自身形态，就呈现出与“文化爱国主义”对峙、对立的状态，就是对文化爱国主义以“中国书”“中国文化”为本位的文化观进行的一次公开的挑战。“我以为要——或者竟不——看中国书，多看外国书。”“中国书虽有劝人入世的话，也多是僵尸的乐观；外国书即便是颓唐和厌世的，但却是活人的颓唐和厌世”，这些话，从与鲁迅有同感的青年来说，不无痛快淋漓之感，不无诙谐幽默的意味，但从那些文化爱国主义者的角度，则是大逆不道的，也是难以忍受的，因而也会激起他们的反对。这种反对恰恰能使他们原本混沌的面目更加清晰起来，从而使愿意理解鲁迅《青年必读书》的读者在更切近地理解鲁迅《青年必读书》的意义的同时也更清醒地看清文化爱国主义者的真实面目。也就是说，鲁迅的《青年必读书》不但充分呈现了鲁迅的“自己的经验”，同时也暗示着一个自己的论敌；不但表现了一种以“人”为本位的文化观，同时也隐含了它的对立面——文化爱国主义的文化观。二者通过对立相得益彰、通过辩驳相互发明：读者越是更深入地感受和理解了鲁迅以人为本位的文化观，也越是能够更清醒地看清文化爱国主义的文化面目；越是能够更深刻地看清文化爱国主义者的文化面目，也越是能够更清醒地感受和理解鲁迅以人为本位的文化观。这大大拓展了鲁迅《青年必读书》的思想内涵。

在这里，存在的是一个文化与人的关系的问题：在以“人”为本位的文化观看来，“文化”是为“人”、为“人”的生存和发展、为“人”的尊严和幸福而存在的，而在文化爱国主义者看来，“人”是为本民族的文化传统而存在的。

在一个民族的文化处于相对停滞的状态的时候，这个民族的文化传统是具有温柔敦厚的特征的，它是在这个社会的统治阶层的有形与无形的保护下相对平和地运行的，绝大多数人满足于这种文化传统所能够给自己提供的有限的自由空间，而对在这种文化传统中所无法实现的一切则取着隐忍的态度，而那些极少因违背这种传统而受到惩罚乃至被夺去生命的人则被绝大多数人视为他们个人的原因从而引不起整个社会的关注。整个社会呈现着波澜不惊的状态，社会生活有起伏，有动荡，甚至有着惨烈的历史事实，惊心动魄的历史变故，但影响不到这种文化传统的稳定性。在这时候，整个社会都是以这个民族的文化传统为本位的，人必须接受传统的制约，这个民族的文化传统以其自己的价值体系制约着整个社会的人，人的是非曲直、善恶美丑是在这种传统的价值标准之下得到衡量的。

一个民族文化的发展是在这个民族的少部分人意识到自己的权益的合法性和合理性并因此而公开争取自己的合法权益的时候，在这个时候，这少部分人开始以“人”的现实需要及其合法性、合理性而公开反抗固有的文化传统，因而固有的文化传统也无法继续维持自己表面的温良恭俭让的特征，而开始以自己的力量遏制、扑灭这种新的文化倾向的生成与发展。在这时，也只有在这时，这种文化传统的非人性乃至反人性的一面才在自己论敌的面前暴露无遗，并激起自己论敌的决绝的反抗。

五四新文化运动就是中国少数接受了西方文化影响从而自觉意识到自己作为“人”、作为“个人”的合法权益的知识分子发动的。具体到鲁迅的《青年必读书》就是切切实实从当时青年具体的生存和发展的需要出发，关心的是这些“人”、这些“个人”的“实人生”，鲁迅是在西方文化的影响下才有了这种关于“人”、关于“个人”的自觉的，所以他也劝当今的中国青年多看“外国书”，从而与中国固有的文化传统发生了“擦枪走火”的现象。但当文化爱国主义者“挺身”出来维护中国固有的文化传统的时候，中国固有文化传统对“人”、对“个人”权益的冷漠乃至冷酷就暴露出来了。实际上，当没有人从“人”、从“个人”的切身利益出发向传统发起挑战的时候，当所有的人甚至连自己的亲人都不得不从一种凌驾于“人”“个人”的切身利益之上的抽象的道德理念评判一个人的言行举止的时候，一个人是感觉不到或者分辨不出周围人对自己的关切爱护与冷漠冷酷的区别的，但当有人从一个人的切身利益出发表达了一种与传统观念不同的观念，而这个人又感到它是亲切而切实的，所有其他人对这个人的冷漠乃至冷酷就显现出来了。在这里，人们开始意识到以“人”“个人”为本位的文化观与文化爱国主义文化观立足点的根本不同。文化爱国主义者的文化观不是从任何确定的“人”“个人”的现实需要提出问题和解决问题的，而是从根本无法落到实处的一些抽象理念或“传统”“国家”“集体”“多数”等集合性概念出发的，所以文化爱国主义者赖以压制论敌的都是像数典忘祖、离经叛道、卖国求荣、里通外国等这些根本不容对方说话的“大帽子”，并且常常是具有一些法律效应的道德律令。这不但表现出了对所议论对象的习惯性的冷漠，更表现出了对论敌必欲除之而后快的冷酷心情。也就是说，在这时，也只有在这时，一个民族的固有传统才真正撕下了它温情脉脉的面纱，而暴露出了它扼杀人性、扼杀个性的本来面目。它不是中国古代某个思想学说的自身本质，但却是当它被作为一种传统凝固下来之后所导致的必然结果。

文化爱国主义是在中国知识分子中间生成与发展起来的一种文化思想，它常常是以一种学术思想的面目出现并得到流传的，但它本质上不是一种学术思想，而是一种朦胧的传统观念，是一个民族的绝大多数成员不须经过个人的思考和研究就从这个民族的传统中盲目接受下来的一些固定观念，这些观念彰显了一些人人可见的事实，但也掩盖了不为人所见的大量事实，或者干脆对大量可见的事实也采取闭眼不看的态度，因而它也无法上升到真正学术研究的高度。直至现在，中国的文化爱国主义者仍然仅仅从一种抽象理念出发将中国古代社会描绘成一种美满或者近于美满的社会，并以此将一些抽象的文化理念绝对化，从而造成了中国固有文化传统不用变、不能变的假象。事实上，任何一个人的思想学说的作用和意义都是有限的，它不可能解决社会人生中的所有问题，人、人类必须面对自己的现实处境重新感受和思考自己的人生，从而也以自己的感受和思考充实和丰富整个人类的文化。任何将一个民族已有的文化传统绝对化的企图，都必然遮蔽了这个民族社会历史发展过程中的大量事实。所以鲁迅在反驳上文提到的那篇文章的作者的时候，说他“其实是连近时近地的事都很不了了”：“但有一节要请你明鉴：宋末，明末，送掉了国家的时候，清朝割台湾，旅顺等地的时候，我都不在场；在场的也不如你所‘尝听说’似的，‘都是外国的博士硕士’；达尔文，罗素也还未来华，而‘老子，孔子，孟子，荀子辈’的著作却早经行世了。钱能训扶乱则有之，却并没有要废中国文字，你虽然‘哈哈，我知道了’，其实是连近时近地的事都很不了了的。”（鲁迅：《华盖集续编·聊答“……”》）

文化爱国主义是在中国近现代民族危机的条件下发展起来的一种文化潮流，是依附在政治爱国主义的躯体上生成与发展起来的，但它又与政治爱国主义有着截然不同的特征：政治爱国主义是有一系列清晰可辨的外在特征的，并需要提倡者自己做出实际的贡献乃至牺牲，而文化爱国主义则只是一些话语形式，主张者不但不须做出自己实际的贡献和牺牲，而且还可以著书立说，立身扬名。文化爱国主义有一个著名的文化命题，曰：“文化同化说”。按照这种学说，中国文化同化了周边的各少数民族，甚至连满族入侵也不是满族灭亡了中国，而是中国文化同化了满族。这当然也不失为一种说法，但从以“人”“个人”为本位的文化观念看来，这种同化的代价却是用中国大量社会群众和那些死于清朝文字狱的大量知识分子的生命和鲜血换来的，并且清王朝的政权到头来还是用孙中山领导的国民革命的大量志士仁人的鲜血和生命推翻的。充其量，“文化同化论”只是文化爱国主义者的一个梦，这个梦用于中国古代历史或许还有点温暖人心的作用，而在现当代的世界还要继续做这种梦，就未免显得滑稽了。从1931年日本侵略者占领东北三省，到1945年抗日战争胜利，日本侵略军在华十余年，也没有被中国传统文化所同化，倒是日本文化同化了好多中国人。这种想用中国文化征服世界的愿望，在略有一点现代世界知识的人的眼光里，都不能不是荒诞不经的。

一篇文章的一种观点，只要能够牢牢地立在读者的头脑中，它就将与现实社会各种不同的思想观念相遭遇、相遇合，并且在这种遭遇或遇合中思考一系列相关的问题。鲁迅的《青年必读书》也是这样。鲁迅《青年必读书》中的这些新异的议论一旦进入读者的心灵，当它遭遇到中国社会无处不在的文化爱国主义的论调，自然就会有一番比较，有一番思考，所以鲁迅这篇杂文的价值和意义也将有不断拓展的可能。

时世不论发生什么样的变化，外国文化和中国文化的关系无论发生什么样的变化，但鲁迅《青年必读书》所昭示给我们的这样一个理念则是不变的：

青年应该看哪些书？“要少——或者竟不——看”那些让你“觉得就沉静下去，与实人生离开”的书，“多看”让你“就与人生接触，想做点事”的书。

原载《文艺争鸣》2013年第7期

鲁迅散文诗《雪》作意辨正

对鲁迅散文诗《雪》，迄今为止，人们的分析大同小异，观点基本一致。

冯雪峰同志在《论〈野草〉》一书中说：

> 这篇作品告诉我们，虽在冷酷的“冬天”，作者的心地中是存在着春天和光明的。

李何林同志《鲁迅〈野草〉注解》中说：

> 作者虽处在冷酷的“冬天”，心中却存在着“春天”的理想。而且也有所象征，春天和冬天都不仅仅指着自然界。

复旦大学、上海师大两校中文系合编的《鲁迅小说诗歌散文选》中说：

> 本篇通过对南方和北方飞雪的描写，表示了对生活中美好事物的缅怀，对冷酷现实勇猛抗争的精神，但同时也流露出一种孤独、寂寞的情绪。

山东烟台师专1978年第6期《语文教学》上发表的王知农、李兴武两同志的《浅析鲁迅散文诗〈雪〉》一文中说：

> 本诗通过对江南和北方雪的深情描写，表现了鲁迅对美好未来的缅怀和对冷酷现实的否定，显示了作者身在严冬却向往着春天和光明。

以上四例，可以代表现有所有有关《雪》的论述，其间虽有细微差别，但大体相同。冯雪峰同志把散文诗中的南方雪景作为"春天"的代表，李何林同志直称为"春天"的象征，王、李二同志进一步引申为"美好未来"。两校中文系的说法较为审慎，但又觉得有点含糊，恐怕在实际理解上与其他二例也无甚不同。

以原文验之，现有解释有三种弊端：

一、江南雪景象征"春天"说不能成立。鲁迅散文诗《雪》中描绘的江南雪景是与"朔方"雪景不同的另一种"冬天"的景致，不能理解为"春天"的象征。假若作者果真要赞美美好的"春天"，何以不选取春景加以描绘呢？那样不是象征意义更明确、典型性更强烈吗？或者有人以为诗题是《雪》，当然必须描写两种界景了。须知本文并非他人命题，鲁迅作文，另拟一题有何不可呢？江南雪景既然不能作为"春天"的象征，建立在这个基础之上的关于"美好未来"的解释也就讲不通了。"江南的雪"当然可以被视作"美好事物"，但从全文看，江南雪景所代表的含义，在当时鲁迅看来，在那时的黑暗现实中是不存在的。我们不能认为，鲁迅会否认当时连任何"美好事物"也不存在，其实，本篇中勇猛抗争着黑暗现实的"朔方的雪"也未始不可以看作是"美好事物"。总之，以上诸同志为"江南的雪"所规定的象征意义都不能成立。这是最根本的一条。

二、现有分析都不能贯通全文。文章一开始，鲁迅就写了"暖国的雨"，有的同志对它或则避而不谈，或则一笔掠过，有的同志虽然从字面上做了解释，但难以回答鲁迅何以除了"江南的雪"和"朔方的雪"之外，又写了"暖国的雨"，它到底与全文有什么联系，对表现中心思想有什么作用。李何林同志解释较为详细，现引录于下：

> 开始第一、第二行写的“暖国的雨”（指南方各省的雨），老是一种液体形状：不能变成固体的雪，有些单调；用这来衬托有变化的雪花的灿烂。但又向雨提出问题：“他自己也以为不幸否耶？”从全篇最后两行看，雨还是不凝固为雪的好：活泼自由流动着的雨，凝固为雪后，就是：“孤独的雪，死掉的雨”了。由于严寒的压迫使雨遭受孤独和死掉的命运，可以说是北方的雨的不幸。……

就是这只限于字面的解释，也不能说是圆满无缺的。其中的问句是针对一般雪而言，并非只指“朔方的雪”，它凝固为“朔方的雪”固然不幸，那么它凝固为“江南的雪”是幸呢，还是不幸呢？“朔方的雪”是由于“严寒的压迫”而成的，“江南的雪”难道不也是寒冷的产物吗？假若“雨”还是不凝固为“雪”的为好（不论是“朔方”的还是“江南”的），当然它比“雪”是一种更幸福的存在了。既然如此，鲁迅又怎么用一种更幸福地存在着的事物去衬托比它更不幸的另一种事物的美好呢？这些问题，在现有理解的前提下，显然都难以得到满意的解答。此外，怎样理解“朔方的雪”是“死掉的雨”“雨的精魂”，也是一个没能做出圆满答案来的问题。

鲁迅在写了这篇《雪》之后的仅十天，又作了另一篇优美的散文诗《好的故事》，若照现有分析，这两篇的立意就是完全相同的，只是仅仅变换了一种写法。这在鲁迅恐怕是不大可能的。

总而言之，我认为现有对这篇散文诗的理解都是不正确的。现在，这篇散文诗已收入了全国统一的初中语文教材中，我们有必要重新对它进行一些研究和探讨。

在这篇散文诗中，作者主要描绘了三种事物：“暖国的雨”“江南的雪”和“朔方的雪”。在这三种事物背后又有三种不同的自然环境。只有恰切地理解了这三种事物及所代表的自然环境的特定含义，才能把握住作者的真正写作意图。

先看“暖国的雨”。在后文中，鲁迅说“朔方的雪”是“死掉的雨”。这就是说，在作者笔下，“雨”是“雪”的原形，是“雪”的正常状态。“雪”是“雨”在一定条件下的变态，这个条件就是气候的寒冷。所以，不论是“朔方的雪”还是“江南的雪”，尽管二者有显著的差别，但都是“冬天”的产物，都是被寒冷所凝固了的“雨”。“暖国的雨，向来没有变过冰冷的坚硬的灿烂的雪花”，说明“暖国的雨”永在温暖的保护下，没有严冬的威压，没有寒风的侵袭。假若说文中写了“春天”的话，“暖国的雨”才是“春天”的产物，才是“春天”的温馨儿。雪花虽然“灿烂”，但却是“冰冷的”“坚硬的”，在“雨”“雪”的对比中，流露着对“雨”的肯定。说“雨”“单调”，只是“博识的人们”，而非作者的判语。“他自己也以为不幸否耶?”这里隐含着对“博识的人们”的强烈否定，犹言：你们作为旁观者，愿它变为灿烂的雪花以供欣赏，但在它自己，难道愿在寒冬的凌威下去变成雪吗？你们说它“单调”，岂不知这正是它的幸福温暖的呢！因此，在鲁迅笔下，最幸福的是“雨”，最美好的是“暖国”。本文不把“暖国的雨”作为重点来描写，说明作者主要意图不是赞美“春天”，不是憧憬未来。作者简写了“暖国的雨”，是为了从“江南”“朔方”与“暖国”的联系上来展示“江南”和“朔方”，是为了从“江南的雪”“朔方的雪”与“暖国的雨”的关系中表现“江南的雪”和“朔方的雪”。

如上所述，“江南的雪”也是“冬天”的景象，也是寒冷的产物。那么，作者笔下的江南雪景又为什么那么优美、那么生意盎然、那么沁人心脾而令人向往呢？是因为它“隐约着青春的消息”。它只是“隐约着”的青春的“消息”，自然不能把它当作“青春”本身。但也正因为“江南的雪”可以被看作“春”的信使，“江南”是“春天”即将来临的“冬天”，所以才使处在严酷“冬天”的作者对之无限欣羡，热烈赞美。至于它的确切含义，我们在与“朔方的雪”的比较中才能看出，只好在下文补叙。

“朔方”是军阀统治下严酷现实的写照，“朔方的雪”则是它的产物，是生活在漫漫长夜、凛冽寒冬中的革命民主主义战士们的象征。“朔方的雪”具有四个方面错综而又明晰的特征：

1.它顽强地抗争着、坚韧地战斗着。严冬把它变成如粉如沙的

“雪”，但它并不屈服，仍然向严冬做着顽强的抗争。它“蓬勃的奋飞，在日光中灿灿地生光，如包藏火焰的大雾，旋转而且升腾，弥漫太空，使太空旋转而且升腾地闪烁。”“在无边的旷野上，在凛冽的天宇下，闪闪地旋转升腾着的是雨的精魂……”这是一幅惊心动魄的、壮观宏伟的“朔方的雪”的斗争画面，它像《秋夜》中的“枣树”一样执着，像《这样的战士》中的“战士”一样坚韧，但较之它们有着更为猛烈的气势。

2.它的处境是孤独的。它不像“江南的雪”那样有“血红的宝珠山茶”“白中隐青的单瓣梅花”和“深黄磬口的蜡梅花”与它为伴，有“冷绿的杂草”在它怀中憩息，有采花的蜜蜂在它上空飞舞，有欢快的孩童在它身边嬉戏。它永远是孤独的，纷飞之后，只“撒在屋上，地上，枯草上”，就连它们自己之间也不相粘连，“永远如粉，如沙”。所以作者称它为“孤独的雪”。

3.在它的斗争中看不到胜利的希望。它虽然是“蓬勃地奋飞”，“旋转而且升腾”，且文中看不到它“奋飞”的结果。“江南的雪”“隐约着青春的消息”，但它却只是“严冬”的表现；“江南的雪”是即将化“雨”的“雪”，是即将复苏的“雨”，而“朔方的雪”则是“死掉的雨”，难以再变“雨”的“雪”。因为“雨”才是它们共同的理想，才是它们最幸福的状态，所以，“江南的雪”充满着胜利的希望，“朔方的雪”则只感受着失望的痛苦。

4.失望中仍存微茫的希望。鲁迅两次提到“朔方的雪”是“雨的精魂”，尤其是全文以它结尾，应当怎样理解呢？显然，我们不能仅把“雨的精魂”作为“死掉的雨”的同义反复，作者既然将二者排比在一起，二者就有不同的强调侧面。我的理解是：“朔方的雪”虽然是“死掉的雨”，虽然在那“凛冽的天宇”中还看不到它变成“雨”的可能，但它到底是“雨的精魂”，是“雨”的变态，因此也就不能断定它没有再变成“雨”的可能。其含义为：虽然革命者的斗争暂时还看不到胜利的希望，但也不能断定必无希望，绝望是不对的。

概括以上四点，我们可以看到，鲁迅通过对“朔方的雪”的具体描绘，充分显示了军阀统治下现实的黑暗和严酷，热情赞扬了革命者的顽强、坚韧的斗争，表示了他对斗争前途的看法：看不到胜利的希望，但也否定了“绝望”。其中充满了斗争精神，但也流露着孤独、失望的情绪。

这篇散文诗，是通过“江南的雪”和“朔方的雪”的对比来显示其中心内容的，同时也通过对比显示了二者的特定意义。构成二者对比的是上述二、三两点，其中最根本的是第三点。“江南的雪”已经能够看到幸福的未来，已经“隐约着青春的消息”，是充满胜利希望的事物，这是与“死掉的雨”——“朔方的雪”最根本的不同之点，它所以显得那么美好，也正由于此。假若我们一定要寻抚它的象征意义的话，那么，它就是“希望”的象征。

众所周知，鲁迅在写作《野草》的时候，正处在思想一度苦闷和彷徨之中，他继续顽强不屈、坚韧不拔地战斗着，但在斗争中又感到孤独和势单力薄。他在现实中看不到光明，在斗争中看不到胜利的希望，但他又努力抵抗着这种失望的情绪，坚决地否定“绝望”。他说“我常常觉得唯‘黑暗与虚无’乃是‘实有’”，但又说“我终于不能证实：唯黑暗与虚无乃是实有”，并鼓舞青年们“须是有不平而不悲观”（均引自1925年3月18日致许广平的信，见《两地书》）。在这种心境下，鲁迅愈感到“希望”的可贵，愈感到那“有希望的事物”的美好，同时也用这美好的“希望”抵抗心中的“失望”，克服某些青年的“绝望”和“消沉”，鼓舞自己和青年继续勇敢地与反动派进行斗争。散文诗《雪》正是鲁迅这种思想的反映。

我们把1925年1月份写的《希望》《雪》和《好的故事》三篇连起来进行阅读，便可以看出鲁迅思想变迁的脉络，找出三者的联系和异同。那年的元月一日，鲁迅“因为惊异于青年之消沉，作《希望》。”（《〈野草〉英文译本序》）在《希望》中，鲁迅通过自己“希望”与“失望”的内心斗争过程的叙述，表达了他希望青年不要“绝望”和“消沉”的愿望。在文中，他引用匈牙利诗人裴多菲的话说：“绝望之为虚妄，正与希望相同！”从而否定了“绝望”。十七天后（十八日）又写了散文诗《雪》，具体表现了“希望”的美好，表示了对“充满了希望的事物”的热爱与赞美，同时也赞扬了在严酷的冬天向严酷现实做着顽强斗争的革命者，表现了他们孤独、无望但又坚韧、猛烈的战斗，其中也显示了这种斗争的一些“微茫”的希望。此后十天（二十八日），鲁迅又写了《好的故事》，直接赞美了美好的理想，表现了对美好未来的向往。三篇都流露着作者当时孤独和失望的情绪，但一篇比一篇显得明朗、乐观一些；三篇都围绕着理想与现实、希望与失望的矛盾展开，但立意又各不相同，分别主要从否定“绝望”、赞美“希望”、歌颂“理想”三个侧面取意，同中见异，决不重复。如上所说，假若把《雪》理解为“春”的赞誉，既与《希望》一文从情调、内容上相距太远，又与《好的故事》互相重复、彼此雷同。

综上所述，我认为鲁迅散文诗《雪》的作意不是对美好未来的向往，而是对“希望”的赞美、对现实的抨击和对“绝望”的否定。当否，还请同志们批评指正。

（注：本文署名“敝人”）

原载《宝鸡师院学报（哲学社会科学版）》1979年第2期、第3期

整体与部分

——白居易《赋得古原草送别》诗赏析兼释鲁迅《自嘲》诗

赋得古原草送别

［唐］白居易

离离原上草，一岁一枯荣。
野火烧不尽，春风吹又生。
远芳侵古道，晴翠接荒城。
又送王孙去，萋萋满别情。

每首诗，不论其长短大小，单纯或复杂，都是一个整一的系统。在现代美学研究中有主张美就是和谐的美学家，我认为就是从文学作品审美效果的整一性着眼的。作为一个整一的系统，一首诗的审美效果也应是整一的，它不能既是此又是彼，既壮阔又纤细，既豪迈又柔弱。但是，这个整一的系统又是由各个不同的组成部分构成的，整一的效果是在各个部分的关系中显现出来的，并不是每一个组成部分的相加之和，不是像垒积木一样一个个垒起来的。这样，我们就有可能把一首诗的一个部分当作一个整体从全诗中独立出来，并把它当作一个独立的艺术体来欣赏和理解。这是接受主体对作品的一种主动性的改造，在艺术接受或运用中是可以允许的。但在这个独立的部分被抽取出来后，它就有了向不同于在原诗中的作用和意义发展的可能性，当人们把这种向不同方向发展了的作用和意义代入原诗整体系统中来的时候，就有可能破坏原诗的整一性和和谐性，造成对原诗鉴赏的困难和偏差。一般说来，当一个部分被独立出来之后，它的自由性是较大的，它可以向更多的有可能的方向发展，并根据不同读者的不同审美的和思想的需要而在这多种可能性中进行选择，而在它处于一个更大的整体系统中的时候，它的任意发展的自由性便受到了限制，其他各个部分既有可能丰富它的某些方面的含义，又同时限制了它向不同方向发展的可能性，因而在它独立运用时的审美效果和思想意义也就未必等同于在整首诗中的审美效果和思想意义。

白居易《赋得古原草送别》的前四句是经常被人们抽取出来当作独立自主的一首诗来运用的，特别是在现代的革命者的笔下，它更成了表现革命一定胜利、人民不可摧毁、革命势力一定会战胜反动势力的信念的诗句。但在同时，他们也将这四句诗的意义固定化和在一个特定的方向上强化了。不难想象，当革命者把它作为自己的情感与情绪的象征。“枯”和“荣”则成为革命失败和胜利的代名词。这里的“枯”和“荣”不再有对等的意义，不再是并举的两种状态，而成了偏正的结构。“枯”只是革命的暂时失败，而“荣”则是革命的最终结果——胜利。“野火”是与“原上草”对立的势力，当然代表着革命的敌人，代表反革命的势力，“春风吹又生”则体现了革命高潮终会到来、革命定会胜利的社会发展趋势。由于人们赋予这四句诗以特定的寓意，从而使这四句诗本身有了特定的解析方式。例如，“原上草”与“野火”有了直接对立的意义，“枯”和“荣”有了相反对的情感色彩，“原上草”成了生命力的象征，“野火”则是扼杀生命力的可怕的力量，整个四句诗体现的是大自然的无限生命力。不难看出，在解析白居易的这首诗时，人们正是把这样的含义代进了全诗中去的。

但是，大自然的无限生命力与本诗的“送别”又有什么内在的联系呢？如果说我们无法把大自然的无限生机与送别有机地联系在一起，那么，这首诗的整一性又何在呢？

我认为，我们不能从表现大自然的无限生命力的角度理解全诗中前四句。在全诗中，“送别”是一个核心概念，全诗的前六句都应当纳入“送别”这个核心概念中来理解。这样，全诗的前六句只能在下列两个相互联系的意义上来理解：一、它是送别时的环境描写；二、它是送别时作者内心情绪的象征。

“离离原上草”写的是送别时作者眼前的实景。广阔的古原草一望无际，平展展在作者眼前铺开，带有荒凉况味的古原上野草茂盛、稠密、郁郁葱葱、如海似潮，在春风浩荡中充满勃勃生机。由这眼前的景象，作者联想到秋末至冬天的草原，这时野草是枯黄的，但枯草遍野、秋风萧瑟或朔风凛冽，在这莽莽苍苍的古原上，也未必就是衰败悲伤的感觉，它同样是广袤无际，自有一种苍凉阔大的气魄。“一岁一枯荣”将作者眼前的实景和冬日曾有的虚景联系在了一起。在这里，我们应当注意到，作者只是前后两种景象的感受者，他不是像前面所说的革命者一样以古原草自喻；作者身处于野草丛生、茂密葱郁的现在，而非像革命者那样立于革命暂时失败、处境艰难的当时。所以，作者写了古原草的枯荣两种景象，但并无代古原草诉述身世之意，也无以古原草自伤身世的味道。这只是两种古原景象，在作者的感受中是并举的，而非偏正结构，并非为荣说枯。革命者在革命低潮时相信革命高潮一定还会到来，自然重“荣”轻“枯”，“枯”是“荣”的铺衬和对照，“荣”才是所向往的、希冀的，白居易实处于“离离原上草”的现实景物面前，回忆中的冬日古原景象同样是一种大自然的景象，实无憎恶的必要。只有这样理解作者对“一岁一枯荣”的感受，“野火烧不尽”才具有强烈的美感效果。在这里，“野火”也不是“离离原上草”的对立物，而是一种景象。只要我们用心灵去感受，便会感到“野火”给我们带来的是一种绚烂、壮观的奇崛美感。在这样广阔苍凉的古原上，枯草遍披，一望无垠，这时野火延烧，红焰蔓延，时疾时缓，轻烟飘散，该又是何等绚烂的壮观景象呵！但“野火烧不尽”，春风吹来，现在又成了一片茂密的大草原。三种景象，三种况味，一实二虚，通过作者的视线和联想，一齐呈现在了读者的面前。“远芳侵古道，晴翠接荒城”，继续写眼前景象，这里的“古”，这里的“荒”，都绝无伤感的情调，而有原始的苍凉感觉，给人的是一种阔大、悠远的感觉。这时的古道上，草香汹涌，晴翠的草原连接着远处的荒凉古城，把读者的视线引向了草原的尽头，遥远的远方，使眼前的景象更觉开阔。“又送王孙去”一句，简要地点出送别，“萋萋满别情”则将景和情有机地结合了起来。“萋萋”原本是形容春草的，但在这里却用于形容“别情”，说明作者这时的内心情绪也正如“萋萋春草”。这样，前六句的写景，也便成了作者送别时的内心情绪的象征。

作者的内心情绪是怎样的呢?

不论是芳草萋萋的无边草原，还是枯草遍野的秋末或冬日的草原景象，不论是草原古道上如波如潮的野草清香，还是绚烂壮观的荒原野火；不论是连接荒城的广阔晴翠的原野，还是春风浩荡野草丛生的蓬勃景象，都是开阔广大的，但在这开阔广大的意境中又有一种苍凉荒疏的意味。野草是茂密的，但在人迹罕至的古原上自有一种荒凉的感觉；冬日的枯草萧索、幽寂荒凉，但同时也不失旷远广渺，野火是绚烂壮观的，但在荒疏的冬天和枯草遍野的荒原，野火也自有苍凉的感觉。芳草清香但在古道荒原，晴翠千里，但接的是古城旧垒。总之，白居易给人展示的每种景象都是开阔的、澎湃的，但同时又有一种苍凉荒疏的感觉。我认为，这同时也是白居易内心情绪的象征。在这时，他的内心情绪汹涌澎湃，如潮退潮涌，时上心头，像春草萋萋，无边无际。这种情绪不是儿女情长般的离情别绪，不是霎时间瘦了腰围的伤情愁肠，而是一种阔大的、有万千语言欲言而难言的汹涌着的情感。但这到底是别离，是故友分手。友人的离我而去，他的前路的艰难，前景的难测，都使作者有一种若有所失的失落感，剩下孑孑孤立的一个人的孤独感，他的内心总有一种苍凉的意味，夹带在他内心汹涌澎湃的感情浪潮中，难以排解。这种综合的情绪，也便是诗中“萋萋满别情”的“别情”。这里是触景生情还是由情生景是很难判别，恐怕二者都有吧！但前六句的景中已有情则是毫无疑义的。如果说前四句表现的是古原草的蓬勃生命力，不是与这时的“别情”甚少关系了吗?

像这样的例子，我们还可以举出鲁迅的《自嘲》诗：

运交华盖欲何求，来敢翻身已碰头。

破帽遮颜过闹市，漏船载酒泛中流。
横眉冷对千夫指，俯首甘为孺子牛。
躲进小楼成一统，管他冬夏与春秋。

“横眉冷对千夫指，俯首甘为孺子牛”是在社会上广为传颂的名句，它也像白居易《赋得古原草送别》诗的前四句一样被人们当为一个独立整体而经常引用，人们也就经常对它进行独立的理解和阐释。其中最有名的是毛泽东的引申说明：

鲁迅的两句诗：“横眉冷对千夫指，俯首甘为孺子牛”，应该成为我们的座右铭。“千夫”在这里就是说敌人，对于无论什么凶恶的敌人我们决不屈服。“孺子”在这里就是说无产阶级和人民大众，一切共产党员，一切革命家，一切革命的文艺工作者，都应该学习鲁迅的榜样，做无产阶级和人民大众的“牛”，鞠躬尽瘁，死而后已。

（毛泽东：《在延安文艺座谈会上的讲话》）

毛泽东以一个革命家的立场和思想需要对这两句诗进行了独立的阐释和引申说明，如前所述，这在艺术接受上是常见的、合理的。在这独立的阐释和引申说明中，毛泽东也将这两句诗的意义固定化和明确化了。在这里，“千夫”或“千夫指”被阐释为敌人（后来有两说，一是将“千夫”解作敌人、统治者，一是将“千夫指”解作敌人，但两说在总体上是相同的，它们都将所指的对象解作少数统治者，他们是鲁迅的敌人）。当“千夫指”被确定为敌人，“孺子”也就顺理成章地被确定为人民。在解析鲁迅《自嘲》诗时，我们通常是将这种理解代入原诗的，但在同时，它也就给全诗的赏析带来了深刻的矛盾和极大的困难，“千夫”指多数敌人，少数的敌人是千夫所指的对象，那么，被孤立起来的当然也就是鲁迅所横眉冷对的对象了。敌人是孤立的，那么人民当然就是大多数，是众望所归之处，鲁迅俯首甘为广大人民群众的牛，当然也就会得到广大人民群众的拥护和爱戴，如若如此，鲁迅的“自嘲”不但失去了基本的根据，而且不是有点滑稽吗？与此相反，鲁迅在首联、颔联和尾联给自己的画像始终是孤独的，是不被容于世的，并因这孤独傲世而显得有些可笑乃至滑稽。正因为如此，鲁迅才题为“自嘲”，是自己嘲笑自己的意思。人们说这是鲁迅与敌人斗争的一种手段，当然不错，但即使如此，自嘲也应有一种自嘲的意味，至少在现象是一种自嘲，名为自嘲而实为自吹自擂那就显得肉麻了。人的命运是在自己的整个人生中被廓定的，极少数的人无法左右一个人的命运。“运交华盖”已经说明自己是不被当世人所喜的，注定了自己要倒霉，要小心翼翼。所以鲁迅说自己明知自己生不逢时、命运不济，对社会、对世人原本是没有多大的要求的，并不想飞黄腾达，也不想得人尊奉，但即使这样，还是不被世人所容，还没有敢翻一翻身，已经招来许多的攻击、谩骂和嘲笑，四处碰壁，八方受阻。这不是一个很滑稽、很可笑的人物吗？而在这可笑和滑稽中包含的却是鲁迅自我意识到的人生悲剧。“运交华盖欲何求，未敢翻身已碰头”两句从整个人生命运的角度刻画了自己难为现世多数人所容、所理解和同情的悲喜剧处境。“闹市”是多数人聚集的地方，是众目睽睽的地方，鲁迅说自己是“破帽遮颜过闹市”，犹言说自惭形秽，不敢让世人注目。这是可笑的，但可笑中包含的是自己的孤独和悲哀，是自觉意识到的难讨众人喜爱的孤寂心情。这里的可笑还不仅仅在于自己戴的是破帽，还不仅仅是需要用破帽遮颜，可笑的更是明知自己戴的是破帽，明明不愿让人看到自己，你却又偏偏要到闹市一逛，偏偏要穿过闹市，这种境况与下句所说“漏船载酒泛中流”是相同的。自己所乘的是“漏船”，却又偏偏要在急流中行驶；明明身在险中，性命难保，但却船中载酒，像是驾兰舟、泊镜湖、悠游自适者的样子。这样“不识时务”的乖戾之人，不是有点可笑吗？（当然，在这可笑之中，我们也感到了他的执拗和不向流俗屈服的精神。）在前两联中，鲁迅把自己描绘成了一个不为世之众人所喜爱的人物，到第三联，我们怎能想象他又会把“千夫所指”的人当作自己的敌人呢？在这里，顺理成章的解释只能是他自己便是被千夫所指的人。鲁迅曾说：“上海文坛小丑，……造作蜚语，力施中伤……盛造谰言，或载我之恶状，或叙我之住址，意在讽喻当局，加以搜捕。……千夫所指，无疾而死。生于今世，正不知来日如何耳。”[①]我认为鲁迅这段话的意思恰恰正与他的《自嘲》诗的命意相合，而鲁迅自己是感到自己的孤立，感到是被千夫所指之人的。但是，鲁迅并不屈服，并不想阿谀世人，面对“千夫”之指，他是“横眉冷对”。这样，“孺子”也便不能解为“广大人民群众”，鲁迅用的应是它的原意，指青少年一代，指“孩子们”。现在的世界，是由成年人组成的，鲁迅为世所不容，亦即倍受当世成年人的排挤。他不能向这些人屈服，他要对由这些人组成的当世之众“横眉冷对”，但孩子们是无罪的，他们不能为现世的丑恶负责。鲁迅希望孩子们要健康成长，要成为别样的、新的人，不要再像当世之很多人一样蝇营狗苟。对他们，鲁迅说甘而为之做牛。但在同时，甘心为孩子们做牛，却并不意味着他在现世能为人所理解、所同情，因而他的孤独处境仍是不可改变的。只有这样，鲁迅才会有尾联的两句：“躲进小楼成一统，管他冬夏与春秋。”这个“小楼”是自营的“蜗牛庐”，是个人可以自由活动的世界，虽小，但有个人的自由。在这里，他能我行我素，坚持己见，对于世上的朝三暮四，他都置之度外。是冬，是夏，是春，是秋，我还是我，决不随波逐流，决不人云亦云，决不阿谀世众，决不献媚当世。总之，在整首诗的系统中，“千夫”“孺子”只能做如是解。

在这里，也就产生了另一个问题，即如何分析和理解鲁迅前后期的思想变化的问题。在谈到鲁迅前后期思想变化的时候，我们通常运用的是瞿秋白的观点。瞿秋白说：“鲁迅在‘五四’前的思想，进化论和个性主义还是他的基本。”1927年以后，思想发生了根本的变化，“从进化论最终的走到了阶级论，从进取的争求解放的个性主义进到了战斗的改造世界的集体主义。”（瞿秋白：《〈鲁迅杂感选集〉序言》）鲁迅《自嘲》诗作于1932年，是他后期的作品。但“横眉冷对千夫指”所表达的正是不为世之众人所压倒的个性主义精神，“俯首甘为孺子牛”不也有他前期进化论思想的影子吗?

这个问题，我们留给研究鲁迅思想的理论家，我们在这里解决的只

①《鲁迅书信集》，第269页。

是鲁迅《自嘲》诗的赏析问题。

原载《名作欣赏》1992年第1期

情暖无寒室

——梁实秋《雅舍》赏析

体验是赏析的基础。为了赏析，我们必须首先进入到作者此时此地、此情此景的具体感受中去。

抗日战争爆发之后，国民党政府成立国民参政会，梁实秋被聘为参政员。北京落入日本侵略者的虎口之后，他离别一家老小，以国民参政会参政员的身份由香港到汉口又由汉口到重庆。与此同时，他被国民党政府教育次长张道藩聘为教育部教科书编辑委员会中小学教科书组主任，此后入“国立”编译馆，开始在重庆的生活。这里，我认为应当注意两点：一、梁实秋是爱国的。抗日战争爆发，他结束了相对平静的优裕生活，离开了北平（今北京市）的亲人过客居在外的清冷、孤寒的生活。二、对于这时期自己清冷、孤寒的生活，他主要是从日本侵略者的入侵、国家与民族的共同苦难来感受的。国民参政会虽然是国民党专制统治下的一个民主花瓶，虽然是一个有名无实的虚设性的机构，但在一向受统治者冷落、歧视乃至迫害的中国知识分子中，尤其对于像梁实秋这样的“重人情”的知识分子来说，参政员这一身份不能不是一种殊荣。国民党政府及其下属官僚对他的“重视”和“关心”，使他在本民族内部感到了温暖。显而易见，这种心理因素与当时的中下层知识分子，特别是左翼知识分子是不同的。但正是这种从民族内部“人情关系”中获得的温暖感受，对他的清寒乃至困难的客观物质生活起了一种化解、一种消融、一种稀释作用。在《雅舍》一文中，我们处处感到这种化解、消融和稀释的痕迹。也可以说，这是《雅舍》一文的最显著的思想特色和艺术特色。

“雅舍”是梁实秋在重庆北碚时的居所。关于它，梁实秋自己曾有过一个简要的介绍：“因为要在北碚定居，我和业雅（龚业雅——引者）、景超（吴景超——引者）便在江苏省立医院斜对面的山坡上合买了一栋新建的房子。六间房，可以分为三个单位，各有房门对外出入，是标准的四川乡下的低级茅舍。窗户要糊纸，墙是竹篾糊泥刷灰，地板颤悠悠的吱吱作响。烽火连天之时有此亦可栖迟。没有门牌，邮递不便，因此我们商量，要给房屋起个名字。我建议用业雅的名字，名之为‘雅舍’。……雅舍命名之由来不过如此，后来我写的《雅舍小品》颇有一些读者，或以为我是自命风雅，那就不是事实了。”（《白猫王子及其它·北碚旧游》）。在这里，我们必须体验到的有下列一点：正是在抗战时期的颠沛流离中，正是在风雨飘摇的苦难日子里，梁实秋才与这座“四川乡下的低级茅舍”紧紧地联系在一起。是它，在烽火连天之日给了作者以栖迟之地；是它，使作者得以在他乡躲避风雨，阻挡严寒。不论它是何等的寒陋、何等的破败，但作者在漫长的日子里所获得的安适和温暖却是它给予的。它不但是作者全部物质生活的主要依靠，也是作者整个心灵的主要安慰。在日日夜夜的相处中，作者在实际的生活和内在的心灵上都与“雅舍”有了千丝万缕的联系，成了作者朝夕与共的朋友和伴侣。它给了作者以心灵的安慰，作者也对它怀有温暖的情意。在这时，社会的情意与物质对象的情意融为一体了，主观感情对象化为客观物质条件自身的特征。“雅舍”俨然成了作者的一个朋友和情人，虽然寒碜和简陋，但不令人感到畏惧或烦厌。作者对它的温暖的情意，化解了它的弱点和不足。

从以上两个方面我们知道，《雅舍》一文的核心不在“舍”之“雅”，而在作者“意”之“暖”，“情”之“切”。统观全文，我们首先感到的是该文的这样一个特点，即：作者写“舍”之“雅”、之“美”、之“惬意”者实未着几语，通篇写的几乎尽是它的“敝”、它的“陋”和它的不适于居住的特点。但在这全部的描写里，我们感到的却是雅舍的可爱、可亲，并绝不生一丝憎恶它、厌烦它、疏远它的感觉。在这里，包含的是艺术的辩证法，是作者的艺术匠心，而这种艺术匠心只能产生在作者真实的情绪和情感中。我们说《雅舍》的主要思想特征和艺术特征是用主观感情的温暖化解、消融、稀释了客观物质生活的清寒乃至困难，其具体表现就在这种艺术描写的特点上。

人们通常有一种错觉，认为一谈到某物的缺点和不足便是对它的厌恶和否定。这实际是一种过于粗疏的感受，并且往往是心胸狭窄、有过分的自恋倾向的人的错觉。实际情况远非如此。一个年轻的母亲是多么喜欢向邻人告白她的几岁的儿子所犯的一系列错误呵！一个要好的朋友是多么经常地向人转述他的朋友的特点，包括他的弱点和不足呵！但他们的述说一点也不会让人们感到他们是厌恶自己的儿子或朋友，相反，人们感到的是他们之间的亲密关系。倒是从歌功颂德中人们会感到他对对象的冷漠，从唯唯诺诺中会感到他对对象的畏惧。一般说来，当人们与某些弱点和不足保持着相对大的心理距离而仅仅把它们当作某事物的客观特征加以叙述的时候，他对这种缺点和不足就不具有包括厌烦和憎恶在内的任何情感态度了，而一旦如此，他对事物缺点和不足的讲述也便仅仅表现着对事物自身的熟悉和了解，这是在他与事物的亲切关系中取得的，是他关心爱护该事物的表现。在这时，他越是不厌其详地叙说该事物的缺点和不足，越是将它的缺点和不足讲述得确切、具体、鲜明和生动，便越是表现着他对该事物的关心和爱护，越是表现着他对该事物的真挚情意和温暖感情。“虽然我已渐渐感觉它是并不能蔽风雨，因为有窗而无玻璃，风来则洞若凉亭，有瓦而空隙不少，雨来则渗如滴漏。纵然不能蔽风雨，‘雅舍’还是自有它的个性。有个性就可爱。”前面形式上概述的是雅舍之陋劣，但却是纯客观的叙述，其中没有表露出作者的失望情绪和憎厌感觉，只有最后两句话讲雅舍的优点，但表明的却是作者的明确主观态度，说它有“个性”“可爱”。实质上这里说的“有个性”，仍然是上面讲的那些特征，陋劣就是它的个性，就是作者感到它可爱的原因，因而在整体上说的仍是“雅舍”的可爱。作者像谈着自己的一个顽皮的孩子一样谈着“雅舍”的缺点，但对它的爱却已充溢其间。

对事物的缺点和不足保持相对的心理距离而仅仅把它们当作某事物的客观特征加以叙述，绝不意味着这种缺点和不足在实际上不曾给人带来不便和麻烦，但当人们为了它的整体的作用而能够忍耐或克服它所带来的不便和麻烦并在感情上能够容纳它们的时候，他仍然能够与它们保持相对大的心理距离并仅仅把它们当作事物的客观特征来对待。在这时，他的有关叙述仍然主要表现着对该事物自身的爱，而并不具有烦厌和憎恶的否定情绪。全文第三自然段叙述的内容都是居住在雅舍的不便，但整个自然段却写得情趣盎然，全然不见作者愁苦的面容和悲哀的情绪。作者常常是重重举起，轻轻落下，使人感到他对这些在一般人觉得难以忍受的缺点并不以为意，而是安然对待。“篦墙不固，门窗不严”原本是一件极不便当的事情，但他却说“我与邻人彼此均可互通声息”，将缺点说为优点，在淡然一笑中拂去了它在人们心中可能留下的阴影，“邻人轰饮作乐，咿唔诗章，喁喁细语，以及鼾声，喷嚏声，吮汤声，撕纸声，脱皮鞋声”，原本扰人清听，惹人烦厌，但他却说“均随时由门窗户壁的隙处荡漾而来，破我岑寂”，将噪音叙为乐音，将干扰视为慰藉，用自我心理的调整将客观存在的不利因素淡化之，消解之，稀释之，从而使自己保持着心灵的安宁，抵御着愁苦情绪的袭来。老鼠的来袭，蚊子的猖獗，也用诙谐的语言出之，虽然无可奈何，但也不叫苦连天。总之，“雅舍”的这诸种不便，在作者都感到颇为有趣，而对“雅舍”自身，仍然怀着爱意和亲近感。

作者不但可以把事物的缺点和不足客观化，同时还可以把自我，把自我曾有过的惶恐、惊惧、烦恼客观化，使其与作者现在的心情保持一定的心理距离，从而将之由主观体验的情景变为现在能够欣赏的对象。这正像一个曾落过水并死里逃生的人可以怀着轻松快乐的心情讲述当时的危险情境一样，不再有畏惧和痛苦的感觉，而有了轻松愉快的情趣。“但若大雨滂沱，我就又惶悚不安了，屋顶湿印到处都有，起初如碗大，俄而扩大如盆，继则滴水乃不绝，终乃屋顶灰泥突然崩裂，如奇葩初绽，砉然一声而泥水下注，此刻满室狼藉，抢救无及”。这里的描写不觉凄惨，也不像作者当时的慌乱惊惧，反觉壮观奇美，情趣横生，充满生命的活力，就是因为作者不仅将当时的情景客观化了，把当时惶悚不安的“我”也客观化了，这些都成了现在的作者和读者的观赏对象。

通过作者的这些描写，我们感到的是作者的这样一种人生态度：在人生的经历中，对于那些与自己相依为命，不可须臾相离的伙伴和朋友，不论它是一种无生命的物体还是一个有生命的人，我们都必须能够容纳它（或他）的缺点和不足。假若这种缺点和不足已经不是立即得到改正的，我们就应当将之视为该事物、该人的整体的一部分，视作它（他）的整个个性的一种表现，并由对它或他的整体的爱而以宽容的态度承受这些缺点和不足给自己带来的不便乃至损害。表面看来，这似乎是一种消极妥协的人生观，实际上它却是有积极意义的，因为唯有能够宽容地对待某事物或某人的缺点和不足，我们才能够更加充分地感受它（他）的优长并与之和谐相处，相扶相助。

> “雅舍”最宜月夜——地势较高，得月较先。看山头吐月，红盘乍涌，一霎间，清光四射，天空皎洁，四野无声，微闻犬吠，坐客无不悄然！舍前有两株梨树，等到月升中天，清光从树间筛洒而下，地上阴影斑斓，此时尤为幽绝。直到兴阑人散，归房就寝，月光仍然逼进窗来，助我凄凉。细雨蒙蒙之际，“雅舍”亦复有趣。推窗展望，俨然米氏章法，若云若雾，一片弥漫。

显而易见，假若仅仅于“雅舍”的简陋和破败，仅仅为它的不便而终日愁苦，你又怎能像作者这样享受它的良辰美景、月夜风光呢！

只有能够宽容地、冷静地对待与自己相依为命、朝夕相处的事物或人的缺点和不足，你才能在现有基础上对之进行有效的改造，使之更适宜于自己的生存和发展。《雅舍》第五自然段表达的便是这样一个意思。“我非显要，故名公巨卿之照片不得入我室；我非牙医，故无博士文凭张挂壁间；我不业理发，故丝织西湖十景以及电影明星之照片亦均不能张我四壁”。对环境的改造是求其适于自我生活之需要，不必炫耀身份，故弄玄虚；不必东施效颦，追逐时髦。以己为准，以需为度，因陋就简，安素求朴，适于用而合其意。不雅而雅，雅意自见。由此可见，梁实秋《雅舍》一文所表现的人生态度并不是消极的。它之为人爱读喜读，固然也由于它的文笔的优美，但更因为它的这种人生态度。

中国的散文艺术讲究平淡自然，《雅舍》也是这样。第一自然段由远而近，引入本题，概述“雅舍”的总体特征。主要用客观介绍的方式，声色微露，意平情淡；第二自然段始述“雅舍”的优劣，但优劣均属一般。作者叙优不见喜色，叙劣不见愁容。平平叙来，淡淡谈去，似乎与个人利害并无多大妨碍。但这时优劣已见分野，叙述渐趋具体，已与第一自然段略有不同；第三自然段句式有了更大变化，读来情趣盎然，活泼泼的如鱼跃于池，鸟翔于天，文章生气始见，读者也恍入佳境，陶然于中；第四自然段始叙月夜美景，后述暴雨侵凌，但叙优叙劣皆成奇景壮观。如果说第三自然段充满谐趣，活泼可爱，这一自然段则充满生气，才华四溢。传统古文句法使文句如珠玑滚动、飞瀑下注，使人有情动意悚之感。但它仍然流利而不至急迫，情溢而不至热烈，立于全文，不感突兀；第五自然段又趋于平实，虽间有谐趣但不如第三自然段妙趣连珠。情绪渐趋平缓，意味又入清淡，如旅人近村，下马缓步而行，思渐平而情渐弛；第六自然段用议论做结，简洁扼要；第七自然段一句交代，全文收束，如袅袅炊烟，散入天际，若有若无，终归平寂。综观全文，自然中有起伏，平淡中有变化。起处缓，落时轻，中间如春芽攒动，妙趣横生，但亦不激昂热烈，织入全文，和谐自然。其中描写，有浓有淡，但浓不至涩，淡不至空，浓淡相间，整体上仍属淡雅的一派。

原载《语文学习》1991年第2期

精湛的幽默艺术

——梁实秋《女人》赏析

黑格尔说："真正的幽默从来是稀罕的。"（《美学》第一卷）我认为，梁实秋的散文《女人》堪称真正的幽默作品，是我国现代文学史上少有的幽默精品。

从严格的意义上讲来，幽默的艺术空间是极为狭窄的，它不同于滑稽。"滑稽是对于任何内容都不持严肃态度，只是为开玩笑而开玩笑"（《美学》第一卷），而真正的幽默则"要有深刻而丰富的精神基础，使它把显得只是主观的东西提高到具有表现实在事物的能力"（《美学》第二卷）。我们知道，笑，只有在轻松的、自由的心境下才有可能，态度的严肃，内蕴的深刻往往会压倒笑意，使心灵沉重，态度肃穆，而这也就从根本上失去了幽默感。在具有深刻而丰富的精神基础的笑中，幽默又不同于讽刺。幽默也是对客观事物或人物的可笑特征的揭露，是对它们应予否定的方面的描绘，但它又不能构成对描绘对象的情感上的伤害，不能与它所描绘的应予否定的可笑特征构成势不两立的对立关系，它必须对它们采取真正的宽容态度，并且还要给自己、也给自己的描绘对象（假若它是人的话）留下充分的余裕以便欣赏它们，亲切地对待它们。否则，幽默便会转化为讽刺乃至嘲笑，从而失去自己独立存在的地位，只成为讽刺的附庸和陪衬。即使在这样一个狭窄的空间里，在滑稽与讽刺的夹缝里，幽默仍然是难以自由活动的。假若作者确实采取了真正的幽默态度，而他所描绘的内容却是一般的人觉得难以宽容、不应原谅的可笑特征，那么，他的幽默便有了不负责任的性质。显而易见，这也就是为什么鲁迅批评林语堂大力提倡的“幽默”，并说金圣叹“将屠夫的凶残，使大家化为一笑，收场大吉”（《南腔北调集·“论语一年”》）的缘故。与此同时，如果作者所描绘的内容并非真正可笑的特征，甚至是值得赞颂、褒扬的东西，这时的作者便有了以调笑为名，行阿谀奉承、谄媚求荣的嫌疑，有些肉麻了。……总之，幽默作品，是极难作、也极难作好的。

认识到幽默作品的困难，我们会感到梁实秋的《女人》是一篇妙手偶得的幽默精品。它的成功的关键在于题材的选取。幽默作品，必须使人轻松，让人发笑。它的严肃的主题是不能挂在嘴头，浮在表面的。假若它一面让你笑，又一面让你意识到笑的重大意义，你的笑便轻松不起来了，也便不再成其为幽默。因而，它的主题的严肃性不能从你的直接感受中去寻找，而要运用理性的思考。假若我们回到理性思考中来，便会发现，它绝不只是一些毫无意义的笑料或为笑而笑的单纯的滑稽，而是一个极为重大、严肃的主题。

人类的社会，是由男人和女人两部分组成的，并且它只能这样组成，不可能有所改变。但是，男人和女人除了彼此的共同性之外，却由于种种的原因，二者还各有其特殊性，它表现在生理特征、心理素质、思维方式、审美情趣、生活习惯、行为表现等等一系列方面，其中有一些是因为社会、时代的影响产生的，但也有许多因素是由两性之间的根本差异决定的，它们将永恒地存在着，并以各种不同的表现形式呈现在人类社会上。在世界近现代历史上，男女平等、妇女解放的问题被尖锐地提了出来，但这些问题绝不仅仅是一种社会组织和政治制度的问题，还是一个更广泛的文化和文化心理的问题；不仅仅是一个理智认识的问题，还是一个实际的情感感觉中的问题。在漫长的男性统治的社会历史上，男性从来是以男性自身的标准来看待女人的，而只要文化的标准是以男性自身的特征制定的，女性之受到男性的自觉或不自觉的歧视便是不可避免的。中国古代的哲人孔子说“唯女子与小人为难养也”（《论语·阳货》），西方古代的哲人苏格拉底认为“女人劣于男人”（柏拉图：《理想国》），亚里士多德说“女人是残缺不全的男人”（《动物的起源》），“我们必须把女人的性格看成是一种自然的缺陷”（《动物的生殖》）。在《圣经》中，女人（夏娃）是上帝从男人（亚当）身上抽下一根肋骨造成的，并且是为了男人而创造的。显而易见，当在两种有着严格的差别性，各有其不可消除的独立特征的事物间主要以一种事物的特征为统一的价值标准衡量这两种事物时，另一种事物在其完美性上永远不可能与以自身为标准的这种事物相比拟，不平等便出现了。因而，两种事物的真正平等不是由一事物为标准改换为以他事物为标准，也不是在两种事物间找到一个中立的标准，而是二者各以其自身为标准。具体到男女平等的问题上来说，就是男女平等的问题的根本原则不是以男人的标准衡量女人或以女人的标准要求男人，也不是价值中立，找到既非男又非女的一种中性的人的标准，而是要承认各自的独立性，各以其自身的标准为标准。但在这时，由于两性差异的依然存在，各自仍然不能不以自我的习惯和爱好而感觉对方的思想行为和各种生活表现，仍然不会不感到对方是有缺陷和不足的，细心的女人往往会感到男人太粗心大意，而不拘小节的男人则觉得女人的细致小心为计较小事，办事不够果断。假若人们意识到是不能以自我的主观感觉为绝对标准来判断对方、裁定对方并将自我的意志强加于人的话，男女双方都必须在理智上承认对方这种种不可避免的独立特征是合理的，是有其存在的权利的，从而使自己能够在心理上和感情上愉快地容纳它们、接受它们。不难看出，幽默和幽默感是它的最好的并且是唯一的容纳方式。它不是讽刺，不给对方带来感情上的伤害，不要求对方一定改变自己的特性，不是把自己的意志强加于人。但它也不是忍耐，忍耐是对自我意志的压抑，压抑带来的是自我精神的苦闷，不是轻松感，不是幽默。只有幽默，只有幽默感，才能以轻松愉快的心情将异性的独立性容纳在自己的心理中和感情上。总之，在梁实秋《女人》的幽默里，表现的是作者对男人和女人和睦相处的美好愿望，是对异性独立性的理解和宽容。它的主题是严肃的，绝不是单纯的滑稽和毫无意义的笑料。

理解是幽默的基础，而爱则是理解的基础。爱伸展到哪里，真正的理解便伸展到哪里，而爱和理解伸展到哪里，幽默和幽默感也才能伸展到哪里。因为在强烈地爱着的对象身上的所有那些不是由他自身所左右，而是由其独立特性所决定的因素，在他来说都是可以理解也能够理解的，也就是说，它们都能够构成幽默因素，爱得越深，能够宽容地对待的对方的弱点和不足越多越显著，而幽默因素也越强烈。男人和女人的关系，在其抽象性上（可以用亚当和夏娃的关系象征之）就是爱情的关系，它保证了彼此可以在最充分的意义上理解对方。因而，梁实秋的《女人》就其题材而言，便保证了它能在最充分的意义上发挥幽默和幽默感的作用。这在文中的表现是：作者可以毫不回避在男性看来女性所普遍具有的可笑性特征，因而其幽默感是十分强烈的，但这种强烈始终保持在幽默的范围中，而不会转化为对女性的恶意嘲笑和辛辣讽刺。

理解是幽默的基础，这也体现在《女人》的行文过程中，构成了它的潜在的意义结构。它的主要表现是：作者的笔锋总是在两个端点间游弋，其一是在男人看来极难忍受的缺陷和不足，其二是在男人看来也不能不承认的优点和长处。而在这两个端点间起连接作用的却是女人的同一种品质或特点。在这时，人们无论如何也再难以对女人的这种品质或特点做出确定的否定性评价了，而将它们在笑中，在幽默里容纳下来，融化在自己的感情中和心理上。例如，第一自然段一开始便说“有人说女人喜欢说谎”，这原本是对女人的一种否定性评价，是被男人们所歧视、所忌恨的女人的坏品质。但作者接着写道：“这问题在什么叫做说谎。若是运用小小的机智，打破眼前小小的窘僵，获取精神上小小的胜利，因而牺牲一点点真理，这也可以算是说谎，那么，女人确是比较的富于说谎的天才。”在这时，人们对女人之“说谎”已经难以做出确切的否定性评价了。因为它是女人的一种机智，一种心理的需要（当然，为了坑害他人而说谎在女人身上也是存在的，但这与男人并无不同，并非女人的特性）。最后，作者又说：“女人总喜欢拐弯抹角的放一个小小的烟幕，无伤大雅，颇占体面。这也是艺术，王尔德不是说过‘艺术即是说谎’么?”作者并没有肯定女人的“说谎”是优点，但也使人难以确定地认为是不良的品质，而是觉得是能够理解的女人的特殊性之所在，是可笑但却可爱的一种表现。第二自然段写女人“善变、脆弱”，“但这脆弱，并不永远使女人吃亏。越是柔韧的东西越不易摧折。”第三自然段写“女人善哭”，但作者指出，她们的善哭是平时能忍受难堪的委屈的结果，是女人内心的“安全瓣”……这一切，都是一种理解的形式。没有这种理解便没有幽默。

黑格尔还曾说：“诗人在创作过程中纵情幽默，应该像斯探恩和希帕尔那样，无拘无碍地、自由自在地不着痕迹地信步漫游，于无足轻重的东西之中见出最高度的深刻意义。”（《美学》第二卷）也就是说，幽默要求思维的自由和形式的自由。由此可见，散文这种艺术形式对幽默是很合适的。散文的“散”，能够给人带来自由轻松的感觉，而只有在自由轻松的心情中才会发出笑声，产生幽默感。《女人》全文的结构是极为自由的。第一自然段写“女人喜欢说谎”，第二自然段写“女人善变”，第三自然段写“女人善哭”，第四自然段写“女人的嘴”，第五自然段写“女人胆小”，第六自然段写“女人的聪明”，各段的内容是并列的，并无特定的逻辑关系，像是随手拈来，随口说去，无拘无束，来去无碍。它们的统一性仅仅在于“女人”这个表现对象（形式上的线索）和作者对女人的感情态度（内容上的焦点），在“形散”中使神不散。在具体的描述中，作者的笔锋也是相当自由活泼的。“女人不仅在决断上善变，即便是一个小小的别针位置也常变，午前在领扣上，午后就许移到了头发上。三张沙发，能摆出若干阵势；几根头发，能梳出无数花头。讲到服装，其变化之多，常达到荒谬的程度。外国女人的帽子，可以是一根鸡毛，可以是半只铁锅，或是一个畚箕。中国女人的袍子，变化也就够多，领子高的时候可以使她像一只长颈鹿，袖子短的时候恨不得使两腋生风，至于纽扣盘花，绲边镶绣，则更加是变幻莫测。‘上帝给她一张脸，她能另造一张出来。‘女人是水做的’，是活水，不是止水。”围绕着“女人多变”这一特点，作者的视点不断变换，几乎一句话说一种现象，由别针说到沙发，由头发说到服装，由外国女人说到中国女人，由叙述转到议论，像是想到什么便写什么，任思路自由的跳跃，让笔锋轻快地转移，时有意想不到的意象突然出现，令人感到轻松愉悦，心神俱怡。

理解是幽默的基础，但它自身还无法构成幽默。幽默自身的生命是机智，是人对自身聪明才智的欣赏，是对机智地发现事物可笑特征能力的愉悦感受。在《女人》中，这种特点同时表现为语言运用技巧的机智灵活，从而将一些平凡的生活和习见的现象表现得趣味盎然，美不胜收，有极强的幽默感。因为这类例子布满全文，举不胜举，在此我们便不引述了。

原载《语文学习》1991年第11期

触摸语言

——徐志摩《沙扬娜拉——赠日本女郎》赏析

文学是语言的艺术，不论是文学作品的思想性还是文学作品的情感性，都是通过对语言及其形式的感受和理解获得的。脱离开对语言及其形式的感受和理解，思想性就是一些抽象的教条，情感性就是一些空洞的抒情。这样的思想性和情感性严格说来还不是文学作品的思想性和情感性。所以，我们语文教学的任务，首先是引导学生感受和理解文学作品中的语言及其形式，过去那种跨越语言直取思想、直取情感的方式是要不得的。

诗歌是一种更纯粹的语言艺术，它没有小说的虚构的故事情节，没有散文的具体的事件和人物，更没有戏剧的舞台演出，我们在诗歌中接触的几乎只有语言，我们对诗歌的感受和理解，主要是对诗歌语言的感受和理解。所以，在诗歌的教学中，引导学生感受和理解诗歌的语言几乎是唯一重要的教学内容。

在这里，我想通过徐志摩的《沙扬娜拉——赠日本女郎》一诗的赏析说明这个问题。

在徐志摩这首小诗里，几乎没有对人物的细致描写，也没有对人物心理的着意刻画，更没有作者情感的直接表现。但所有这一切，在我们每个读者的感受里却是异常清晰明确的。首先，我们不会认为这个日本女郎有着修长的身材，有着西方女性常有的结实的肌肉和健壮的体魄，但她也不是矮小的，瘦弱的，而是娇小而丰满的；她的脸色不是红润的，但也不是苍白的，而是白皙光洁的；她穿的衣服不是紧身的、把身体的每一个曲线都能够绽露出来的现代西方的服装，但也不是臃肿得无法感到女性的曲线美的那种只有老太婆才爱穿的衣服；她的服装的颜色不是鲜艳的红色和绿色，但也不是朴实无华的蓝色或灰色；她不华贵，但也不粗俗；不矜持，但也不放荡……那么，这么一个日本少女的形象我们是怎样感觉出来的呢？我们不是仅仅从徐志摩对这个日本女郎的具体描写中感觉出来的，而更是从对这首诗、对这首诗的语言的感觉中感觉出来的。我们简直可以说，这首诗的本身就是这个日本女郎的形象。它小而美，构成的也正是这个日本女郎娇小而美丽的身体的形象。“最是那一低头的温柔”，写的是这个日本女郎的“温柔”，写的是她微微低头时给人的温柔、温馨的感觉，但是，仅有这样的描写，还是无法构成这个日本女郎的整体的温柔、温馨的形象的。这个日本女郎温柔、温馨的形象更是从全诗语言的“温柔”中实际感到的。我们可以看到，全诗没有一个像铁、石这样一些给人带来沉重感、冷硬感的词语，也没有像辉煌、昂扬这样响亮的词语，只有“珍重”的“重”字可以给人带来沉重感，但它在“珍重”一词里处在轻音的位置上，读出来的“珍重”这个词给人的却是关切的、温暖的感觉。“道一声珍重，道一声珍重”，这种反复的致意，并且是从一个美丽的日本少女的口里徐徐地吐露出来，给人的感觉就更加温暖和温馨。“凉风”在词义上是“凉”的，但读起来却并不感到凉意，倒像是更加衬托出了全诗给人的温暖。全诗的每一个词都好像没有多么大的重量，每一个音都不会给人产生强烈的刺激，它押的是“ou”韵，而“ou”韵则既不是太响亮的，也不是太沉闷的，它本身就给人一种舒服的、温柔的感觉。只要我们反复读一读这首诗，我们就会感到这首诗的语言在整体上就是温柔、温馨的。我们感受着这首诗的语言，同时也是在感受着这个日本女郎的身体形象，它托住了我们的温柔的、温馨的感觉，同时也托住了这个日本女郎的温柔的、温馨的形象。——我们是在这首诗的语言给我们的心灵感觉里想象这个日本女郎的具体的身体形象的。

在徐志摩这首小诗的语流中，“最”字是一个独特的存在，它不仅把作者对这个日本女郎“一低头”的神态的心灵感触突出了出来，而且在全诗中是唯一一个短促的收口音，在某种程度上也有力度感，它突如其来，好像轻轻地推了我们一下，一下子把我们推到了这首小诗的世界里，推到了这个日本女郎的面前。起到的是“无”中生“有”的作用。“最”字以后的所有字词，几乎都是有尾音的音，这种尾音把前一个音与后一个音很自然地联系在一起，整首诗除了在一个句子结束时有一个轻轻的停顿之外，其他语词都呈现着一种连绵不断的变化状态，它不像“这是一沟绝望的死水”（闻一多：《死水》）一样是一个词一个词地绝然地顿开的，也不像“冷冷清清，凄凄惨惨戚戚”（李清照：《声声慢》）一样是前后重叠、在一个音或相近的音上蹉跎盘旋的，它时时变化着，但我们却感觉不到它的转折性的变化，从一个音向另一个音的过渡都非常自然，往往是上一个音的结束正好易于下一个音的发音，不用重新调整发音的部位。没有佶屈聱牙感，没有不能不绝然顿开的地方，整首诗的语言，都使我们感到一种轻柔的曲线美，一种轻盈感，一种飘逸感。这种轻柔的曲线美，这种轻盈感，这种飘逸感，也是我们在想象中重构这个日本女郎形象的心理基础。所以，我们想象中的日本女郎，绝不会是西方那种健美女郎的形象，也不是中国古代那种瘦弱多病的贵族女郎的形象；她穿的不是西方绽露着身体的每一条曲线的紧身衣，也不是根本无法表现女性身体曲线美的臃肿厚重的衣服，而是相对宽松但却有着轻盈感、飘逸感的日本和服。

在这首诗里，只出现了两种色彩：白和红。白是水莲花那种滋润、致密、光洁的“白”，红是在水莲花整体滋润、致密、光洁的白色的底色上透露出的微微的、淡淡的、浅浅的红色。“像一朵水莲花不胜凉风的娇羞”直接把“水莲花”和这个日本女郎连接起来、等同起来，“像一朵水莲花”是用水莲花比喻这个日本女郎，不胜凉风的“娇羞”则又是用这个日本女郎的颜面比喻水莲花，这就把水莲花和这个日本女郎的形象同时表现出来。实际上，整首诗的其他语言是一种无色之色，不论看起来还是读起来，读者都能感到它在整体上的清淡和纯净，而不会产生浑浊、芜杂的感觉。必须看到，这种色彩感呈现了这个日本女郎的面容，同时也呈现了她的整体形象。她光洁照人，在素洁中透露着内在的美艳，在幽静中传达出内心的情意。她的衣服的颜色不是鲜艳夺目的大红和大绿，不是给人阴沉感的黑色，不是毫无光彩的灰色，也不是带有圣洁感的蓝色，而是在素的，淡的，光洁的底色上很自然地点缀着其他艳丽的色彩。她是纯洁的，但不是圣洁的；她是一种世俗的美，但不低俗和庸俗。她有一颗纯净的心灵，但也有一个少女的敏感的心灵和活跃着的感情。

在过去，我们曾经争论过徐志摩这首诗到底是不是“爱情诗”，我认为，这正是我们过去常常脱离开语言的感觉而直取思想、直取感情的结果。假若我们重视的不是理性判断中的思想或感情，而是对诗歌语言的感受和理解，我们就不会产生它是不是爱情诗的问题。实际上，在这首诗里，不论是这个日本女郎还是诗人本人，都没有明确地意识到什么，都没有想到自己爱还是不爱对方。这里写的只是一点感觉，一点一闪而过、一瞬即逝的感觉，一点似有实无、似无实有、谁也无法用明确的语言进行表达的刹那的感觉。但也正是因为如此，它才成了诗，成了一首脍炙人口的小诗。它把人们用理性语言很难传达的情感和很难述说的情景表达出来。日本女郎脸上呈现出的那点“不胜凉风的娇羞”，“道一声珍重，道一声珍重”语气里的那点“蜜甜的忧愁”，都在可见而不可见之间传达出了日本女郎内心的那点情感的悸动，但在这娇羞中又有一点凉意，在这忧愁中又有点甜蜜，娇羞透露出她对送别中的诗人的一点无意识的爱意、一点刹那浮现的情感，这种情感在送别以前未曾发生，在送别之后也不会继续发展。凉意则传达着她不会、不能也不想留住对方、留住自己这点情感的无意识中的失落感觉；甜蜜是由于这点爱意感觉，忧愁也是因为这点爱意感觉，爱意感觉本身就是甜蜜的，但这种感觉发生在送别时则不能不感到一点忧愁。所有这一切，都只发生在送别的这一刹那，仅在这一刹那的感受和回忆中保存着，没有过程，也没有发展，没有消失，也没有加强。对于这个日本女郎是这样，对于诗人也是这样。诗人的那点情，那点温馨的感觉和那点“蜜甜的忧愁”，全都包容在他对日本女郎那“一低头的温柔”的“最是”的感觉中，全都包容在他对那个日本女郎“道一声珍重，道一声珍重”的语气里那点“蜜甜的忧愁”的敏感中，正是他对这个日本女郎在送别的一刹那也有了一点莫名的爱意，所以他才从这个日本女郎的一低头中感到了温柔，在她的道别的语气中感到了“蜜甜”和“忧愁”。这里的“蜜甜”和“忧愁”，既是日本女郎的语气中所有，也是诗人自己的内心感觉。在这时，两个人的那点情意都是不自觉的，都是一瞬即逝的，但却在刹那间实现了彼此的沟通，发生了无言中的交流。我们所感到的温馨，我们所感觉到的美，恐怕就在这刹那的两心相遇吧。至于日本女郎那点“不胜凉风的娇羞”、那点“蜜甜的忧愁”，至于诗人那点温柔的感觉，那点与日本女郎相同的“蜜甜的忧愁”是不是“爱情”，对我们又有什么重要呢？只要我们重视对诗的语言的实际感受和理解，我们就会感到，“爱情”这个词对于这首诗太大、太重、太严肃了。

总之，文学的语言是有质感的语言，是可以用心灵触摸的语言，是可以摸到硬度、掂出重量、看到颜色的语言。语文教学要不断加强学生对我们民族语言的这种质感的感觉，学生感受、理解和运用我们民族语言的能力，在很大程度上取决于对我们民族语言的质感感觉的能力的提高上。

原载《语文学习》2003年第3期